모래상자치료입문

김경희 | 김수경 | 김재옥 | 송 순 | 오지아 | 윤행란
이미나 | 이복순 | 정경숙 | 조미영 | 주현주 | 감수 이희자

Introduction to Sandtray Therapy

박영story

머리말

　모래상자치료입문은 한국모래상자치료학회의 민간자격증 인증을 기념하기 위해 시작하였다. 한국에서 모래상자치료학회는 2005년 창립하였으며 2018년 2월 보건복지부 공인 민간자격증을 교부할 수 있는 자격을 인증받았다. 모래상자치료입문의 저자들은 한국모래상자치료학회의 모래상자치료 전문가들로 구성하였다. 저자들은 15년이 넘는 훈련과 임상수련을 통해 전문가 자격을 취득하고 현장에서 임상활동을 하고 있는 분들이다. 모래상자치료입문은 모래상자치료를 소개하면서 역사적 흐름과 더불어 발전된 학문적 기초를 수립하기 위해 마련한 저서이다.

　모래상자치료는 예술치료, 놀이치료, 미술치료, 심리치료 등의 분야에서 널리 활용되고 있다. 그러나 모래상자치료 사례를 소개하는 책과 외국서적을 번역한 책들은 있으나 한국의 전문가가 출간한 모래상자치료 저서는 거의 없다. 모래상자치료를 상담에서 활용하는 전문가들이 증가하면서 전문서적에 대한 요구와 필요성을 실감할 수 있다. 모래상자치료를 활용하는 장점이 무엇인지, 치료사들이 모래상자치료를 선호하는 이유는 무엇인지, 모래상자치료와 만나는 내담자들이 문제를 해결하고 자신을 찾아가는 부분은 어떠한 것인지, 모래상자치료가 다양한 분야에서 접근가능한 이유는 무엇인지 등에 대한 의문을 가지고 모래상자치료의 접근방법을 학문적인 지식으로 넓혀 갈 수 있기를 원하는 전문가들이 증가하였다.

모래상자치료는 모래상자를 활용하여 임상을 실시하는 것이다. 경계선이 있는 모든 것을 모래상자라고 한다. 크기와 모양이 다양하여 내담자에 따라 선택이 가능하다. 치료사는 내담자의 선택을 존중하고 내담자의 자유로운 영혼에 동참하면서 함께 모래상자의 여행을 시작한다. 치료사는 여행의 동반자로서 내담자가 가는 길에서 함께 같은 곳을 바라보며 현재와 미래를 함께 하는 친구이다. 때론 슬픔을 함께 나누기도 하고, 걱정을 함께 하기도 하며, 기쁨을 공유하고, 행복의 교류로 서로의 일치성을 경험하기도 한다. 모래상자치료는 자신을 찾아가고 발견해 가는 여정이 치료의 진행과정이라고 본다.

우리는 인간이므로 누구나 상처가 있고, 더불어 사는 사회에 존재하기 때문에 갈등을 경험한다. 왜 이럴까, 뭐가 문제일까, 사는 건 뭘까, 너는 누구냐 등의 질문을 하면서 궁극적으로는 행복한 삶을 영위하기 위한 방법론적인 의문을 갖는다. 감히 말하고 싶다. 모래상자치료가 행복한 삶을 찾아가는데 도움을 주는 방법이다. 우리 모래상자치료 전문가들은 모래상자치료를 몰랐을 때와 지속적인 수련을 통해 나를 알아가고 있는 지금은 예전의 자신과 아주 다르다고 한다. 스스로의 변화를 발견하면서 우리는 더욱 모래상자치료에 빠져들어간다. 모래상자치료는 어려움에 처한 사람이 자신의 문제를 해결하도록 힘을 주고 자신이 누구인가를 알고 싶어하는 사람에게는 자신을 이해하는 기회를 제공해준다. 타인과의 관계에서 받은 상처를 치유할 수 있는 시간을 제공해주고, 자신의 현재와 미래의 방향을 정하고 이를 위해 나아가야 할 길과 역할을 이해시킨다. 즉 모래상자치료는 대부분의 사람들에게 깨달음을 준다.

모래상자치료 입문은 전문가들이 각장을 맡아 서술하였다.

1장은 송순 전문가가 정리하였다. 모래상자치료의 개요로서 모래상자치료를 소개하고 모래상자치료의 요소인 모래상자와 모래, 물을 설명하였다. 2장은 김경희 전문가가 정리하였다. 모래상자치료가 심리치료라는 관점에서 심리학의 역사와 심리치료의 역사를 살펴보고 이러한 과정에서 파생된 모래상자치료의 역사를 살펴보았다. 3장은 모래상자치료의 이론으로 이복순 전문가가 정리하였다. 심리치료의 뿌리로서 정신분석학을 살펴보고, 프로이트의 이론을 근거로 세계기법을 창안한 로웬펠드의 이론을 검토하였다. 프로이트의 영향을 받아 심층분석심리를 창안한 융의 이론을 설명하고 이를 기반으로 모래놀이치료를 개발한 도라칼프의 이론을 안내하였다. 4장은 주현주 전문가가 정리하였다. 모래상자치료를 이해하기 위해서 공간 도식을 설명하고 모래상자치료의 진행과정에 나타나는 전체성과 주제에 대해 살펴보았다. 5장은 정경숙 전문가가 정리하였다. 모래상자치료를 실시하기 위해 필요한 환경을 살펴보고 치료실에 필요한 소품의 구성에 대해 정리하였다. 6장은 김수경 전문가가 정리하였다. 모래상자치료의 진행과정으로서 치료의 시작과 평가 그리고 계획과 진행과정에 대해 설명하였다. 7장은 오지아 전문가가 정리하였다. 모래상자치료의 한회기를 진행하는데 필요한 지침을 설명하였다. 8장은 윤행란 전문가가 정리하였다. 모래상자치료사의 역할과 자세 그리고 치료장면에서 발생되는 전이와 역전이에 대해 설명하였다. 9장은 조미영 전문가가 정리하였다. 모래상자치료를 적용할 수 있는 분야에 대해 가족모래상자치료, 집단모래상자치료, 학교모래상자치료로 구분하여 설명하였다. 10장은 이미나 전문가가 정리하였다. 모래상자치료의 이야기로서 모래상자치료 작품에 나타나는 이야기들을 동화와 신화, 전설로 구분하여 설명하였다. 11장은 김재옥 전문가가 내담자의 특성에 따른 모래상자치료 사례를 정리하였다. 학교 부적응아동사례, ADHD아동사례, 성폭행 피해아동 사례, 우울사례, 불안사례 등을 소개하였다.

한국모래상자치료학회의 창립과정에서부터 지속적으로 함께 하여주신 이희자 교수님께서 감수를 하셨다. 지면을 통해 감사를 드린다.

본 서를 구성하면서 필자들이 필요하다고 생각하였고 부족하다고 여겼던 부분들을 보충하여 설명하고자 노력하였으나 충분히 만족스럽지는 않다. 우리는 본서를 집필하고 모임을 통해 서로의 의견을 교환하고 소통하면서 하나라는 일체성을 경험하였다. 우리는 개성화 과정에 동반자로서 함께 가는 느낌과 공감대가 형성되는 과정에서 우리 자신의 발전과 변화를 경험하였다. 모래상자치료에 감사한다. 모래상자치료입문은 모래상자치료사의 워크숍 교재로 활용한다. 모래상자치료사의 훈련과정에서 훈련자가 다르다 하여도 같은 교재의 내용을 교육하기 때문에 누구나 함께 지식을 공유할 수 있을 것이다.

끝으로 본서가 나오기까지 도움을 주신 모래상자치료사 자격의 참여자와 임상경험의 기회를 제공해준 내담자들에게 감사한다. 변화하는 우리들의 모습을 기쁨과 격려로 응원해준 우리의 가족들에게 감사한다. 모래상자치료입문의 출판을 흔쾌히 승낙하고 적극 지원해준 박영사의 이영조 팀장과 김효선 편집자님에게 감사한다. 좋은 책을 출판하도록 도움을 주신 직원분들께도 감사한다.

2018년 8월 목포대학교 김경희 연구실에서
모래상자치료입문 집필진 일동 드림

차 례

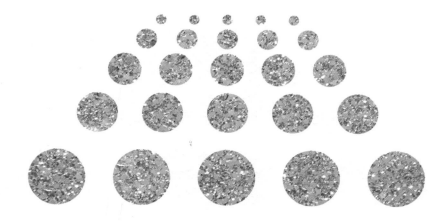

01

모래상자치료의 개요

한국모래상자치료학회
Korea Sandtray Therapy Association

제1장

모래상자치료의 개요

        심리치료는 인간의 성장을 막고 있는 장애를 제거함으로써 자연적으로 성장하게 하는 것이다. 비적응 행동이란 감정과 정서 때문에 생기는 문제라고 보기 때문에 문제를 보는 관점이 지적인 면보다 감정적인 면을 중시한다Rogers, 1942/김기석 역, 1972. 인간의 마음을 Jung은 의식과 무의식으로 보았고 의식은 피부와 같이 정신의 가장자리로서 내가 알고 있는 세계이고, 내가 가지고 있으면서도 아직 모르는 세계를 무의식이라 하였다. 오래전부터 인간은 생존을 위해 또는 공동체 삶에서 상호작용하고 적절히 반응하기 위해 상대의 의도와 신념을 이해하려고 노력하였다. 특히 아동은 언어 이전의 이 감정들을 알아차리고 표현하는 것들이 쉽지 않았고 그래서 Margaret Lowenfeld1939는 아동의 세계the child's world를 상징적 언어로 이해하기 위해 세계기법World Technic을 창안하였다. 감정이나 정서, 믿음, 바람, 의도로 표현되는 인간의 마음은 알아차리거나 언어로 표현하기에는 한계가 있는 것으로서 매우 복잡한 정신세계이다.

 Kalff는 Margaret Lowenfeld의 세계기법을 바탕으로 하여 모래놀이 치료방법을 개발하였다. Kalff는 Lowenfeld의 모래놀이치료와 Jung의 분석심리학의 이론을 바탕으로 모래놀이치료를 발전시켰다. Kalff는 모래상자 안에서의 작업은 계속적인 무의식과의 실제적 대화가 모래그림으로 나타나는 것이고 이러한 작업은 치유와 인격 발달로 이끄는 전체적 정신과정이라고 말한다. 모래상자놀이의 과정에서 건강하고 적응적인 자아의 발달이 일어나도록 자기self의 중심부인 정신 내부로 내려간다는 것을 깨달았다. 모래상자놀이치료는 내담자가 모래상자를 만들면서 내담자의 내부에서 발생하는 정신적 변화에 대한 즉각적이고 직접적인 과정으로서 자아의 탄생과 성장발달을 도모해가는 과정이라고 간주하였다. 모래상자치료는 모래상자라는 제한된 공간 안에서 자신을 표현하는 것이 핵심 활동이다김경희·이희자, 2005. 모래상자치료의 구조와 모래상자 치료사에 의해 신중하게 선별된 도구들은 내담자에게 경계를 제공하고 이러한 제한된 공간 안에서 내담자들은 안전하게 표현의 자유가 촉진되는 것이다.

 모래상자치료는 모래상자에서 실제적, 창조적으로 일어나는 형상화와 관련되는 치료방법이다. 모래상자에서 연상하며 형상을 만드는 사람은 자신의 행위에 정신적－심혼적－육체적으로 관여하고 정신적－심혼적 힘들이 활성화되며 모래를 만지는 손에 의해 육체적－창조적으로 바뀌게 된다는 것이다. 심리적 마비가 있거나 상상력의 마비가 있는 사람의 경우 모래상자에서 손으로 작업함으로써 심혼적－정신적 힘이 다시 흐르게 될 수 있다Ammann, R., 2001/이유경, 2009.

 즉 모래상자치료란 정신의 심층 수준에서의 퇴행을 격려하고 언어 이전 단계의 정서적이고 비합리적 과정 안에서 이루어지는 작업이다. 모래상자는 심상을 구체화하는데 매우 효과적으로 적용할 수 있는 재료이다.

1. 모래상자치료의 개념

모래상자치료는 모래가 담겨 있는 상자에 적당한 장난감을 골라서 무엇인가를 표현하게 하는 치료방법이다. 내담자의 정신 내면의 흐름이 활성화되면서 심리치유가 이루어진다. 모래상자치료가 치유적 효과를 얻기 위해서는 안정적인 치료실 공간에서 치료사와 자유롭고 안정된 관계 맺는 방식으로 치료사의 적극적 지지에 의해 내담자의 상징적이고 적극적인 환상 작업이 이루어질 수 있어야 한다河合準雄 편. 1969/심재경 역. 1983. 내담자의 상징적이고 적극적인 환상 작업에서 내담자와 치료사의 관계는 매우 중요하다.

모래상자치료는 내담자가 주도하는 치료과정으로서 치료사로부터 질문, 토론 혹은 해석이 거의 없이 진행된다. 내담자들은 치료사들의 방향성에 영향을 받지 않으면서 자기 나름대로의 방식으로 모래상자치료를 진행하게 된다. 모래상자치료의 치료과정을 이끄는 주체는 내담자 자신의 영혼이다.

모래상자치료는 일반적으로 내담자의 자율적 작업을 존중하는 비지시적 방법으로 진행되지만 필요에 따라 지시적 방법으로 내담자의 심리적 변화를 촉진할 수도 있다. 심리치유 과정에서 내담자와 치료사는 1 : 1의 관계를 유지하지만 경우에 따라서 치료사는 다수의 집단을 대상으로 진행할 수도 있다. 모래상자치료는 내담자와 치료사간의 역동적 상호관계를 통해 정신의 흐름이 활성화되고 내담자라고 하는 사람은 상담자가 마련하는 안전하고 자유로운 공간 안에서 자유롭게 정신 내부와 접촉을 시도할 수 있어야 하는 것이다.

Lowenfeld는 아동의 놀이는 정신분석적인 방법으로 해석할 수 없으며 아동심리치료에 필요하다고 생각하는 "해석과 전이" 없이 치료할 수 있는 방법으로 모래상자치료기법을 생각해 냈다고 한다. 즉 아동의 놀이를 정신분석이라고 하는 이론의 테두리에서 생각하지 말고 아동의 생각을 충분히 표현시키는 매체를 제공하는 것이 중요한 것이라고 한 Lowenfeld는 아동의 생각이라고 하는 말은 인지적 차원이라기보다는 하층식각적 사고下層識覺的思考, hyponic thought이며 모래상자에 표현되는 것은 외계와는 관계가 전혀 없을 뿐 아니라 연령에 의한 차이도 별로 고려할 필요가 없는 것이라고 한다. 이와 같은 Lowenfeld의 입장에 대하여 Kalff는 Lowenfeld로부터 기법을 배우는 한편, Jung으로부터 받은 훈련을 응용하여 모래놀이기법을 발전시켰다. Lowenfeld의 입장에 Jung의 치료자와 내담자와의 관계를 중시하고 내담자의 자기치유自己治癒, self-healing의 힘을 최대한으로 이용하고자 하였다. Jung이 연구한 상징이나 심상의 의미를 모래놀이표현에 적용시키고자 하였다. 이를 Kalff는 "모자일체성"이라 표현하고 치료사와 내담자 사이에 이와 같은 관계가 성립하면 내담자 자신이 자기치유능력을 발휘하기 시작하여 "전체성全體性의 상징을 표현하기 시작한다."고 생각하였다. Jung이 말하는 자기self의 상징이 생겨나는 것이다. 자기의 상징은 원圓이나 정방형正方形으로 나타나는 경우가 많은데 이러한 상징체험은 치료과정에서 매우 중요하며 Kalff는 이것을 내담자가 언어를 수단으로 하지 않고 "보호된 장면에서의 상징 체험"에 의해 치료가 진행되어 간다고 설명하고 있다河合準雄 편, 1969/심재경 역, 1983.

모래상자치료에서는 모래상자, 모래, 물, 소품, 소품장 등이 필요하며 모래상자는 필수적인 준비물이다. 모래상자라는 제한된 공간에서 자신을 표현하는 것이 모래상자치료의 핵심적인 활동이기 때문이다河合準雄 편, 1969/심재경 역, 1983. 모래상자치료는 특히 다양한 크기나 형태의 모래상자를 강조한다. 즉 모래상자를 제공하여 상자를 꾸미거나 혹은 상자 안의 모래를 사용하여 놀이를 하거나 작품을 만드는 과정에서 내담자의 심리적 관점에 초점을 둔다는 것이다. '모래상자' 작업에서는 내담자의 표현을 강조하고 중요시한다김경희·이희자, 2005.

Lowenfeld[1979]에 의하면 모래 위에 세계를 구성할 때 전이는 내담자와 치료사 사이 보다는 내담자와 모래상자 사이에서 일어난다고 본다. Weinrib[1983]은 모래상자가 독립적인 대상으로 받아들여지면서 내담자는 치료사 보다는 상자의 이미지들을 마음에 담아가게 된다고 하였으며 모래상자와 미니 모형들은 전이의 대상물 혹은 전이의 문제들이 안전하게 다루어질 수 있는 수단으로 사용된다고 한다Linda E. Homeyer·Daniel S. Sweeney, 1998/황명숙 역, 2007에서 재인용. 내담자의 심리적 전이의 대상은 모래상자이다Dora M. Kalff, 2000/이보섭 역, 2012.

모래상자치료는 치료사와 내담자간에 '모자일체성'을 강조한다. 치료사의 내적 언어가 내담자에게 편안함과 일체감을 가질 수 있도록 풍부하고 너그러우면서 친밀감을 지녀 치료사와 내담자와 일체성을 이루어야 한다. 다음은 모래상자치료의 요소로서 모래상자, 모래, 물의 성질과 상징, 모래상자에서의 활용에 대해 살펴보고자 한다.

2. 모래상자치료의 요소

모래상자치료에서 모래상자와 모래는 필수적인 요소이다. 또한 모래상자 작업과정에서 모든 생명의 근원인 물의 사용은 내담자의 표현을 활성화할 수 있는 물질이다.

:: 모래상자

모래상자는 내담자가 무의식을 탐색하는 과정에서 사용되는 작고 다양한 크기의 상자를 말한다. 모래상자에서 작업은 자신의 세계를 인식하고 초점을 맞추는데 도움이 된다. 무의식은 너무나 크고 방대하여 제한된 안전한 공간에서 집중화가 잘 이루어지도록 할 필요성이 있다. 무의식은 제한된 크기의 모래상자 안에서 더욱 활성화될 수 있다.

모래상자는 내담자의 창조물과 내담자를 보호해 주는 것이다. 모래상자란 내담자의 마음세계를 담아내는 그릇이며 내담자가 최고의 신뢰감과 안전감을 느낄 수 있는 어머니의 자궁이자 우리 각각의 존재가 보다 자기답게 태어날 수 있는 창조와 치유의 공간이다. 모래상자란 자유롭고 보호받는 공간이며, 양육과 보살핌을 통해 빛과 기쁨으로 새롭게 태어나는 신성한 아기 요람에 비유될 수 있다이복순, 2015.

모래상자의 형태나 크기는 내담자의 정신세계를 표현하는데 영향력을 미치며 아동의 경우와 자아가 약한 내담자의 경우 너무나 큰 상자는 진행과정과 상징의 반영이 명확해 지는 데 많은 시간이 걸리게 되어 적절하지 않다. 치료사가 내담자에게서 추구하는 부분에 따라 모래상자는 다양한 형태나 크기, 투명성의 정도가 달라질 수 있다.

모래상자의 형태, 크기 모래상자의 크기[1]나 형태는 다양하다. 河合準雄 선생이 사용한 모래상자의 크기는 모래상자의 안치수가 $72 \times 57 \times 7$ cm이다河合準雄 편. 1969/심재경 역. 1983. 모래상자의 크기나 형태에 따라 내담자

---

1 Lowenfeld's(1991) 모래상자 크기는 $27 \times 18 \times 1^3/_4$ inch(68.58×45.72×4.45cm), 오늘날 30×20×3inch(76.2×50.8×7.63cm) Dora Kalff의 상자크기.

의 정신세계가 다르게 반영되는 것을 알 수 있다. 크기나 형태는 상징언어로 표현된다. 상징언어는 인간의 전체성을 표현해온 수단이다. 아동은 상징언어로 놀이를 하고 도형을 그리거나 그림을 그린다. 아동이 놀이하고 도형을 그리거나 그림을 그리는 데 있어 원과 사각형의 상징은 중요한 역할을 한다. Jung에 의하면 원은 '완전성과 완전한 본질의 상징이고 하늘, 태양과 신의 가장 보편적인 표현이며 인간과 영혼의 원형상의 표현이다. Kalff에 의하면 4위성은 인간의 전체성이 준비될 때 나타난다. 심리적 발달에서 숫자 4는 원의 상징 이전에 나타나거나 이와 결합하여 가시화 되는 것을 관찰할 수 있다. 원은 단순히 기하학적인 형태가 아니라 인간 안에 살아 있는 숨은 것을 볼 수 있게 하는 하나의 상징이다Dora M. Kalff, 2000/이보섭 역, 2012.

사각형은 원형에 비해 대립과 투쟁이 명확하게 나타나고 과정이 자연스럽고 천천히 발생하고 진행된다. 그래서 모래상자 치료과정에서 나타나는 내담자의 갈등을 더 잘 보여줄 수 있다.

원형은 투쟁과 싸움의 표현으로 원 안에서 연결되어 나타나는 경향이 있다. 그래서 내담자가 보다 이상적이고 위안을 받는 경향성을 지닌다.

사각형 모래상자

원형 모래상자

모래상자의 색깔　　　모래상자의 내부는 파란색을 칠한다. 내부의 파란색은 바다_를를 의미하거나 무의식을 탐색하고 의식화하는 작업에 유용하기 때문이다. 모래상자는 나무의 질감을 살린 모래상자와 투명한 모래상자가 있다. 고은경이 사용한 젖은 모래상자는 52×40×15㎝ 크기의 상자 겉 표면에서 상자 안이 보일 수 있는 하늘색 반투명 플라스틱상자이었다. 반투명상자를 이용한 이유는 아동들이 수족관을 보는 것처럼 모래상자의 겉 표면에서 물 속을 바라보기를 희망하는 경우가 많았기 때문이며 하늘색을 사용한 이유는 아동이 푸른 물의 이미지를 더 강하게 느낄 수 있도록 하기 위함이었다_{고은경·정계숙, 2011}.

:: 모래

모래상자치료에 참여한 내담자에게 모래를 만지게 하고 그 느낌이나 소감을 물으면 이렇게 대답한다. '학교운동장에서 모래를 만지고 놀던 생각이 나요.' '어렸을 때 바닷가에서 모래를 만지고 놀던 생각이 나요.'라고 말하며 바로 어린 시절의 경험을 떠 올린다. 다수의 아동내담자들은 모래로 형상을 만들거나 모래 위에서 장난감을 움직이며 상상력을 발휘하여 놀이를 지속하는 것을 볼 수 있다. 다시 말해 모래상자에 담긴 모래는 정신의 역동성을 활성화하며 퇴행을 강조하는데 모래와의 신체적 접촉은 정신적 퇴행의 통로를 만들어주고 있음을 알 수 있다. 뿌리 깊은 감정적 동요에 대한 치료적 결합과 과정은 모래의 사용으로만 조력이 되는 것은 아니다. 이에 대해 Kalff[1981]는 "모래에서 놀이하는 행위는 내담자가 자신의 전체성에 접근하도록 허용한다."고 밝히고 있다[Linda E. Homeyer·Daniel S. Sweeney, 2017].

모래는 우리의 신체를 구성하는 것이다. 사랑, 다산의 상징적 의미와 함께 여성성의 표현이라고 할 수 있다. 세상의 창조에 있어서 기초적인 요소이며 모래상자의 파괴된 이미지를 덮는 역할을 한다. 그래서 모래는 입자의 크기나 색상, 모래가 물을 만났을 때에 따라 정신적 이미지를 활성화하는 데 있어 구별이 생겨난다.

모래 입자　　　Lowenfeld는 갈색의 거친 모래와 고운 모래, 흰 모래의 3종을 준비하고 있다. Kalff는 갈색과 백색의 2종류를 사용하고 있다. Lowenfeld는 백색 모래가 산 위의 눈으로 사용되기도 한다며 모래는 적당히 적셔 있어서 모래로 산들을 만들기 쉬울 정도로 되어 있다. 아니면 젖은 모래와 마른 모래 두 가지를 준비하여 내담자가 선택하도록 할 수 있다고 한다. Lowenfeld는 물의 사용을 자유롭게 허용하고 있는데 Kalff는 물의 사용을 허용하지 않는다河合準雄 편. 1969/심재경 역. 1983. 공격성이 강한 어린이들의 경우 물이나 모래를 마루에 흩뜨리곤 하여 곤란한 경우가 있기 때문이다.

　입자가 고운 모래는 내담자로 하여금 더 깊은 곳으로 들어갈 수 있도록 촉진한다. 하지만 지나치게 섬세하고 가는 모래는 내담자로 하여금 불안을 느끼게 한다. 입자가 거친 모래는 땅과 같은 느낌을 갖게 하고 내담자가 자연스럽게 놀이에 참여하고 모래를 만지며 퇴행을 불러일으키고 정신세계를 활성화 하여 자기의 재탄생 과정을 경험하도록 촉진할 수 있다. 치료실에서 모래는 최소한 고운 입자와 거친 입자의 두 가지 이상의 입자크기의 모래를 준비할 필요가 있다.

모래와 색상, 모래와 물　　　모래를 만지고 노는 것은 어릴 때 경험으로 퇴행시키는 경향이 있으며 모래는 자기의 재탄생 과정을 경험하도록 촉진하는 역할을 한다. 모래의 색상이 갖는 상징적 의미가 다소 차이가 있으므로 욕구에 따라 모래의 색상을 선택할 수 있도록 다양한 모래를 준비할 필요가 있다. 모래는 밝은 것에서 어두운 것으로 선택할 수 있다. 흰 모래는 사용하는 사람의 판타지를 자극하고 검은 모래는 심층 무의식을 자극할 수 있다.

모래상자치료실에서 다양한 색상별로 모래를 준비하는 것과 더불어 모래를 담을 수 있는 상자를 따로 마련하는 것이 중요하다. 모래의 색상에 따라 연행 작용이 다른 만큼이나 모래와 물의 연행 작용도 다르기 때문에 마른 모래와 더불어 젖은 모래를 사용할 수 있도록 준비할 필요가 있다. 젖은 모래를 사용하고자 하는 내담자를 위해 가능하다면 스프레이나 물총을 준비할 필요가 있다. 바가지를 준비하는 것보다 스프레이나 물총 정도로 물을 적실 수 있는 것이 중요하다. 왜냐하면 물을 너무 많이 사용하면 내담자가 무의식에 사로잡히기 때문이다. 모래의 입자, 색상 등 모든 것에 있어서 내담자가 무의식적으로 자신의 문제를 해결하기 위해 최선의 방법으로 선택하고 있다는 사실을 인식하고 인정해야 한다. 모래상자 안에서 모래의 깊이는 일반적으로 1.5~2인치 정도면 충분하다.

흰 모래

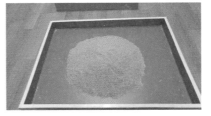
갈색 모래

모래의 상징적 의미 불교에서 상관관계를 이루는 개체가 무수함을 갠지스강의 모래알 같다고 한다. 많다는 의미를 수적 개념으로 표현하지 않고 무궁무진하게 많음을 상징하여 모래알 같이 많다고 하여 모래는 많은 것이 서로 연관해 모래사장을 이루듯이 우주 만상의 현상계의 형성을 상징하기도 한다. 인도에서 모래를 종교적 상징으로서 많은 수를 나타내는 반면 중국에서는 사상누각沙上樓閣이라 하여 불안정성, 분열성 등을 상징하기도 한다. 일본에서는 1평 정도의 산실을 바닷가에 지을 때 그 산실 바닥에 모래를 깔고 그 위에 볏짚과 검불을 깐 후에 다시 가마니를 폈다. 산실의 모래에는 呪力이 있어 출산을 돕는다고 믿었다. 모래는 또한 고통, 후회를 의미하기도 한다. 성서의 "속이고 얻은 음식물이 맛이 좋은 듯하나, 후에는 그 입에 모래가 가득하게 되리라."처럼 모래는 고통스럽고 씁쓸한 후회의 의미로 쓰이기도 하였다. 이슬람교에서 모래는 청순, 순수를 상징한다. 정화의 의례를 행할 때 가까이에서 물을 구할 수 없으면 모래를 대신 사용하기 때문이다한국문화상징사전 下. 224-226.

정철의 '관동별곡'이나 고려 가요 '정석가'에서 모래는 또한 도저히 싹이 날 수 없는 척박한 땅, 성취가 없는 땅을 상징하거나, 역경 속의 삶을 상징하기도 한다. 현대 서양에서 모래는 굳은 땅이 아니므로 불안정하고 비영속적인 위험한 터전이나 기반을 뜻하기도 한다. '모래로 밧줄 꼬기'라는 표현은 쉽게 와해될 관계를 맺는 일이나 불가능한 일을 도모할 때 이르는 말이다. 서양인들은 짧은 시간을 측정하는데 모래시계를 사용하였다. 모래시계는 일정량의 가는 모래가 작은 구멍을 통해 모두 새어 나가는 데 걸리는 시간을 한 단위로 하는 장치이다. 모래시계는 무상, 화살처럼 지나가는 인생, 허망함, 죽음을 상징하거나 그 모양과 기능으로 인해 역전을 상징하기도 한다.

모래는 땅에서 구하고 볼 수 있는 입자이므로 모래상자치료에서 모래는 대지, 모성을 의미한다. 대지, 모성은 그 형상화나 사용의 의미에 따라 다산이나 풍요, 주술적인 힘, 순수를 의미하기도 하지만 불안정성, 분열성, 역경, 불가능, 무상, 허망함, 죽음을 상징할 수 있음을 알 수 있다.

:: 물

물의 성질　　　물은 모든 존재와 가능성의 근원이다. 물은 만물의 구성 요소이며 우리 몸의 구성성분도 물이 70%를 차지한다. 동양철학에서 모든 형상 있는 것들의 구성요소는 地水火風으로 구성되어 있고 成住壞空으로 변화한다고 말한다. 물은 5행 중 水氣로서 세계구성의 일정한 지분을 가지고 참여하며 5행은 상호간 상생상극의 관계를 가지며 그 관계 속에서 마련되는 조화와 균형의 논리를 통하여 세계 속에서 일정한 질서를 구현한다. 세계구성 논리 속에서 물은 수증기-구름-눈비-지상의 샘과 시내 강 바다를 채우는 작은 순환과정과 일원의 기운이 작용하기 시작하여 음양의 기운이 전개되어 나아갈 때 5행 중 수기에 해당하는 물은 샘물, 시냇물, 바닷물이 된다. 그것은 다시 5행 중 수기로 되돌아가고 음양의 기운 속으로 귀결되고 일원의 기운으로 환원되는 큰 순환과정을 갖는다윤천근, 2011. 그래서 물은 정화의 의미와 더불어 크고 작은 순환과정이 의미하는 분열, 파괴, 재생, 재탄생의 의미를 포함하기도 한다.

• 물의 순환과정

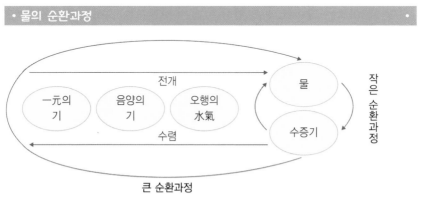

출처: 윤천근, 2011

인류 문명의 발상지는 물과 관계가 깊다. 인류 문화의 발상지들을 보면 큰 강과 강이 만들어낸 비옥한 땅과 관련이 있다. 큰 강의 유역으로 교통이 편리하고 관개 농업에 유리한 물이 풍부하여 청동기, 문자, 도시국가가 발달하였다위키백과, 2018. 인류 발생지 아프리카를 중심으로 나일강변의 이집트문명, 티그리스 유프라테스강이 만들어낸 메소포타미아문명, 중국의 황허강이 만들어 낸 황허문명, 인더스강 유역에서 발생한 인더스문명, 인도의 갠지스강이 만들어낸 갠지스문명, 메콩강, 아마존강, 대동강, 한강, 금강, 낙동강 등 물을 중심으로 마을을 만들고 농사를 짓고 사람들이 모여살 수 있으므로 물은 생명을 만들어내는 근원이며 강은 젖줄이라고 표현되기도 한다.

물은 성질이 부드러우면서도 아래로 흐르는 경향이 있다. 흐르는 물은 겸손의 미덕을 상징하기도 한다. 사물에 부딪혀 흐르며 더러운 것들을 씻어 내려 정화시키는 작용을 하고 꾸준히 흐르는 힘은 바위를 뚫기도 한다. 맑은 소리를 내기도 한다. 큰 물은 사물을 삼키거나 다른 곳으로 이동하도록 하여 새로운 땅을 만들기도 한다. 물이 아래로 흐르는 강인한 힘은 내면의 자기self와 만날 수 있는 힘을 갖고 있음을 의미하기도 한다. 물은 흐르는 물, 고인 물, 넘치는 물과 얼음과 같은 결정체, 수증기와 같은 기체가 있다. 물의 흐름은 위에서 아래로 수직의 방향과 옆으로 수평의 방향으로 경사로를 따라 흐를 수 있다. 물은 그 변화와 흐름에 따라 생성과 파괴라는 무한한 가능성을 함축하고 있는 것이다송순, 2014.

물은 온도에 따라서 기체, 액체, 고체 상태를 유지하고 따뜻하고 차가운 성질을 가진다. 물은 물체와 결합하여 만물을 변화시키는 성질을 갖고 있다. 홍수처럼 물이 분노하면 생명을 삼키거나 죽음에 이르게 하기도 한다. 홍수신화의 의미에 대해서 Jung2005은 인간의 의식이 무의식에서 재분화되어 더욱 강력한 의식화를 경험하였음을 의미한다고 전달한다.

물의 상징적 의미　　　신화는 선사시대 이전부터 인류가 존재하면서 구전되어온 어떤 사실일 가능성이 크다. 신화는 인류의 집단적 무의식에 자리잡고 있는 의미있는 인간의 정신세계라 할 수 있다. 신화에서 물은 창조의 원천, 풍요, 생명력의 근원이다. 제주도 신화 천지왕 본풀이에서는 물은 창조력의 원천, 原水로서 여성의 생산적 원리를 상징한다. '동국이상국집'의 고구려 건국 신화2에서 금와왕과 신라 박혁거세의 비가 알영정闕英井이라는 물 출신인 것의 의미는 다음과 같다. 하늘의 남성인 왕과 물의 여성인 왕비가 짝지어짐으로써 우주론적으로 하늘과 물의 짝지어짐은 생명력과 풍요의 기능을 발휘하게 된다. 물은 임신과 출산의 힘이 있는 여성적 생명원리를 지닌다.

물은 또 죽은 사람을 살아나게 하는 재생의 기능을 한다. 바리공주 신화에서 공주가 위중한 부모를 구하기 위해 서천 서역국으로 가 생명의 약수를 가져와 죽은 부모를 살려 낸다. 이 약수는 세속과는 다른 상징적 죽음의 통과제의를 거쳐야 구할 수 있다. 여기서 물은 생명의 근원이며, 재생을 상징한다.

무속 민속에서 물의 생명력과 정화력, 부정을 물리치는 힘이 있고 여성적 생산력의 상징이다. 동해 가운데 있었다는 여인국에서 수태를 위한 우물 들여다보기, 무왕 출생과 관련된 연못, 강화 봉씨의 조상이 태어난 봉가지, 경북 영일의 몰산치 등의 설화는 물의 능력을 상징하고 있다. 샘, 약수 등에 담겨진 재생력과 생명력은 물을 용의 집이자 정기로 간주하는 용신 신앙에 이르게 한다. 용왕 먹이기라는 농경 풍요의 주술이 행해지고, 집안의 재앙 물리기나 운수 형통 등의 행사에도 이 같은 신앙 형태가 나타난다. 물에는 정화력이 있고 정화수에서 부정이나 객귀를 쫓

2　동명왕의 모비인 유화부인이 웅심연(熊心淵) 출신으로 되어 있다.

는다. 정화수는 정화력을 발휘하는 주술물 구실을 하므로 부정스러운 대상을 향하여 그릇에 담은 정화수를 손가락 끝으로 3번 흩뿌리는 것으로 정화의 주술을 베푼다. 물의 정화수 관념은 우물 숭배, 물 숭배, 약수 숭배를 배경으로 천지신명에게 바치는 행위이기도 하다.

풍습에서 물은 정화력 생산력의 의미를 지닌다. 각종 제의나 축원에서 먼저 행하는 일이 목욕재계와 정화수 떠놓기이다. 목욕재계는 물의 정화력을 빌려 신과 교응할 수 있는 자질이나 심신 상태를 갖추고자 함이었다. 조상의 제사 마을 동제를 지내기 전에 종교적 목욕재계와 정화수 떠놓기는 심신을 맑게 가지는 것을 근본으로 삼고, 그 정화수는 정화된 영혼과 마음을 상징한다. 물은 산과 함께 생활환경의 주요 맥락이다. 배산임수라는 말은 산을 등지고 물을 바라보는 곳에 사람이 살고 마을이 형성된다는 말이며 이는 풍요로운 생산성 또는 영원한 생명력을 상징한다. 산이 성스러운 종교적 성역으로 생각된 반면 물은 활성화된 경제적 생산력을 상징한다. 우물에 비친 달그림자는 용의 알이라 믿어 아이 갖기 바라는 여인들에게 달의 생명력과 연결 되어 생산력을 좋게 한다고 믿어졌다. 물의 정화수의 의미는 가톨릭 세례의식에서 사용하는 물의 의미와 갠지스강에 몸을 씻는 인도인들에게 물은 정화의 의미를 갖고 있다.

유교에서 물은 현수玄水라 하여 신에게 바치는 공물적貢物的 기능을 한다. 불교에서 물은 계욕, 관욕 등을 통한 정화력을 표상한다. 천도교에서 淸水를 놓고 주문을 외고 기도한다. 청수는 제례의식에 깨끗한 물을 떠다 모시는 것으로 정화수의 의미이다. 동양 문화에서 물은 신의 처소, 청렴을 의미하기도 한다.

현대 서양에서 물은 무상이다. 물은 생명의 근원이고 정화, 재생의 의미를 지닌다. 중세 독일의 음유시에서 물은 사랑 음욕을 의미한다한국문화상징사전 上, 284-288. 물은 부드러움과 난폭함으로 양분되기도 한다. 물은 각

01 | 모래상자치료의 개요

기 그 크기나 형상의 변형에 따라 상징적 의미를 함축하고 있다. 우선 강은 고대문명에서 생명의 원천으로 교통 노선으로 강력한 의미를 갖고 있다. 강은 국가 간, 삶과 죽음 사이의 경계선을 나타낸다.

물에 대해 Jung은 물은 원초적 심층의 세계에서 만날 수 있는 것이라고 하였다. 물의 꿈을 꾼 사람은 자기 자신의 꿈은 내면으로 들어가고 그 길은 꿈꾼 자를 신비스러운 물에 이르게 한다. 여기에서 베데스다 연못의 기적, 즉 천사가 내려와서 물을 만지며 물은 치유의 힘을 갖게 된다. 물은 가장 잘 알려진 무의식의 상징이며 계곡에 있는 호수는 무의식이며 물은 '계곡의 신'이며 道의 수료이며 陰에 흡수된 陽이다. 그러므로 물은 심리학적으로 무의식화된 정신이라고 부른다Jung, C. G., 2005. 여기에서 Jung은 크고 작은 물의 순환과정을 고려한 물의 상징적 의미를 표현한 것으로 사료된다. 아래에서 물의 크고 작은 순환과정에 따른 물의 상징적 의미를 살펴보고자 한다.

수증기처럼 위로 올라가는 물은 물질적인 것의 영적인 것으로의 변모이다. 북아메리카 원주민 부족은 수증기가 불과 물의 정화하는 힘을 겸해 갖고 있다고 믿어 한증 막사 의식에서 수증기를 사용했는데 이것은 몸, 마음, 정신을 깨끗이 되살아나게 하는 것을 의미했다.

물의 흐름은 강의 의미를 얼마간 공유하지만 창조적 원천에 보다 더 가깝고 따라서 삶과 의식의 흐름을 나타낸다. 네 흐름은 천국에 있는 생명의 나무 발치에서부터 흘러나와 세상의 네 구석으로 그 생명력을 운반한다.

우물물은 전형적으로 대지를 향해 밑으로 내려간다. 물이 대지로부터 나오는 것은 대체로 대지인 모로부터의 신성한 선물을 나타내는 것으로 받아들여졌다. 이슬람 전통에서 우물은 천국을 뜻할 수 있다. 전형적으로 여성적인 것으로 많은 우물이 치유해주거나 소망을 들어주는 힘을 가진 것으로 여겨지기도 하였다. 얼음과 눈에서 얼음은 인간의 자연 안에 들어 있는 불모성, 차가움, 굳음을 상징한다. 해빙은 생명이 되돌아옴을 미리 알려주는 것이다. 그러한 상징적 의미를 눈은 얼마간 함께 공유하고 있지만 부드럽고 아름다운 까닭에 보이지 않는 진리, 숨겨져 있는 지혜를 나타내기도 한다.

구름과 안개에서 구름은 신비와 성스러운 것을 상징한다. 많은 문화에서 신들은 구름이 감싸인 모습으로 나타난다. 중국인들은 구름이 음과 양의 결합으로부터 생기와 평화를 상징하는 것이라고 믿었다. 로마인들에게는 안개에 감싸여 있는 영국 제도는 세계 끝에 있는 마술적인 땅을 상징하였다. 하늘로부터 생명을 가져다주는 축복인 비는 언제나 신의 호의와 계시, 지상에 신의 은총이 내림을 상징하였다. 신들의 진노, 혹은 타락한 지상을 정화하고자 하는 신들의 갈망에 의해 대홍수가 날 수도 있다. 대홍수로 인하여 물론 죄 없는 자들도 죄진 자들과 함께 멸망할 수도 있다.

물의 상징과 치유성　　　인류 역사 속에서 물은 생명의 근원, 강한 정신력, 두려운 힘을 지닌 것으로서 기억되는 집단적 무의식이며 생활과 생명을 지탱하고 생활을 유지하는 데 소중한 의미있는 개인적 무의식이기도 하다. 물은 사색의 방향을 결정지우고 치유적 힘을 갖고 있다.[3] 따라서 내담자의 모래상자에서 물을 사용하거나 물과 관련되는 상징들이 등장한다는 것은 깊은 자아탐색을 의미하며 생기, 탄생, 정화 같은 의미로 경험의 파괴와 재생을 의미하기도 한다.

모래상자 치료과정에서 물의 상징을 통한 회복과정에서 김재옥[2014]은 물의 긍정적·부정적 의미의 상징성을 물의 보호·유기, 물의 정화·오염, 물의 존재·비존재, 물의 모성·파괴, 물의 순환·정지, 물의 재생·죽음,

---

3　전설이나 민담에서 등장하는 **藥水**는 병을 치료하며(바리데기공주) 임신이나 아들을 갖게 하는 기능을 갖고 있으며 비를 내리게 하는 위력을 가지고 있다. 씻김굿의 씻김의 의미 등(전병길, 1990).

물의 통합·분열의 7유형으로 구분하였다. 모래상자치료 초기 단계에서 물의 보호와 유기, 물의 정화와 오염이 나타나며, 물의 생명과 죽음이 등장하면서 탄생을 예고하고 변화를 의미하는 물의 상징이 등장한다. 다음으로 물의 모성과 파괴가 등장하면서 내담아동의 내면에는 변환과 동시에 모성성이 등장한다. 나선형 과정을 거치는 단계에서 파괴가 일어남을 알 수 있었다. 다음으로 변환의 시작과 동시에 재탄생이 일어나는 물의 상징적 의미가 등장한다. 이제 아동은 세상을 향해 다가갈 수 있는 힘을 얻게 된 것이다. 세상과 만나 한발씩 내걸으면서 내면의 힘을 찾고 발전한다. 그러면 마지막으로 전체성을 상징하는 물의 통합적 의미가 등장한다김재옥, 2014.

물의 상징	물의 내용
1. 물의 보호 vs 유기	• 물에 의한 생명의 잉태, 출산의 신비, 양수, 태초의 생명수, 비현현, 물질의 최초의 형태
2. 물의 정화 vs 오염	• 깨끗하게 하는 정결의 의미를 지님, 눈물 • 오염된 물
3. 물의 존재 vs 비존재	• 용신 생명을 주는 초자연적 존재, 원초적인 물질, 장액, 성서의 영원한 생명수, 산천신앙, 내음수, 용천수로 탄생, 풍요와 탄생 • 대홍수, 고인돌
4. 물의 모성 vs 파괴	• 나정, 알영왕후, 동천 태모, 우주, 자연의 본성 • 쓰나미
5. 물의 순환 vs 정지	• 세상의 모든 물이 연결되어 순환의 과정을 반복하는 흐름 • 고인물
6. 물의 재생 vs 죽음	• 용천수로 탄생, 풍요와 탄생
7. 물의 통합 vs 분열	• 성서의 물이 술로 변함, 동물들을 길들임, 혼돈으로부터 질서형성, 축복과 풍성함 • 심판의 물, 홍수

• 모래상자 치료과정에서 물의 상징적 의미

출처: 김재옥, 2014

물의 연행[4]에 따른 물의 상징적 의미는 아동의 모래상자에서 나타나는 의미에 대한 연구_{고은경·정계숙, 2011}가 있다. 물은 생명력과 정화력을 가지며 경험의 파괴와 재생의 힘을 가진다. 외부상황에 대한 적응력이 떨어져 불안이 커지고 현실을 회피하게 되면 어머니로 되돌아가는 퇴보를 하게 된다. 이는 모태로 회귀하는 것이며 무의식으로의 퇴행을 의미하며 악화된 의식과 자아는 자신의 근원, 즉 무의식 속으로 퇴행하여 이전에 잠재되었던 내용들을 확인하고 더 높은 차원의 인격 변화를 경험한다_{고은경·정계숙, 2011}. 물은 그 변화와 흐름에 따라 생성과 파괴라는 무한한 가능성을 함축하고 있다. 연구자들은 내담자의 모래상자에서 아동이 형상화한 이야기와 연행을 동사표현의 의미단위로 기호화하였다. 민담과 신화자료에서 아동의 연행과 관련된 주제어들에 의미를 부여하여 기호화하였고 형상화 이전, 형상화, 재형상화 단계에서 생성된 의미에 하위주제를 부여하는 작업을 하였다.

• 물을 통한 연행의 상징에 대한 주제

대주제	소주제	주제 의미	원형적 이야기
수직적 움직임	담음과 퍼냄	모성으로부터 양육 받는 신체	『화수분』
	가라앉힘과 건짐	내적 자원의 확인과 획득	『용궁설화』
	빠뜨림과 떠오름	죽음과 재생	『동명왕』, 『박혁거세』, 『문희』, 『심청전』
수평적 움직임	떠 내려감	입문과 변환	『바리데기』
	흔들림과 고정	고난의 극복과 안정	『탈해왕』

출처: 고은경·정계숙, 2011

4　말과 몸짓 등의 행위를 매개로 이루어지는 의사소통 혹은 상호작용이다.

물을 사용하는 아동의 연행을 물로 들어가는 과정과 물에서 나오는 과정으로 보고 물로 들어가는 과정은 치유를 위한 퇴행과 입문을 의미하며 물에서 나오는 과정은 무의식적 자원과의 결합을 통해 의식화와 자아가 강화되어 가는 아동기 개성화 과정을 보여준다고 논의하고 있다.

이상과 같이 모래상자치료의 요소로서 모래상자, 모래, 물의 성질과 상징, 치료적 의미에 대해 살펴보았다.

- 고은경·정계숙(2011). 아동의 모래놀이치료에서 물을 통한 연행의 상징 분석. 『한국아동학회지』. 32(3), 185-202.

- 김경희·이희자(2005). 모래상자 놀이치료. 양서원.

- 김경희(2014). 모래상자치료의 연금술. 2014 한국모래상자치료학회추계학술대회 자료집. 9-23.

- Rogers(1942)·김기석(1972). *Counseling and Psychotherapy*. 상담과 심리치료. 중앙적성연구소.

- 김재옥(2014). 모래상자치료와 물. 2014 한국모래상자치료학회추계학술대회 자료집. 27-44.

- 김재옥(2016). 모래상자치료에서 모래의 상징적 의미. 2016 한국모래상자치료학회추계학술대회 자료집. 53-60.

- 도주영(2003). 물의 이미지를 통한 삶의 은유적 표현. 이화여자대학교 대학원 석사학위논문.

- 송순(2014). 모래상자 치료과정에서 물의 상징을 통한 회복과정. 2014 한국모래상자치료학회학술대회 자료집. 79-82.

- 송순(2015). 상징과 원형의 모래상자. 2015 한국모래상자치료학회 10주년학술대회 자료집. 13-25.

- 엄미연(2014). 물: 잠재성의 상징. 『상징과 모래놀이치료』. 5(1), 59-71.

- 윤천근(2011). 물의 사상, 물의 문화. 한국동서철학학과논문집. 『동서철학연구』. 59(3), 387-416.

- 이복순(2015). 힐링(healing)의 모래상자. 2015한국모래상자치료학회 10주년학술대회 자료집. 29-41.

- 이찬주(2002). 돌과 물의 상징성 연구를 통한 무의식의 분석. 이화여자대학교 대학원 석사학위논문.

- 연병길(1990). 한국의 물의 상징성에 관한 소고-치료적 기능을 중심으로. 한림대학 신경

정신과. 『심리연구』. 5(1), 1–22.

- 위키백과, 2018년 1월 31일 편집 자료.

- 한국문화상징사전편찬위원회(1993). 한국문화상징사전 上. 동아출판사. 284–288.

- 한국문화상징사전편찬위원회(1996). 한국문화상징사전 下. 동아출판사. 224–226.

- 河合準雄 편(1969)·심재경 역(1983). 모래상자놀이(箱庭)療法入門. 양영각.

- Ammann, R.(2001)·이유경(2009). 융심리학적 모래놀이 치료–인격발달의 창조적 방법. 분석심리학 연구소.

- Barbara A. Turner(2005). *The handbook of sandplay therapy*. Temenos Press, USA.

- Dora M. Kalff(2000)·이보섭 역(2012). 도라칼프의 모래놀이 융심리학적 치유법. 학지사.

- Jung, C. G.(2005). 융 기본저작집 7, 상징과 리비도. 한국융연구원 C. G. 융저작 번역 위원회 역. 솔 출판사.

- Linda E. Homeyer & Daniel S. Sweeney(1998)·황명숙 역(2007). 모래상자기법 실제 지침서. 학지사.

- Linda E. Homeyer & Daniel S. Sweeney(2017). *SANDTRAY THERAPY–A Practical Manual 3rd Edition*. Routledge Taylor & Francis Group: New York and London.

02

모래상자치료의 역사

한국모래상자치료학회
Korea Sandtray Therapy Association

모래상자치료는 모래상자에 인간의 심리를 표현하는 치료방법이다. 모래상자를 꾸미는 사람은 마음이 이끄는 대로 소품을 선택하고 이를 모래상자의 원하는 위치에 놓는다. 모래상자치료는 심리학적 배경을 가지고 있으며 심리치료방법의 역사적 흐름에 따라 변화하고 발전된 것이다. 모래상자치료의 역사는 심리학과 심리치료의 역사적 배경을 지닌다. 심리학의 흐름은 Myers[2007]의 심리학 이야기 연대표를 참고하여 서술하였다. 심리치료는 정신의학과 심리치료의 기초가 되었다고 볼 수 있는 정신분석의 역사를 살펴보았다. 그리고 모래상자치료의 역사를 기술하였다.

1. 심리학의 흐름

　　　　　　　아주 오래전에 우주의 한 행성에 사람이라
는 생명체가 출현하였다. 곧이어 이 생명체들은 자기 자신과 주변사람들
에 대해서 대단한 관심을 가지게 되었다. 궁금증은 끝없이 이어졌다.
"우리는 누구인가? 우리의 생각은 어디에서 오는 것인가? 감정은? 행동
은? 우리를 둘러싸고 있는 대상들을 어떻게 이해하고 숙달하며 다룰 수
있게 되는 것인가?" 이러한 궁금증에 대한 심리학의 답변은 철학과 생
물학이라는 범지구적 근원으로부터 출발한다. 심리학은 우리가 생각하
고 느끼며 행동하는 방식을 기술하고 설명하려는 목적을 가지고 있는
과학으로 발전하였다. 심리학은 결과물들의 집합이라기 보다는 물음을
던지고 답을 하는 한 가지 방법이라고 할 수 있다David G. Myers, 2007.

　오늘날 심리학에서의 질문들은 인류사에 걸쳐 추적해 볼 수 있다. 초
기 사상가들은 다음과 같은 것들을 질문하였다. 마음은 어떻게 작용하는
가? 신체는 마음과 어떻게 관련되는가? 우리가 아는 것의 얼마만큼이
생득적으로 주어지는가? 얼마만큼이 경험을 통해서 획득되는가? 심리학
의 뿌리는 인도, 중국, 중동, 그리고 유럽의 역사기록으로까지 거슬러
올라가는데, 많은 학자들이 사람에 대해서 궁리하며 일생을 보냈다. 인
간의 본성을 이해하고자 시도하면서, 마음이 작동하는 방식, 그리고 신
체가 마음과 관련되는 방식을 주의깊게 들여다 보았다. 인도의 석가모니
는 어떻게 감각과 지각이 결합하여 관념을 형성하게 되는 것인지를 숙
고하였다. 중국에서는 공자가 관념과 교육의 힘을 강조하였다. 고대 이
스라엘의 헤브라이 학자들은 마음과 정서를 신체와 연계시킴으로써 사
람들은 가슴으로 생각하고 내장으로 느낀다고 주장하였다. 고대 그리스
의 철학자이자 교육자인 Socrates와 그의 제자인 Platon은 마음이 신체와

분리될 수 있으며, 신체가 죽은 후에도 영속하므로 지식은 생득적이라고 하였다. 즉 태어날 때부터 가지고 나오는 것이라고 하였다. Aristoteles는 신중한 관찰을 통하여 영혼은 신체와 분리할 수 없으며, 영혼의 특정 부분들에 대해서도 마찬가지다라고 하였다.

1600년대에 이르러 새로운 변화가 일어나기 시작하였다. Descrates는 생득적 관념의 존재, 그리고 신체와는 철저하게 분리된 마음이 신체의 사망 후에도 존재할 수 있다는 Socrates와 Platon의 주장에 동조하였다. Descrates의 마음 개념은 어떻게 불멸의 마음이 신체와 의사소통하는 것인지에 대하여 궁리하도록 만들었다. Descrates의 생각은 1831년에 함께 세계 일주여행에 동승하였던 Darwin에 의해 발전하였다. Darwin은 한동안 같은 지역의 한 섬에 사는 거북이가 다른 섬에 사는 거북이와 차이나는 것을 포함하여 그가 접하게 되었던 믿기 어려운 종의 변이에 대해서 사색하였다. 1859년 출판된 『종의 기원Origin of Species』은 이러한 변이를 진화과정으로 설명하였다. 그는 유기체의 우연한 변이 중에서 특정한 환경에서 살아남고 후손을 보다 많이 퍼뜨릴 수 있는 변이를 자연이 선택한다고 믿었다. Descrates의 생득적 관념을 부정한 Locke는 출생시의 마음은 흰 종이tabula rasa라고 주장하면서 경험주의를 강조한 인간오성론을 출간하였다. Bacon과 Locke의 생각은 현대 경험주의가 발달하는데 중요한 초석이 되었다. 경험주의는 지식이 경험에서 유래한다는 것으로 과학이 관찰과 실험에 의존해야만 한다는 생각에 불을 붙였다.

경험주의의 발달은 마음의 구조와 기능을 이해하기 위한 과학적 실험을 하도록 이끌었다. Wundt는 독일 라이프치히 대학교의 낡은 건물 3층에 있는 작은 방에서 심리를 검증하는 실험을 하였다. Wundt의 노력으로 심리학이라고 하는 새로운 과학이 등장하였다. 1883년에 Wundt의 제자인 Hall이 미국 최초의 공식적인 심리학 실험실을 창설하였다. 1890

년에는 하버드 대학교의 철학자이자 심리학자인 James가 심리학의 원리를 출간하여 정신생활의 과학으로서 심리학을 기술하였다. Hall은 사고와 감정의 진화된 기능을 고찰하는 것이 보다 가치 있는 작업이라고 생각하였다. 냄새 맡기는 코가 하는 일이며, 생각하기는 두뇌가 하는 일이다. 그런데 어째서 코와 두뇌는 이러한 일을 하는 것인가? 진화론자인 Darwin의 영향을 받은 James는 생각하기도 냄새 맡기와 마찬가지로 적응적이기 때문에 우리 선조들의 생존에 공헌하였으므로 발달하였다고 가정하였다.

심리과학은 선구자적 연구자들에 의해 다양한 영역과 학파로 발전하였다. 심리학의 초기학파로는 구조주의와 기능주의, 그리고 게스탈트 심리학, 행동주의 정신분석학 등을 들 수 있다. 심리학의 정신분석학과 분석심리학은 모래상자치료에서 내담자의 심리를 이해하는 이론적 배경이다. 1900년에 Freud가 정신분석학의 일차적인 이론적 작업이었던 꿈의 해석을 출간하면서 무의식의 개념을 등장시켰다. Freud는 자신의 어린 시절을 스스로 분석하였다. Freud는 자신의 무의식적 세계를 탐구하면서 그는 감정의 억압을 유발하는 생물학적, 특히 성적인 추동의 중요성을 자각하게 되었다. 이런 자각의 결과, 성격의 의식적인 측면과 무의식적인 측면간의 갈등을 이해하게 되었다. Freud는 성격형성에 관한 개념적 이론들을 처음으로 소개하였다. 성격의 구조는 원초아, 자아, 초자아로 구분된다고 하였다. 특히 아동기의 심리성적 발달을 소개하면서 성적 에너지라는 리비도 개념과 자아의 방어기제를 설명하였다. 정신분석과 Freud의 생각을 이해하려면 Freud가 자신의 삶에서 겪었던 개인적, 지적 영향들을 고려하는 것이 도움이 된다. 1902년 Freud는 자신의 집에서 수요심리학 연구회라는 이름으로 모임을 시작하였다. 이 모임은 1908년 비엔나 정신분석학회로 발전하였다. Freud의 정신분석이론은 성에 초점을 두고 있다는 점에서 당대의 사람들에게 비난을 받았다. Freud의 정신분석은 Hall이 1909년 메사추세츠 주 우스타에 있는 클라크 대학에서 강의를 요청함으로써 미국에 소개되었다. 미국에서의 강의는 많은 사람에게 정신분석입문[1917]과 성격에 관한 그의 생각을 기술한 자아와 원초아[1923]와 같은 책에 관심과 주목을 갖게 하였다.

정신분석의 발달을 촉진했던 중요한 요소는 Freud 자신의 저술 자체뿐 아니라 그에게 매력을 느꼈던 다른 정신분석학자들과의 상호작용이었다. 정신분석학자들 중 많은 이들은 Freud와 논쟁하고 그에게 동의하지 않았으며 심지어 그의 곁을 떠났다. 초기 Freud의 생각을 추종했던 사람들과 학자로는 Karl Abraham, Max Eitingon, Sandor Ferenczi, Emest Jones, Hans Sachs 등이 있다. 이들은 Freud에게 충실했고 상대적으로 오래 그의 곁에 남아 있었다. Alfred Adler나 Carl Jung, Otto Rank 같은 학자들은 심리학에 관한 자신의 이론을 개발하면서 Freud와 결별하였다.

1911년에 Jung은 『전이의 상징[1956]』이라는 책에서 오이디푸스 콤플렉스는 다른 성의 부모를 향한 성적인 이끌림 그리고 같은 성의 부모에 대한 공격성과 적개심이 아니라 영적이고 정신적인 욕구와 유대감의 표현이라고 하였다. Jung은 이것이 그와 Freud의 우정을 잃게 할 것이라는 것을 알았고 실제로 그렇게 되었다. 1913년 1월에 Freud는 Jung에게 "나는 우리가 모든 개인적인 관계를 완전히 끝내기를 제안한다"고 편지를 썼다[Mcguire, 1974]. Jung은 그의 많은 개념에 있어서 Freud에게 그 공을 돌렸지만 그들은 서로 다시 만나지 않았다. Freud와 결별 후 힘든 시간을 보내는 6년 동안 자신의 무의식을 탐험하였다. Jung은 그의 시대에 서양심리학은 심성이 없는 심리학임을 지적하였다. 심리학의 본래적 사명을 망각한 채 인간을 자기소외적인 방향으로 이끌어가고 있다고 경고하였다. 이후 Freud와 Jung의 영향으로 심리학은 더욱 발전하였다.

2. 심리치료의 역사적 배경

　　　　　　　모래상자치료는 생물학적 관점에서부터 철학적 관점에 이르기까지의 다양한 조망, 그리고 다양한 상황에서 많은 학문분야와 연관되어 있다. 모래상자치료에서는 신체와 마음이 어떻게 연결되며, 마음은 어떻게 성장하고 변화하는가, 우리의 지각은 어떻게 구성되는가, 경험을 어떻게 기억하는가, 문화에 따라 사람들은 어떻게 서로 다른 가 하는 다양한 질문을 통해 내담자를 이해한다.

　모래상자치료는 전체성을 강조하는 방법이다. 자신의 전체를 알아가는 과정이 모래상자치료의 과정이다. 모래상자치료의 과정은 단순히 모래상자치료와 유사한 기법들이 탄생한 시점부터 살펴보는 것보다 심리치료는 어떻게 탄생했으며 모래상자치료의 탄생에는 어떤 기법들이 영향을 주었는지를 알아보는 것이 모래상자치료를 이해하는데 도움이 될 것이다.

　심리치료는 금세기에 갑작스럽게 대두된 화두가 아니다. 고대를 넘어서 원시시대의 문화 속에도 심리치료는 대단히 큰 비중으로 자리잡아왔다. 각종 신화와 원시종교의 의례 등에서 신체와 정신의 치료문화를 엿볼 수 있다. 심리치료는 고대부터 시작되었다. 고대에는 심리적 문제를 자연적으로 종교적으로 치유할 수 있다고 믿었다이정균·김용식. 1987. p.5.

　샤먼이 다른 사람을 치유하거나 공동체를 돕기 위해 자발적으로 의식의 변성상태Altered states of consciousness에 들어가는 데 집중하여, 샤먼 자신 또는 자신의 영이 마음대로 다른 영역을 여행하고 다른 존재들과 상호 작용하는 것을 경험한다. 샤먼과 다른 마술 신앙적인 치유자를 구별하는 것은 변성 의식 상태에 있는 동안 영혼의 여행을 한다는 점이다. 성직자는 종교적인 의식을 이끌고 주술사는 치유를 한다. 그러나 변성 상태에는 들어가지 않으며 영의 여행을 하지는 않는다^{Bruce W. Scotton 외, 1996, p.147}.
그리스나 로마의 심리치료는 동양, 특히 힌두교의 영향을 많이 받았고
그 근원은 동양에서 찾아볼 수 있다. 힌두교의 길은 자아와의 동일시에
서 떨어져 나와, 직관 및 내면의 평화와 연관되어 있는 의식의 더 높은
차원으로 가서, 궁극에는 주관과 객관의 구분을 넘어선 의식의 합일에
이르게 하는 것이다^{Bruce W. Scotton 외, 1996, p.154}.

　　로마제국이 붕괴한 이후 심리문제를 초자연과 마귀설로 설명하였다.
이시기에 심리적 문제를 비인도적이고 형벌적으로 다루어 고문하여 죽
음으로 이르게까지 하였다. 서양에서 치료는 Hyppocrates 이후 의학의
영역으로 독립되었다. 이는 합리적이고 과학적인 방식에 기초한 질병의
치료를 의미하는 것이었다. 1409년 유럽에서 심리치료를 위한 정신병원
이 처음 이탈리아 발렌시아에 세워졌고 치료는 비교적 인도적이었다. 동
시에 인간의 영적, 정신적 측면에서 예술, 문학, 종교 등이 치료적 기능
을 수행하여 왔다고 볼 수 있다. Freud가 처음 정신분석을 창안한 이래
근대 서양의학에서 심리치료가 탄생하였다. 심리치료는 본래의 틀인 정
신적 질병을 심리적 접근으로 치료하는 차원을 넘어서, 자기성장이나 자
기실현을 목적으로 하는 마음의 치료나 심신의 치유라는 틀로 그 범위
를 넓게 되었다^{인경스님·이필원, 2010, p.17}. 심리치료에 대하여 다양한 시도가
구체화 되고 있다. 철학, 예술, 문학을 통한 치유와 종교 전통에서 발전
되어온 명상과 수행을 통한 치유에 이르기까지 접근 방법이 다양해졌으
며, 신체적 치유에서 정신적, 영적 치유로 확대되고 있다.

　　21세기에 접어들면서 심리치료에 대한 관심이 고조되고 있다. 생활이
풍족해지고 의학이 발달하면서 신체의 질병을 치료하는 일이 과거에 비
해 많이 발전하였다. 자연스럽게 높은 차원의 복지 실현, 곧 진정한 행
복을 추구하려는 욕구가 증대하면서 정신적, 영적 치유에 대한 관심이

높아졌다. 문화가 진화하면서 여러 형태의 문화를 파생시켰고, 심리치료 분야도 세분화되었다. 현대의 다양한 학문은 심리치료의 방법론적 진화의 산물이라고 해도 과언이 아닐 것이다. Corsini[2007]에 따르면 심리치료 접근법은 2001년에 250여 가지가 있었고 2008년에는 400여 가지가 넘을 것으로 추산한다[허재홍, 2009, p.207].

3. 모래상자치료의 역사

모래상자치료는 발전적이며 꾸미는 사람들의 잠재력을 계발시키고 자신의 문제 해결을 위한 통찰력을 배양하는 심리치료 방법의 하나이다. 놀이치료 방법이 다양하게 분화하기 시작하여 모래놀이치료로 발전하였다. 놀이치료는 의사소통이 불가능하거나 자신의 생각이나 감정을 언어로 표현하기 어려운 아동을 대상으로 개발된 치료방법이다. 놀이를 통해 치료를 하는 방법에서 모래를 사용한 놀이를 심리치료에 적용하는 모래놀이치료기법이 만들어졌다. 여기에 예술치료에 대한 관심의 급증과 더불어 미술치료의 자기표현과 꾸미기와 만들기 등의 3차원적 기법을 적용하는 모래상자치료가 계발되었다. 모래상자치료는 미술치료와 달리 3차원의 표현을 통해 시각적으로 심리표현을 촉진시킨다. 미술치료는 예술재료가 주는 편안함으로 심리치료적 접근에 훌륭한 기법이며 창조적인 활동이 함께 어울려진다는 점에서 모래상자치료와 공통점이 있다. 심리치료에 대한 관심이 고조되면서 다양하고 구체적인 기법들이 발전하였다. 모래상자치료는 모래놀이치료를 확장하면서 발전한 심리치료 방법이다. 즉 모래놀이치료에서 놀이를 강조한다면 모래상자치료는 모래상자의 상징성과 모래상자에서 표현되어지는 이야기의 변화에 초점을 둔다. 이러한 모래상자치료의 탄생배경에서부터 모래상자치료의 역사를 설명하기 위해 놀이치료의 역사적 배경을 먼저 기술할 필요가 있다. 또한 미술치료의 역사적 배경, 그리고 모래상자치료의 역사를 설명하고자 한다.

:: 놀이치료의
   역사

놀이치료의 발달은 19~20C로 거슬러 올라간다. 지금은 역사적인 환자가 된 Little Hans의 공포 반응을 감소시키기 위해서 Freud[1909]가 처음 아동에게 심리치료를 시도하였다. Freud가 Hans를 직접 치료한 것은 아니지만 Hans의 기저에 있는 갈등과 두려움을 해결하기 위하여 그의 아버지에게 설명하여 치료할 수 있도록 도움을 주었다. Hug-Hellmuth[1919]는 놀이가 아동 분석의 필수적인 부분이라고 느꼈다. 정서장애 아동의 치료와 진단을 위해 놀이를 사용하기 시작했으나 그때까지 놀이가 아동들의 치료에 직접적으로 통합되지는 않았다. 그러나 Anna Freud와 Melanie Klein은 놀이를 그들의 치료 세션에 통합시키면서 아동에게 사용하기 위해서 전통적인 정신분석 기술을 어떻게 채택할지에 관해 광범위하게 기록하고 있다. 정신분석을 아동들에게 적용시키려고 하면서 이 두 사람을 따르던 많은 사람들뿐만 아니라 이 두 이론가들도 거기에 관련된 기법들뿐만 아니라 토대를 이루는 이론모델도 수정하기 시작하였다. 일반적으로 정신분석적 치료의 이런 모든 수정들은 정신역동치료라는 제목 아래 모여 있다. 그들 접근의 일차적인 목표는 아동이 통찰을 얻도록 도와서 어려움이나 외상을 견디어 나가도록 돕는 것이었다. 두 사람 모두, 치료의 부분으로 놀이에 의존하고는 있었지만 놀이를 아주 다른 방법으로 사용하였다Kevin J. O'Connor/송영혜·윤지현 역, 2001, p.12.

A. Freud[1927]는 어린 아이들이 그들의 갈등을 언어로 나타낼 수 없다는 것을 주장하고 놀이의 과정에서 자신의 언어를 보여줄 수 있다고 하였다. 그녀는 치료사와 동맹을 맺는 아동의 능력을 극대화하고자 놀이를 사용하였다. 놀이와 자연스러운 놀이매체는 아동 환자들과 관계를 확립하는데 사용하였다. 그녀는 아동이 치료와 치료사에게 흥미를 갖도록 하기 위해서 게임과 장난감을 사용하였다. 그녀는 아동환자와 치료사와의 강하고 적극적인 관계를 확립하기 위해 놀이를 사용할 것을 강조하였다. A. Freud는 아동들이 그들을 상대하는 어른만큼 꿈 분석의 작업을 할 수 있고 흥미를 갖는다는 것을 알아냈다. 더구나, 아동들은 정신이미지를 종종 창조해 낼 수 있고 그것들의 환상들을 시각화하면서, 말로 그것들을 언어화할 수 있다고 했다A. Freud, 1928, 1965/송영혜·윤지현 역, p.13. 반면에 Malanie Klein[1932]은 언어화를 위한 직접적인 대체물로 놀이를 사용할 것을 제안하였다. Klein은 놀이를 아동의 자연스런 표현매체로 여겼다. Klein은 아동들의 언어기술은 그들이 경험할 수 있는 복잡한 사고와 영향들을 만족스럽게 표현하기에는 발달이 불충분하다고 느꼈다.

1930년대와 1950년대 사이에는, 아동심리치료 이론들과 기법들이 급성장 했다. 새로운 이론모델들이 개발되었을 뿐만 아니라, 기존의 모델들이 전통적인 정신분석적 놀이치료에는 적합하지 않던 아동들을 다루기 위해 수정되어졌다. 게다가, 많은 모델들과 기법들이 정신분석의 다양한 측면에 대항하는 반응들로 발전되었다. 1940년에 Carl Rogers가 내담자중심의 심리치료접근을 제시하면서 내담자와 치료사 사이의 관계에서 가장 중요한 것이 라포의 형성이라는 점이 강조되기 시작하였다. 놀이치료에서 아동중심놀이치료 기법이 Axline[1947]에 의해 수정되고 적용되면서 놀이치료에 사용하는 소품들이 크게 증가하였다. 모래상자치료는 아동중심놀이치료의 기법을 활용하면서 Rogers의 인본주의 상담기법을 적용한다. 이 방법은 내담자 스스로 자율적인 성장을 할 수 있다는 믿음을 갖고 치료사는 내담자의 변화를 자연스럽게 함께 하면서 내담자와 환경간의 균형을 이루도록 하는데 목적을 둔다. 1949년, Bixler는 "제한도 치료이다."라는 논문을 썼다[Kevin J. O'Connor/송영혜·윤지현 역, 2001, p.14]. Melanie Klein, Anna Freud, Erik Erikson, Charlotte Buhler, Helga Bolga, Lisolette Fischer 등은 연구에서 치료와 진단을 위해 모형과 장난감을 사용하는 학자들로 유명하다. 이들의 활동에는 개성화과정과 창조적 성장 그리고 심상을 사용한 Jung의 분석심리학이 이바지하였다.

:: 미술치료의
   역사

미술치료의 역사는 고대 샤먼의 주거지였던 동굴 속에서 찾아볼 수 있다. 샤먼은 주술적인 목적으로 암각화, 무화, 무구, 부적 등을 제작하여 상징적으로 사용하였다. 상징그림과 입체물 그리고 색상을 이용하여 치료적 효과를 얻었다. 한국 무당들은 오방신장기를 이용하여 치료하고자 하였다. 나바호 인디안은 모래그림을 이용하여 치료적 효과를 얻었다. 미술치료는 예술치료에서 분화되어 심리치료의 한 분야가 되었다. 미술치료의 선구자는 Margaret Naumberg이다. Judith Rubin[1987]은 미술치료를 발전시켰고 확장시켰다고 볼 수 있다.

Rubin[1987]은 현재 미국에서 이루어지고 있는 미술치료를 총망라하여 정신역동적 이론중심의 미술치료와 인본주의적인 접근방법, 그리고 행동, 인지발달과정에 초점을 둔 방법 등으로 나누었다. 정신역동부문에서는 Freud의 정신분석학 이론중심의 Naumberg와 Rubin을 들 수 있다. Freud의 승화라는 개념에 중점을 둔 미술교육중심의 Kramer, 대상관계 이론중심의 대표자 Robbins, Self pychology 중심의 Lachman−Chapin, Jung 학파 미술치료사 Wallace로 구분한다. 두 번째로 인본주의 미술치료부문에는 아들러[Alfred Adler]의 이론, 현상학과 예술표현의 치유, 게슈탈트 미술치료 등이다. 세 번째 부분에는 행동교정이론, 인지발달이론과 그밖의 성장발달이론 중심의 미술치료를 들 수 있다.

Gray는 Weinrib의 책 『Image of the Self: The Sandplay Therapy Process』의 리뷰에서 모래놀이가 미술치료와 많은 연결점을 가진다고 생각했다. Gray는 Jung의 이론을 적용한 Weinrib의 모래놀이치료에 감동을 받았다. Gray는 치료사를 훈련하는 과정에 Weinrib의 책을 읽도록 하였다. Jung의 모래놀이 과정은 Weinrib에 의해 '그 자체로 작업될 필요가 있는 연장된 꿈 혹은 상상력'으로 묘사되었다[Weinrib, 1983, p.14]. 오직 꿈꾸는 사람만이 그의 꿈을 꿀 수 있고, 오직 예술을 만드는 사람만이 그의 예술을 만들 수 있다. 이는 그 자체로 만들어져야 하는 것이다. 발생하는 창조적인 과정에서 신뢰를 경험하고 창조적인 해결책을 기다리는 능력이 나타난다. 내적 자원의 존재와 전체가 되는 심리적 욕구들을 확인할 수 있다. 미술치료와 모래놀이치료는 상호작용을 하면서 서로의 기법에서 필요한 것을 적용하였다.

모래놀이는 모래세계에 3가지의 미술기법[조각하기, 흔적남기기, 배치하기]을 적용할 수 있는 기회를 제공한다. 물을 섞은 모래는 세 가지 차원의 형태에 적합한 재료가 된다. 손과 도구를 사용하여 모래 위에 흔적을 남길 수가 있다. 어떤 형태의 원천적인 이미지를 표면조직에 넓게 배열할 수도 있다. 자연적 혹은 인공적으로 이미 만들어진 물체인 소품을 활용하여 모래세계에 배치시킬 수 있다.

　1960년대까지 실재의 대상물을 그림이나 조각품의 부분으로 형상화하는 작업이 증가하였다. Robert Rauschenberg의 혼합된 그림에서는 매우 큰 물체가 나타났고, 매우 작고 정교한 물체들은 Joseph Cornell[Chilvers, 1996]의 아상블라주 박스 앞에 놓여졌다. 모래놀이 소품 수집은 내담자들이 치료실에서 안전함을 느끼며 자신을 발견하고, 자신들의 모래세계를 콜라주나 아상블라주 기법으로 모래 위에 올려놓는 물체들을 헤아릴 수 없이 제공받는다. 가끔 거의 시각적으로 흥분감[놀라서 기쁨]을 주는 모래세계는 통합된 형태를 구성하여 아동과 어른에게 큰 관심을 불러일으킨다. 모래와 더해진 소품들은 정서적인 투자와 보호로 모래세계를 꾸밀 때 예술작업을 하는 것일 수 있다.

　상상하여 느끼는 소품이나 이상한 드로잉은 그림이나 조각의 예술 세계를 표현하는 재료로써 소품을 직접적으로 비유하기 보다는 선택의 기회가 되고 모래 위를 배열하게 한다. 전체 예술작품에서 재료로 쓰이는 모래놀이 소품에 대한 인식은 소품을 실질적인 재료로 표현하는 중요성에 더해 실질적 재료를 제시한다. 모래놀이에서 소품은 종종 역사, 생물학, 그리고 문화적·상징적 세부 항목으로 기술된다. 약간의 공감이나 혹은 공감이 전혀 안 될 때에는 만들어진 재료를 그냥 놓아둔다. 모래세계에서 펼쳐지는 과정 중의 물체들은 금속, 유리, 나무, 혹은 도자기 같은 뛰어난 재료 중 하나이다. 소품의 동일성, 색깔, 그리고 위치를 재료와 잘 연계시키는 것이 모래세계의 의미를 잘 나타낼 수 있다.

모래상자치료의 역사는 위에서 제시한 놀이
치료와 미술치료의 역사와 함께 시작되었다고 볼 수 있다. 놀이치료에서
모래놀이치료가 분화되어 하나의 심리치료로서 자리를 잡았다. 모래상
자치료는 모래놀이치료의 역사와 병행하여 발전하면서 현상학파와 미술
치료, 제한의 치료적 요소 등을 통합하여 탄생되었다.

고대에는 모래로 그림을 그리는 풍습들이 있어 왔다. 대부분의 원시
족들은 삶을 보호하기 위해서 마법의 원을 그렸거나 모래그림을 창조해
냈었다. 모래그림이 심리를 치유하는 효과가 있다는 점을 경험하여 주술
적으로 그림을 그리는 행태가 증가하였다. Weinrib에 따르면 모래놀이
치료는 역사적으로 문화적 관습에 따라 모래그림을 통해 예언을 하거나
치료의 의식으로 사용하며 악마를 쫓는 기도와 같이 또는 그 외의 다른
목적으로 사용한 나바호Navajo 종파의 모래그림에서 출발하였다고 한다.
나바호족의 모래그림과 모래놀이는 모두 정신에너지를 하나의 마음상태
에서 출발하여 다른 마음의 상태로 움직이는 양상을 통해 치유가 되는
것이므로 같은 선상에 놓일 수 있다. 또한 함께하는 사람들 사이에 의사
소통을 향상시키는 역할을 한다.

1920년 말에 모래놀이는 모래상자를 사용하는 것으로 확장되었고 여
러 이론가들에 의해서 적용되고 발달하였으며 성장을 이룰 수 있는 많
은 공헌들이 있었다. 1920년대 Lowenfeld는 전통적인 소아과에서 소아
정신과로 변경하였다. 그녀의 목적은 관찰자와 아동이 의사소통할 수 있
는 도구로 활용하면서 아동들에게 매력을 느낄 수 있는 방법을 발견하
는 것이었다. 그녀는 아동의 감정과 생각 그리고 그들의 내면을 아는 데

에는 작은 장난감들이 유용하다는 것을 깨달았다. 그녀의 불행했던 어린 시절은 Lowenfeld의 사고에 영향을 주었다. 병약하여서 늘 병석이 있었던 것, 그녀의 부모가 이혼한 것, 어머니의 죽음을 경험한 것, 그리고 전쟁 기간에 의료적인 일에 그녀가 관심을 갖고 일을 할 수 있도록 이끌었던 것 등이다. 그녀의 이러한 경험들은 아동의 내적인 삶에 대해서 관심을 갖도록 하였고 비언어적인 도구가 상호관계의 의사소통을 할 수 있는 방식이 된다는 것을 깨닫게 하였다Mitchell & Friedman, 1994.

1929년에 영국의 정신과 의사인 Lowenfeld는 모래상자치료의 선구자적 역할을 하였다. 젊은 시절의 Lowenfeld는 1911년 Wells의 저서 『마룻바닥 게임Floor Games』을 읽으면서 놀이가 성인기에 생각을 확대시키고 혁신적으로 이끄는 환경을 제공해 준다는 것에 강한 신념을 갖고 있었다. 나무, 종이, 플라스틱 그리고 인간과 동물 모형들이 설치되어 있는 곳에서 아동들은 게임을 하고 도시와 나라들을 세우기도 하면서 놀이를 한다. Wells는 창조적 상상에 따른 활동의 가치를 깨닫게 하는 놀이의 유형과 재료들을 알게 하는 데 중요한 공헌을 하였다. 마룻바닥 게임에는 Wells가 그의 어린 두 아들과 자연스럽게 즐거운 놀이를 하였던 장면에 대하여 서술하고 있다. 이는 그 당시의 사회상황에서는 흔하지 않은 형태로서 소아정신분석학자인 Lowenfeld에게 신선한 충격을 주었고, 영감을 가져오게 하였다. Lowenfeld는 '세계놀이World Play'로 알려져 있거나 또는 '세계기법World Technique'이라 부르는 방법을 사용하였다.

1950년에 모래놀이가 Jung 학파의 방식으로 발전되기 전에 이미 치료적 장면에 모래상자 안에서 모형을 사용하는 장면을 창조해낸 스위스의 분석학자인 Dora Kalff가 모래놀이라는 이름을 붙였다. Wells는 스스로의 경험을 통하여 놀이가 가지는 심오하고 철학적인 능력에 대한 믿음을 갖고 이러한 놀이가 확장되어서 창조하는 성인이 되도록 하는 틀을 만드는 기반이 되도록 한다고 생각하였다. 그가 그의 아들들과 놀았던 것을 작품화한 것은 스스로의 경험을 통하여 솟아난 그의 확신을 그의 차원에서 대중에게 알리기 위해서였다고 볼 수 있다. 그는 아들들의 자연스러운 놀이를 심리적으로 해석하려는 의도는 거의 없었다고 한다. 비록 아동들이 이러한 놀이를 이상할 정도로 즐긴다는 것을 관찰했을 때도 마찬가지였다고 한다. 이러한 Wells의 창조적인 상상력의 힘에 대한 그의 개념의 발달과정을 Jung의 집단 무의식 개념의 발달과정과 비슷한 점이 있다고 보는 사람도 있다. 함께 놀이를 하면서 키운 두 아들과 Wells는 평생 동안 친구처럼 같이 지냈다고 한다. Wells는 매력적인 사람이었다. 그는 많은 글을 쓴 작가였고, 사회이론가였으며 철학자였다. 그가 남긴 60여 권이 넘는 책 중에서 Floor Game은 거의 기록되지 않았다. Wells의 많은 창의적인 업적 중 Floor Game는 아동심리치료의 미래에 깊은 영향을 미쳤다. 뒷마당은 Wells와 그의 형제 3명이 유일하게 거닐 수 있는 공간이었다. 뒷마당은 가로 30, 세로 40피트에 담장이 둘러쌓고 있었고, 생활에 필요한 소각장, 우물, 별채가 있었다. 그릇 가게 재고들 또한 이 실용적인 장소에 보관되었다. Wells는 자신의 자서전에서 어린 시절 그 울타리 안을 "그 당시 내 세계에서 큰 부분"으로 표현했다. 어른들의 격려와 지도가 거의 없는 상황에서 Wells는 많은 여유 시간이 있었고, 놀 공간도 찾았다. Wells의 창조적인 활동을 향한 자연적인 필요로 주변에 가능한 한 것들을 이용해 소품을 만들었다. 그는 알려진 것처럼 가난했고, little betty와 같은 진짜 장난감이 없어서 뒷마당 소각장 안에 있던 달걀껍질과 재를 이용하여 자신의 장난감을 만들었고, 전쟁 놀이와 다른 상상의 공간에서 가지고 놀았다. 결과적으로 영감을 준 모래놀이처럼 Wells의 어렸을 적 놀이도 모래 위에서 작은 장난감을 사용했다는 점이 흥미롭다. Floor Games의 밝은 빛은 아이들을 치료하는 모든 직업을 비추었고, 영국 소아과 의사 Margaret Lowenfeld와 스위스 Jung 치료사 Dora Maria Kalff의 심리치료 방법에도 영향을 주었다. Margaret Lowenfeld는 아동심리치료 분야의 개척자였다. Lowenfeld는 1928년 가을 런던에 최초의 어린이 심리치료 센터 중의 하나를 설립했다. 처음 불안하고 힘든 어린이를 위한 클리닉이라 불렸던 이곳은 나중에 아동 심리학 단체라 이름 붙었다. Lowenfeld는 어린이를 잘 이해했고, 그들의 생각과정이 복잡하고 많은 단계에서 동시 다발적으로 발생한다는 것을 알아차렸다. 작업 초창기에 그녀는 말로 아이들의 심리적인 고통을 다루는 시도가 희망 없는 노력이라는 것을 알아차렸다. 그녀는 아이들의 성장하는 인식 능력의 발전적인 성향을 이해했고, 아이들의 내면 세계에 대해 이야기하고 그것을 분석하는 기술을 아이들에게 기대하는 것의 무익함을 보았다. Lowenfeld는 아이들과의 일을 위한 도구가 모든 아이들의 내면 경험 분야를 포함하고 비언어적이어야 한다는 것을 알았다. Lowenfeld는 치료사가 아동의 내면 경험을 바로 기록할 수 있도록 하는 방법가능한 한 어른들의 개입으로부터 자유로운을 필요로 했다. 그 때문에 그녀는 Wells가 두 아들과의 놀이에 대해 연대기 식으로 쓴 Floor Games를 읽었던 것을 기억해 냈다.

Lowenfeld는 Floor Games에서 장난감과 놀이를 할 수 있는 장소, 그리고 아이와 어른의 적절한 상호작용이 아이들로 하여금 자유롭게 자신의 내면세계에서 놀 수 있도록 하였다는 점을 알게 되었다. Lowenfeld는 머리 속의 조그마한 Floor Games 세상을 지니게 되었다. 그녀는 병원에 온 아이들을 위해 Wonder Box라고 하는 치료도구를 제작하였다. 그 안에서 침대나 성냥갑, 색 막대기 같이 다양한 작은 재료들을 넣었다. 그 상자는 미니어처 동물, 사람, 집 그리고 아동들이 관심을 갖는 요소들을 포함하였다. 아이들은 본능적으로 모래상자의 World Collection

에서 피규어를 조립했고, 이렇게 해서 Lowenfeld의 World Technique이 탄생했다.

그녀에게 영향을 준 아동정신분석가 Melanie Klein은 '작은 세계little world'라는 놀이감을 사용한 놀이치료사였다. 그러나 클라인의 지나친 언어적인 분석에 반대하여 자신의 비분석적인 노선을 표방하게 되었다. 그녀는 아동들이 모래상자 안에서 의식과 무의식적 사고를 이야기하고 있다는 것을 발견하였다. 그녀는 정신분석학자가 아니었으며 아동들의 작업을 분석하지도 않았다. 그녀는 세계기법의 가치는 단지 그것을 경험하는 것을 통해서 얻어질 수 있는 것이라는 점을 확신하였다. Lowenfeld에 따르면 세계기법의 목표는 세계를 만드는 사람이 창조한 세계와 만나도록 하는 것이지 치료사가 세계를 보는 데 중점을 두는 것이 아니었다Dominico, 1988. 그녀는 세계기법이 치료사에 의해 다양하게 적용될 수 있다는 것을 확신하였다.

1950년대에 Kalff는 Lowenfeld와 함께 일을 하였다. 모래상자를 사용하여 아동과 함께하는 작업은 Jung 분석학자인 Kalff의 작업에 의해 더욱 확장되고 대중화되었다. Lowenfeld의 연구를 학습한 그녀는 모래놀이라는 치료양식을 적용하였다. Kalff1971는 Lowenfeld의 중요한 업적을 다음과 같이 인정하였다. "그녀는 완벽하게 아동의 세계를 이해하였으며, 독창적인 영감으로 아동이 모래상자에서 하나의 세계, 즉 그 아동의 세계를 창조할 수 있게 하는 방법을 창출하였다." Kalff는 런던에서 있었던 정신의학 학술대회에서 Lowenfeld의 발표를 듣고 많은 영향을 받게 되고 스위스로 돌아와 모래놀이치료를 시작하게 되었다. Kalff는 그 후 런던에 가서 Lowenfeld와 Winnicot 등의 학자들로부터 지도를 받게 된다.

Jung의 이웃으로 Jung의 자녀를 돌보는 일로 Jung과 친분이 있었다. Jung은 Dora Kalff가 아동들과 모래놀이 하는 것을 격려하고 지원하게 된다. 런던에서 지도를 받고 스위스로 돌아온 후 Jung학파의 상징에 입각한 모래놀이치료를 하면서도 Lowenfeld와 많은 서신교환을 하면서 서로의 의견을 나눔으로써, 두 사람은 각자의 전문성을 확립하면서 발전하였다.

Jung학파로서 Kalff는 Jung의 이론을 세계기법에 적용하였고 이를 "모래놀이"라고 불렀다. 그녀는 모래놀이 경험을 '자유와 보호된 공간'에서 실행한다는 점이 특징이라 하였다. 그녀는 내담자 자신의 시계vision 영역과 일치하는 모래상자 크기를 제안하였다. Kalff는 모래놀이 치료과정 속에 나타나는 일련의 이미지들이 아동들의 심리적 성숙 단계와 일치한다는 것을 알게 된다. 그러한 현상을 이해할 수 있는 개념적인 틀을 마련하는 데에는 Neumann의 영향을 받았다.

Kalff의 관점은 그녀의 동양철학에 대한 연구, 그녀 자신의 깊이 있는 직관력, 오랜 기간 동안 그녀가 모래상자를 사용해 왔던 것과 Neumann의 발달 이론의 영향, 그리고 Jung과 Lowenfeld와의 연구 등을 반영하고 있다Mitchell & Fredman, 1944.

Kalff는 그의 저서 『모래놀이』에서 "나의 경험은 Neumann의 자아발달 이론과 일치한다."라고 언급하였다. 초기에는 아동들을 위해 놀이치료를 실시하였으나 후반에 이르러서는 성인들을 대상으로 치료를 하면서 일본의 저명한 선학자 Suzuki를 만나게 되고 서로의 아이디어를 교환하고 참선과 모래놀이치료의 유사성을 발견하기도 하였다.

Kalff의 모래놀이치료는 모래상자에 꾸며진 장면의 해석을 뒤로 미루며 내담자의 실행방식에 대해 직접 답을 주지 않는다. 오히려 자신의 상상력과 내적 자원에 대해 반영함으로써 해석이 내담자 자신에 의해 나중에 이해될 수 있다는 점에서 선의 실행과 비슷하다고 보았다.

일본에서 선의 철학을 실행하고 있는 Suzuki와의 만남은 그녀의 접근

방법이 옳았다는 느낌을 강화시켜 주었다. 그녀는 모래놀이 치료과정에서 치료사가 주술적인 활동의 제 의식을 관찰하는 동안 모래놀이치료의 참여자가 된다는 점에서 내담자와 경험이 비슷해져 집단과 치료사를 동일시하게 된다는 의식 활동과 모래놀이가 유사하다는 것을 발견하게 되었다. Kalff는 모래놀이치료에 관한 강연을 했고, Jung학파 치료사들을 훈련하였다. 모래놀이치료는 세계기법과는 달리 내담자와 함께 있는 치료사가 치료에 영향을 준다는 점을 강조하였다De Domenico, 1988. 그녀의 치료과정에서 Kalff는 모래상자의 바닥을 파란 바닥으로 칠해서 물과 하늘을 의미하는 것으로 표현하였고, 이 모래상자 안에 젖은 모래와 마른 모래가 들어 있는 두 개의 모래상자를 사용하였다. 그녀는 내담자가 모래상자를 꾸미는 동안 치료사가 간섭을 하지 않고 내담자가 자신의 세계를 꾸밀 수 있도록 치료사는 침묵을 유지하는 것이 중요하다고 강조하였다. 그녀는 여러 개의 모래상자를 꾸밀 때까지 해석하는 것을 보류해야 한다고 하였다. 각각의 장면을 사진으로 담아놓고 나중에 다시 볼 수 있도록 하여, 내담자가 인지적 자각을 깊게 할 수 있다는 것을 내담자 스스로 자신의 경험을 통해 느껴야 한다.

1980년대의 초기에 De Dominico가 모래상자의 다양한 크기와 모양을 사용하여 정상발달의 유치원 아동들에게 현상학적 연구를 실행하였다. 그녀는 아동, 성인, 부부, 가족, 그리고 집단을 대상으로 임상작업을 하였다. 이러한 연구를 통해서 그녀는 자신의 모래놀이 이론과 실제를 모래상자 세계놀이Sandtray-Worldplay라고 하였다. 그녀의 이론은 놀이장면을 구성하는 동안 그녀가 관찰한 것에서부터 발견한 것을 기초로 하였다. 모래와 물, 이미지, 즉 여러 가지 색으로 이루어진 모래가 있는 작은 상자에서 보여지는 것들을 가지고 만들어가는 것을 말한다. 그녀의 초점은 전적으로 과정을 경험하는 것이며 놀이를 하는 것이고 모래놀이의 다른 과정 단계 동안 나타나는 치유의 의미출현meaning-making에 있다. 앞선 학자들과 마찬가지로 De Dominico도 정신에서 치유의 힘을 강조한다. 그녀는 깊은 무의식적 정신을 강조하기보다 오히려 그들 자신과 세계를 경험하는 내담자의 과정을 촉진함으로 해서 그리고 치료사의 언어적인 해석과 침묵을 제거함으로 해서 깊은 인간의 의식을 직접적으로 표현하게 한다. 그녀는 내담자에 대한 신뢰의 마음이 중요하다는 것을 강조한다. 치유와 성장을 향해 변화되어 가는 내담자의 힘을 믿는 마음이 중요하다고 한다.

De Dominico는 치료사의 기능은 내담자의 성장하는 움직임과 개개의 사람들이 놓여 있는 사회공동체의 기대 사이를 조절하는 중재자라고 한다. De Dominico는 Lowenfeld와 Kalff와는 정신에 접근하는 방식이 다르다. 그녀는 인간이 많은 다른 차원의 의식을 지니고 있고 현실의 다른 양상을 수정하고 창조하는 데 반응하기 위하여 경험에서 의식의 다른 신체를 사용하는 다차원적 존재로 인간을 본다. 그녀는 내담자가 일단 상자에 놓게 되면 그것은 상징이 아니라 실제하는 이미지와 모래 형성물로 본다. Lowenfeld와 Kalff와는 다르게 De Dominico는 내담자를 진단한 것과는 관계없이 각 개인 안에서 인간의 무의식적 기능의 몸체와 영역들이 있다고 믿었다. 그녀는 모래놀이는 언제나 인간의 의식적 신체와 영역을 활동하게 만든다고 한다. De Dominico는 치료사가 다양한 경험의 몸체들을 내담자에게 보여줄 때 그들은 내담자가 작업한 모래놀이 세계를 해석할 필요가 없다 그리고 Kalff와 마찬가지로 앞서서 그녀가 내담자의 개인적 경험을 시작하는 역할을 할 수 있다. 그녀는 내담자의 원형 계획을 존중한다. 그러나 그것들을 해석하지 않는다. 그녀는 모래놀이에 가족의, 사회의, 조상의, 개인의, 우주의 영역에서 경험하는 것들을 포함시킨다. De Dominico는 놀이에 대한 치료사의 이야기보다 내담자의 이야기를 그녀의 학생들에게 가르친다. 그녀는 1997년에 모래상자협회The Sandtray Network를 결성하여 모래상자논문을 발표하고 많은 치료사들을 훈련하고 있다.

그녀는 모래상자의 작업과정에서 내담자가 자신에게 책임을 지고 자신의 중심을 의식하며 그들의 모래세계를 깊이있게 경험하도록 기법을 창조하였다. 다른 모래상자 치료사들과 다르게 De Dominico는 개인을 위해서 뿐만 아니라 모래상자의 장면을 연결하기 위하여 실험계획안protocol을 개발하였다. 그녀는 그들의 일상 생활에 모래놀이 경험을 적용하도록 내담자에게 부탁한다. 그녀는 치료사가 가능한 한 자주 자신을 발견하는 데 모래놀이를 사용해야 한다고 확신한다.

모래상자는 교육자 그리고 사업치료사뿐만 아니라 치료사들에게 지속적인 명성을 얻고 있다. 비록 Jung의 상징적 접근방법을 사용한 Kalff의 모래놀이 기법이 광범위하게 실행되고 있지만 De Dominico의 모래상자 세계놀이가 현재 많은 치료사들에게 사용되고 있고, 최근에 내담자를 탐구하는 데 De Dominico의 방법을 많이 활용하고 있다.

모래상자가 매우 강력하고 흥미로운 도구이므로 치료사들은 모래상자에 이미지를 창조하는 자신의 특별한 접근방법을 위해 치료방법의 이름을 나름대로 붙였다. 그러한 이름들은 종종 모래상자과정에서 보여주고 있는 그들의 특별한 방식을 반영한다. 관련된 이름을 소개하면 다음과 같다.

Hanna Bratt는 모래상자놀이sandbox play라고 하였다. Goesta Harding은 모래상자놀이를 Erica Method라고 재명명하였다. Charlotte Buehler은 세계검사World Test라고 하였다. Van Wyllick은 모래와 물을 제외한 책상놀이로 전환하였지만 여전히 세계검사라고 부른다. Ruth Bowyer은 모래상자세계Sandtray World라고 하였으며, Hedda Bolgar은 작은 세상들Little Worlds

이라고 하였다. Kalff는 모래놀이sandplay로 이름붙였고 Kawaii와 Okada는 상자Hakoniwa 또는 상자 정원box garden이라고 하였다. Louis Stewart는 모래 세계Sandworld라고 하였다De Dominico·Gisela, 1998. 2008년에 Williams와 Armstrong 그리고 Hometer와 Sweeney는 De Dominico의 영향을 받은 치료사로 서 모래상자치료라고 명명하였다. 이처럼 모래상자를 이용하고 있는 치 료사들은 자신들만의 독특한 이름을 갖고 있거나 모래상자치료라는 이 름으로 임상활동과 치료사들을 수련하고 있다.

모래상자치료는 모래상자를 사용하는 치료사와 내담자의 창조성을 발달시키는 가능성과 함께 다양한 패러다임을 통합한다. 모래상자치료 뿐만 아니라 모래상자－세계놀이, 모래놀이치료, 상자치료, 세계검사, 모래상자세계라는 이름의 치료방법서 모두 모래상자를 사용한다. 이는 모래상자가 갖는 치료적 의미와 강력한 힘을 인정하는 것이라 볼 수 있다.

2004년에 한국에서 김경희는 모래상자놀이치료라고 하였으나 이를 2006년 모래상자치료로 재명명하였다. 그녀는 모래상자의 중요성을 깨 닫고 De Dominico의 영향을 받아 모래상자의 작품을 현상학적이고 발 달적인 것으로 보았다. 그녀는 모래상자의 작품을 이해하기 위해서 정신 분석과 분석심리, 발달심리 그리고 자아심리를 강조한다. 심리치료의 역 사에서 언급한 바와 같이 김경희가 명명한 모래상자치료는 Rogers의 인 간중심상담기법을 통해 치료사와 내담자의 관계에서 신뢰감의 형성이 일차적으로 중요하다는 것을 강조한다. 모래상자를 설명하는 내담자의 이야기를 듣고 난 후 공감적 기법을 사용하여 내담자를 수용하고 이해 한다. Rogers의 기법에서 일체성과 무조건적 긍정적 존중 그리고 공감 적 이해를 모래상자치료에 적용한다. 내담자 스스로 통찰력을 얻을 수 있다는 믿음을 치료사가 갖고 있어야 한다고 그녀는 강조한다. 특히 부모상담에서는 이러한 기법을 모래상자의 작품을 이야기하면서 경청하는 과정에서 사용한다. 아동을 대상으로 모래상자치료를 하는 경우는 즐겁게 놀이하는 영역에 중점을 둔다.

De Dominico의 모래상자－세계놀이와 마찬가지로 김경희는 모래상자를 꾸미는 내담자의 소품들을 비디오 카메라를 통해 필름에 담는다고 한다. 왜냐하면 내담자 앞에서 기록하는 것은 일체성을 유지하는데 방해 요인으로 작용하기 때문이며 그만큼 내담자에게 관심을 쏟지 못하기 때문이라는 것이다. 내담자가 모래상자를 꾸미는 동안은 가능한 언어적 표현을 하지 않는다. 만일 내담자가 물어보거나 요구해오는 것이 있을 경우에는 거기에 반응하지만 그러한 경우를 제외하여 치료사가 필요하다고 하여 스스로 언어적 표현을 하지는 않는다. 그녀는 내담자를 사랑하고 믿는 치료사의 마음이 가장 중요한 것이며 이에 대한 치료사의 신념이 내담자를 치료하는 원동력이 된다는 것을 대단히 강조한다. 이는 앞으로 많은 연구와 상담을 통해 전개될 것이며 소개될 것이다.

모래상자는 내담자와 우리 자신을 치유하고 성장시킬 수 있는 장점이 있다. De Dominico가 모래상자－세계놀이를 만든 이후에 모래상자와 모래는 크기와 색깔을 다양하게 사용한다. 내담자의 연령에 따라 문제에 따라 다른 크기와 모양의 모래상자를 선택할 수 있도록 다양하게 제공한다. 모래상자치료는 언어적 그리고 비언어적 접근을 연결시키는 치료를 결합하고 있다. 김경희는 2005년에 한국모래상자치료학회를 창립하였고, 학회를 통해 많은 모래상자치료사를 배출하고 있다. 전체적으로 한국에서 치료사들의 모래상자치료에 대한 관심이 증가하고 있는 추세이다. 여러 곳에서 모래상자치료사 교육이 진행되고 있으며 모래상자치료를 전문으로 하는 상담기관이 증가하고 있다. 모래상자치료를 적용할 수 있는 대상은 아동부터 노인까지 모두 가능하다. 모래상자치료는 정신건강과 관련되는 곳, 즉 병원, 상담소, 기관, 학교, 기업체 등에서 적용할 수 있다.

- 김경희(2006). 한국모래상자치료의 역사. 한국모래상자치료학회학술대회.

- 김경희·이희재(2005). 모래상자 놀이치료. 양서원.

- 이종찬(2000). 한국에서 醫를 論한다. 소나무.

- 원광대학교 마음인문학연구소(2013). 치유와 도야, 마음의 신천적 이해. 공동체.

- Armstrong, S. A.(2008). *Sandtray therapy: A Humanistic Approach*. Dallas, TX: Ludie Press.

- Baker, C.(1993). Navaho Sand Painting and Sandplay. *Journal of Sandplay Therapy*. II(1).

- Banner, D. G.(1980). Toward a Psychotherapy of Spirituality: Implications for Personal and Psychotherapy. *Journal of Psychotherapy and Christianity*. 8(1), 19–30(인경스님·이필원 역. 2010. 안도 오사무, 심리치료와 불교 선과 명상에 대한 심리학적 이해와 적용. 불광출판사).

- Corsini, R. J. & Wedding, D.(2007). *Current Psychotherapies*. New York: Brooks(허재홍 역. 2009. 심리치료의 치료요인과 인문치료 방법론. 강원대학교출판부).

- David G. Myers(2007). *Psychology*. New York: Worth Publishers(신현정·김비아 역. 2008. 심리학. 시그마프레스).

- De Dominico, G. S.(1995). *Sandtray world play: A comprehensive guide to the use of the sandtray in psychotherapeutic and transformational settings*. Oakland, CA: Vision Quest.

- De Dominico, G. S.(1996). *Sand Tray World Play*. Oakland, LA: Vision Quest.

- De Dominico, G. S.(1998). A Margaret Lowenfeld Vignette with Commentary. *The Sandtray Network Journal*. 2(3).

- Lowenfeld, M.(1979). *The world Technique*. London: Allen & Unwin.

- Weinrib & Estelle(1983). *Images of the Self*. Boston, Massachusetts Press.

- Wells, H. G.(1911). *Floor games*. New York: Arno Press.

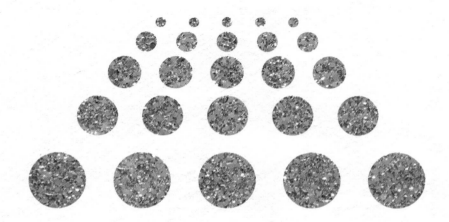

03

모래상자치료의 이론

한국모래상자치료학회
Korea Sandtray Therapy Association

제3장

모래상자치료의 이론

본 장에서는 모래상자치료 현장에서 유용하게 활용할 수 있는 Freud의 정신분석학을 살펴보고, Freud의 영향을 받은 Jung의 분석심리학을 안내하였다. 다음으로 Freud의 이론에 근거한 세계기법을 창안한 Lowenfeld의 이론과 Jung의 분석심리학에 기반하여 모래놀이를 개발한 Dora Maria Kalff의 이론을 정리하였다.

1. Freud의 정신분석

:: Sigmunt Freud의 생애

Freud^{Sigmunt Freud, 1856-1939}는 오스트리아 빈에

서 8남매 중 장남으로 태어나 비엔나에서 성장하였다. Freud는 1881년 비엔나 대학교에서 의사학위를 받고, 1885년 파리에서 신경학자로 유명한 쟝 샤르코의 문하에서 연구하였다. 1886년 비엔나로 돌아온 Freud는 개업하였는데, 초기 내담자들은 주로 히스테리와 신경쇠약으로 고통을 받는 사람들이었다. 처음엔 오로지 신경증 치료에만 집중하였으나 점차로 신경증에 대한 이해와 치료를 위한 선구적인 심리학적 방법을 찾아 나섰다.

Freud(1856~1939)
출처: ep1x06#01

Freud가 정신분석이론을 만들고 확대하는데 헌신했던 가장 창의적인 시기에 심각한 정서적 문제와 신체화 장애, 죽음과 공포가 자기분석의 동기가 되었다. 또한 성격발달의 역동에 대한 자신의 꿈을 탐색하여 통찰력을 얻었다. Freud의 정신분석의 역사를 런던 대학의 산들러 교수 등의 분류에 따르면Sandler J., Dare C.·Holder A., 1972/이무석, 2006 제1기는 출생에서 1897년까지로 손상으로 인한 억압된 감정이 병의 원인이affect- trauma of reference 된다는 손상의 시기이다. 제2기는 Freud가 41세에서 67세까지로 지정학설 시기이다. 이때 정신분석의 이론과 치료법이 급속도로 발전하였으며, 정신세계를 의식과 전의식, 비의식의 3층 구조로 설명하였다. 제3기는 1923년부터 사망시까지로 인간의 정신구조를 원초아id, 자아ego, 초자아superego로 설명한 구조론 시기이다.

1938년 오스트리아가 나치에 의해 합병되자 Freud는 비엔나를 떠나 런던으로 가게 되었고, 이듬해에 그곳에서 세상을 떠났다Michael St. Clair 저/안석모 역, 2010. Freud의 역설적인 삶의 배경은 그의 연구에 깊은 영향을 미쳤다김창대 외 역, 2008.

:: 정신분석이론

　　　　　　　　Freud의 정신분석이론을 살펴보면, 특정한 구조로 구성된 마음은 내재적인 법칙을 따르며, 정신은 진화하고 발달한다고 보았다. Freud의 정신분석학의 개념은 마음은 막강한 세력을 지닌 무의식적 힘으로 인식 이상의 영향력을 갖는다는 가정이다. 다음은 정신분석의 근간을 이루는 지정학설, 정신결정론, 성격구조론, 성격발달과정, 대상관계이론과 자아방어기제에 대하여 '정신분석이론'을 토대로 살펴보고자 한다이무석, 2006, pp.62-122.

지정학설　　　지리적 개념으로 심리적인 세계를 설명한 지정학설topo-graphical theory은 정신의 세계를 의식과 전의식, 비의식의 3층 구조로 설명한 학설이다. 전의식은 주의를 집중하게 되면 쉽게 기억할 수 있는 합리적인 사고영역이다. 억압repression으로 인해 비의식과 의식으로 분할된다. 비의식에는 부끄러움을 일으키는 죄책감과 상처받은 아픈 경험, 공격적인 또는 성적인 욕구가 존재한다. 비의식의 존재는 꿈과 인간의 실수나 최면술을 이용한 실험을 통해서도 확인할 수 있다. 가장 인정받는 Freud의 업적 중 하나는 꿈의 해석일 것이다. Freud에게 꿈은 생활의 연장이며 꿈을 해석함으로써 인간정신의 숨겨진 내면을 알 수 있다는 것이다. Freud는 꿈을 해석하는 네 가지 기법을 『꿈의 해석1900』에서 다음과 같이 제시하였다.

　첫째, 꿈은 이야기한 순서대로chronologically 연상하게 하고 해석한다.

　둘째, 꿈의 특별한 부분particular element을 선택해 연상 작업을 시작하고 해석한다.

　셋째, 꿈과 관련하여 마음속에 떠오르는 전날의 경험내용을 묻는다.

넷째, 어디서부터 꿈 연상을 시작할지를 내담자에게 맡긴다.

정신결정론　　정신분석에서의 정신결정론psychic determinism은 인과론casuality
이다. 우연한 것은 없으며, 인간의 어떤 행동도 특정한 동기와 이유를
갖는다는 이론이다. 인간의 행동은 무의식적인 동기와 본능적 추동drives
에 의해 생애 첫 6년 동안 심리성적 발달단계를 거쳐 발달된다. Freud의
관점에서 성적 또는 공격적 추동은 사람들이 왜 그렇게 행동하는지를
설명해줄 수 있는 강력한 결정요인이 될 수 있다. 이런 공격적 추동을
다스리는 것은 인류의 주요 도전 과제이다Gerald Corey, 2013/천성문 외 공역, 2017.

성격구조론　　1920년대 초반, 지정학설로 정신분석이론의 통합에 어려
움을 느낀 Freud는 정신기능에 대한 견해에 중요한 변화를 가져왔다. 그
는 비의식적 죄책감을 지정학설만으로 설명할 수 없었기 때문에 이를 설
명하기 위한 새로운 마음의 모델로서 1923년 『자아와 이드The Ego and the Id』
의 서문에 성격구조론structural theory of personality을 내놓았다. 성격구조론의 모
델structual model에서 제시한 인간의 성격구조물은 원초아id, 자아ego, 초자아
superego라는 가설이다. '원초아'는 욕구를 즉시 만족시키고 고통을 회피하
는 쾌락원리pleasure principle에 따른다. 이와 대조되는 '자아'의 성숙한 행동
원칙은 현실원칙reality principle이다. 증상은 특정 갈등 상황에서 자아가 찾아낸
최선책이며, 분석과정은 이러한 갈등을 찾아내어 해결해 가는 과정이다.
　Freud에 의하면 성격의 구조인 원초아, 자아, 초자아간의 갈등으로
불안이 야기된다는 것이다노안영, 2008. 현실적 불안은 실제로 위협을 느끼
는 불안으로 위험으로부터 보호하는 기능을 한다. 신경증적 불안은 자아
와 원초아 간의 갈등이다. 이는 원초아의 충동적 행동으로 인한 처벌의
두려움이 원인이다. 도덕적 불안은 원초아와 초자아 사이의 갈등이다.

도덕적 기준에서 벗어난 생각이나 행동에 대하여 수치심와 죄의식을 느낄 때 도덕적 불안이 발생한다. 이러한 불안은 개인 내부의 힘의 균형에 대한 위협으로부터 발생한다노안영, 2008.

성격발달과정　　　　Freud1905의 심리성적 발달이론에 따르면 인간의 강한 생물학적 충동인 본능은 선천적으로 타고난다고 보았다김경희, 2015. 심리성적 발달단계의 주요 특징은 정신 에너지인 리비도가 신체 부위의 어디에 집중되느냐에 따라 다섯 단계로 구분된다. Freud가 제안한 심리성적 발달단계는 태내생활 구강기, 항문기, 남근기, 잠복기, 청소년기, 성인기이다. 정신분석적 관점에 의하면, 생애 초기 3단계인 첫 6년 동안에 사랑과 신뢰의 감정과 부정적인 감정을 다룰 수 있다면 이후 성격발달의 바탕이 된다. 이 단계에서 아이의 욕구가 결핍되면, 특정 단계에 고착되거나 이후의 삶에서 심리학적으로 미성숙한 행동들을 보일 수 있다Gerald Corey, 2013/천성문 외 공역, 2017. 다음은 이무석의 『정신분석에로의 초대』에서 제안한 '성격의 발달과정'을 참고하여 설명하였다이무석, 2006, pp.123-158.

▶ **모태내의 생활**　　　　엄마가 정서적으로 안정되어 있을 때 모태내의 아기는 안정적인 인격형성의 기초가 된다. 임신 중 엄마의 섭생이 좋지 않으면 아기의 뇌세포 발달에 장애가 올 수 있다. 아기의 건강은 어머니의 태아에 대한 태도와 부모의 결혼생활에 의해 영향을 받는다. 행복하지 않았던 태아기를 체험한 아이는 불행한 어른이 되기 쉽다. 아기의 외부 스트레스에 대한 면역기능 또한 엄마의 사랑이다. 아기에게 스트레스보다 더 중요한 영향을 주는 것은 엄마의 정서 상태라 할 수 있다.

▶ **구강기**　　　　구강기oral stage, 출생~1.5세의 유아는 감각과 활동 등 모든 관심의 초점이 입에 집중된다. 이 시기에는 모유수유가 유아에게 긍정적

영향을 미친다김경희, 2015. 6~7개월이 되면 낯가림이 시작되고 엄마에 대한 애착행동attachment behavior이 나타난다. 이를 통해 아기는 세상에 대한 믿음과 안정감을 갖게 되며, 모든 대인관계의 기초가 된다. '구강인격oral personality'의 원인은 욕구에 고착되거나 심한 욕구좌절로 볼 수 있다. 구강인격은 의존적인 태도로 자신만의 욕구충족에 집착하여 상대방에게 주기보다 받으려 한다. 술을 즐겨 마시거나 과식, 흡연과 관련된 어려움을 가질 수 있다.

▶ 항문기　　　　항문기anal stage는 생후 18개월~3세까지이다. 아이들은 처음 경험하게 되는 자율적 신체활동autonomy을 즐거워한다. 이 시기의 올바른 배변훈련은 유아의 생산성과 창의성을 발달시킬 수 있다김경희, 2015. 성급하고 엄한 벌을 사용한 배변훈련은 부모에 대한 두려움과 순종으로 청결과 정확성에 집착하는 '항문성격anal personality', 즉 강박성격obsessive personality이 되기 쉽다. 반대로 부모에 대한 분노로 반항을 선택하여 불결하고 고집스러우며 신뢰성이 부족한 제멋대로의 성격이 되기도 한다. 항문기 단계에서의 고착은 성인이 된 후 양가감정과 강박적 사고의 강박신경증의 원인이 될 수 있다.

▶ 남근기　　　　남근기phallic stage, 4~6세는 정신분석학에서 자신의 성 주체성 확립의 기초가 되는 시기이다김경희, 2015. 이 시기의 유아는 가족간의 관계가 아버지와 형제자매로 확대되면서 질투와 분노를 비롯한 다양한 감정을 느낀다. 이성의 부모에게 사랑을 느끼지만 동성의 부모를 질투하고 경쟁심을 갖는 에디푸스 콤플렉스Oedipus complex시기이다. 이 콤플렉스는 동성의 부모에 대한 경쟁과 증오심에서 오는 거세불안castration anxiety을 극복하고 부모와의 동일화identification과정에서 '초자아superego'가 형성된다Lavinia Gomez, 1997/김창대 외 공역, 2012.

▶ 잠복기　　　　6~7세부터 12세까지의 초등학교 시기인 잠복기latent phase

는 이전보다 동성의 부모를 동일시하고 남성다움과 여성다움이 분명해진다. 성에 대한 흥미가 감소하고 사회성의 발달이 현저하게 나타난다김경희, 2015. 사회적 관습과 교육을 통해 자아가 자라고 이상이 형성되는 시기이다. 그러나 집단 괴롭힘과 왕따 등의 문제행동도 나타날 수 있다.

▶ 청소년기   10, 12~20, 22세 무렵까지의 청소년기period of adolescence는 성인기가 시작되는 인생의 과도기이다. 자기애적 경향을 보이며 이성 관계, 구애, 결혼, 직업 등에 관심을 갖는다김경희, 2015. 신체적인 급격한 신장과 어른을 준비하는 변화의 시기이며, 사회인의 기능을 배우는 마지막 준비단계이다. 청소년 초기와 중기는 부모로부터 의존－독립의 갈등dependence-independence conflict이 부모에 대한 반항으로 나타난다. Freud는 정신성적 발달을 청소년기까지만 기술하였다.

▶ 성인기   정신분석학자들에 의한 성숙한 성인의 특징은 자유롭게 사랑하고 일하는 것과 확실한 자아주체성과 삶의 목표가 있는 독립적인 인간이다. 생의 초기에 경험한 갈등을 성인기에도 재현할 수 있다. 성인기adulthood에 나타나는 삶의 세 유형은 인습적인 삶conventionality, 창조적인 삶creativity, 평범한 삶triviality이다. '인습적 삶'은 성취 욕구에 집착하는 삶이며, '평범한 삶'은 안전하게 남의 눈을 피해 숨는 인생이라 할 수 있다. '창조적인 삶'은 어떤 상황에서도 만족과 의미를 찾는 삶이다.

대상관계이론   Freud의 모델은 대상관계에 대한 이론을 포함한다. 그는 대상이라는 단어를 창안하였고, 발달과정 중에 나타나는 다양한 종류의 대상들을 언급하였다Michael St. Clair 저/안석모 역, 2010. Freud는 인간의 행동을 설명해 주는 '동기이론motivation theory'을 발전시켰다. 동기를 설명함에 있어서 Freud는 타고난 생물학적인 측면인 욕동과 환경적인 측면인 부모의 영향 사이의 균형을 유지하려 하였다. 욕동이 생물학적 본성의 역할이라면, 환경적 측면은 자녀를 양육하는 대상이 자녀에게 끼치는 영향을 의미한다. 그는 생물학적이고 본능적인 욕동을 일차적으로 생각하였다. Freud의 대상관계는 본능적 욕동의 여러 기능 중 하나로 보았다 Michael St. Clair 저/안석모 역, 2010.

어린이의 대상관계를 강조하는 대상관계이론은 영국의 Melanie Klein과 Fairbairn을 비롯하여 미국의 Margaret Mahler, Heinz Kohut 등의 업적으로 발전하였다. 어릴 때 각인된 대상관계introjected object relationship가 성장하면서 만나게 되는 대인관계에서 똑같이 되풀이 된다. 이런 내적 대상관계는 비의식에 숨어 있기 때문에 자신의 두려움의 원인을 이해할 수 없다. 전이는 정신분석에서 중요한 치료도구로 활용하여 내담자의 내적 대상관계를 파악할 수 있는 핵심기법이다. 대상관계이론의 관점에서 전이란 치료관계 안에서 외적인 것으로 경험되는 내적 대상관계의 표현이라고 본다김경희, 2015.

Margaret Mahler의 분리−개별화과정에 대하여 살펴보면, 뉴욕의 소아 정신분석 의사인 Mahler는 세 살까지의 아이들의 성장과정에서 분리−개별화 과정separation−individuation process을 관찰하였다Mahler & McDevitt, 1989. 분리−개별화 과정이 자연스럽게 이루어지면 자신만의 확고한 정체성identity이 세워지고, 자아개념의 안정된 기초가 된다. 말러는 아기가 엄마로부터 분리·독립하는 심리적 과정을 3기로 나누었다. 제1기는 0~2, 3개월의 아기이다. 이 시기의 아기는 정상 자폐기the phase of normal autism로서 모든 세상이 자신과 한 몸인 것으로 아는 '무대상無對象, objectless'의 시기이다. 제2기 공생기the symbiotic phase는 2, 3~4, 5개월의 아기와 엄마는 심리적인 공생시기이다. 제3기의 분리−개별화기the separation−individuation phase는 5~36개월이다. 이 시기는 대상항상성이 형성되는 시기이므로 연습을 지원하고 독립과 자율성을 길러주어야 한다.

자아방어기제　　　사람들은 갈등으로부터 시작된 불안으로부터 스스로를 보호하려고 여러 가지 방어기제Defense Mechanism를 적용한다. 방어기제의 두 가지 공통 특성의 첫째는 현실의 부정 혹은 왜곡이다. 둘째, 방어기제는 무의식적으로 작동된다노안영, 2008. 본능적 욕구와 초자아의 갈등은 모든 신경증의 뿌리가 된다. 그런 의미에서 방어기제는 갈등처리를 위한 자아의 노력이다. 자아방어기제ego-defense mechanism는 불안으로 인해 자아가 압도당하지 않고 잘 대처하도록 예방하고 도와준다. 정신분석은 병적 방어기제를 건강한 것으로 재배치하는 작업이다. 다음은 이무석2006이 제시한 방어기제에 대한 설명을 정리하였다.

▶ **억압**抑壓, repression　　　의식에서 받아들이기 곤란한 생각이나 욕망, 충동들을 무의식 속에 넣어버린다. 특히 죄의식, 창피나 자존심에 손상을 일으키는 경험들은 억압의 대상이 된다.

▶ **반동형성**反動形成, reaction formation　　　밖으로 드러나는 말이나 행동이 욕구와 상반되는 경우다. 비의식의 욕구를 수용하기 두려울 때, 반대의 것을 택함으로써 현실의 위협적인 상황에 대해 눈을 감는다.

▶ **동일화**同一化/同一視, identification　　　의미 있는 타인의 모습을 자신의 것으로 만들면서 닮으려는 것이다. 동일화의 대상이 지닌 힘을 자신의 것으로 하려는 소원이다.

▶ **투사**投射, projection　　　자신의 비의식에 숨겨둔 계획이나 욕구를 상대방에게 떠넘기는 자기기만의 정신기제이다.

▶ **전치**轉置, displacement　　　본래의 대상이나 사람에게 발산할 수 없을 때에 그 에너지를 다른 물체나 대상에게 향하도록 한다. 전치는 위협적인 대상으로부터 '더 안전한 대상'으로 상대를 바꾸어 충동을 발산하는 불안 대처방식이다.

▸ 부정否定, denial　　　스스로 감당하기 어려운 욕구나 사고 등을 비의식적 차원에서 부정한다. 현실의 위협적인 상황이나 존재에 대해 눈을 감아버린다.

▸ 보상補償, compensation　　　자신에 대한 이미지의 결함을 채우려는 비의식적인 노력이다. 심리적으로 어떤 약점이 있으면 이것을 보완하려고 다른 측면에서 크게 성취한다.

▸ 합리화合理化, rationalization　　　자신을 보호하고 체면을 지키려는 무의식적인 방어기제이나 자기기만이 지나치거나 심할 때는 망상을 만들게 된다.

▸ 퇴행退行, regression　　　좌절을 경험하여 과거의 유치한 수준으로 돌아가는 것이다. 심각한 스트레스나 극도의 도전에 마주한 사람은 미성숙하거나 부적절한 행동을 고수하는 방법으로 불안에 대처한다.

▸ 분리分離, splitting　　　이미지representation나 태도가 완벽하게 좋은 것all good과 나쁜 것all bad이 분리된다. 이는 경계선장애 내담자들이 주로 쓰는 방어기제이다.

▸ 투사적 동일화投射的 同一化, projective identification　　　첫째, 내담자는 분석가에게 자신의 내적 이미지를 투사한다. 둘째, 분석가는 내담자의 투사를 동일화하여 내담자에 의해 조종된다. 셋째, 분석가에 의해서 수정된 투사 내용은 다시 내담자에게 투입reintroject된다. 분석가는 역전이를 통해서 내담자의 내면세계를 이해할 수 있다.

▸ 승화昇華, sublimation　　　사회적 관점에서 부정적인 에너지나 내면의 충동이 사회에서도 용인될 수 있고, 때로는 존경받을 수 있는 경로로 발산한다.

　정신분석이론의 주요 개념에는 무의식의 역동성, 무의식의 영향과 불안, 전이와 역전이, 삶의 주기에 따른 다양한 단계의 발달이 포함된다. 무의식적인 내용을 끌어내는 방법으로 구성된 정신분석이론은 주로 어린 시절의 경험에 초점을 둔다. 무의식으로부터 도출된 내용들은 논의, 재현, 해석, 분석된다. 전이관계 작업을 통하여 치료사는 내담자의 과거에 대한 탐색이 성격 변화에 필연적이라고 가정한다. 정신분석에서 가장 중요한 기법들은 분석적 틀을 유지하기와 자유연상과 해석, 꿈, 저항, 전이의 분석 등이다.

2. Jung의 분석심리학

:: Carl Gustav Jung의 생애

1875년 7월 26일 스위스 투르가우 주에서 태어나 영면하기까지 Jung은 다복한 '심혼의 의사'였다. Jung의 아버지는 가난한 시골 목사였고, 어머니는 예리한 직관을 가진 쾌활한 성격이었다. 조부와 외조부는 바젤지방의 전설적인 인물로서, 특히 Jung은 외가의 타계他界에 대한 생생한 지각능력을 물려받았다이부영, 2012.

스위스 취리히 체·게·융 연구소에 소장된 Freud의 초상

Jung이 3~4세쯤 남근男根의 꿈과 비밀스런 나무인형 놀이는 그의 독특한 심성을 엿볼 수 있다. 11세에 김나지움에 입학 후, 길에서의 습격사건 이후, 기절발작으로 6개월 이상 학교를 중단하였으나, 스스로의 의지로 극복하였다. 의과대학 졸업 후, 정신과를

전공한 Jung은 1900년 부르크휠츨리라는 취리히 정신과 병원 주임교수인 Eugen Bleuler ^{1857~1939}의 차석 조수가 되어 정신의학의 길에 올랐다. Jung은 Freud의 경험론적 태도와 과학의 대상으로서 마음의 심층을 최초로 연구한 점에 매료되었으나 그의 성욕설에 관한 이론은 이해할 수 없었다. 결국 두 사람은 학문적 견해 차이로 6년 만에 결별하였다.

이후, Jung은 무의식에 대하여 관찰한 바를 표현하는 작업으로 돌로 집과 마을을 꾸미는 어린 시절 놀이를 재현하였다. 떠오르는 환상을 실체화해서 대화를 나누는 형식의 글을 기록하며, '나'와 다른 객체성인 '심혼心魂. Seele'의 존재를 깨닫게 된다. 1916년에 출간한 '초월적 기능'과 '무의식의 구조'라는 저서에 분석심리학의 주요 개념들이 소개되었다. 1913년부터 1919년까지 6년간은 Jung의 고독한 탐구의 '내향기內向期'로서 Jung 자신의 무의식 현상을 탐구하여 '근원적 유형론'의 기초를 마련하였다.

1920년 알제리와 튀지니, 사하라 사막여행을 비롯하여 미국 애리조나와 뉴멕시코의 푸에블로pueblo 인디언을 답사하면서 커다란 감흥과 태곳적 잊혀진 통로를 발견하였다. 1923년부터 취리히 호수가 볼링겐Bollingen에 성탑을 쌓기 시작하여 1955년 완성된 건축 작업은 Jung 자신의 무의식의 내용을 형상화하는 심리적 실습이었다. 1928년부터 Jung은 연금술錬金術. Alchmie에 관한 강의를 시작하고 연구를 심화하였다. 그의 저서인 '심리학과 연금술1944', 1946년 '심리학', 만년의 대작인 '융합의 비의'는 오래된 연금술사의 경전을 심리

볼링겐 탑.
Jung의 사상적 발전과 업적을 상징하는 공간
출처: commons.wikimedia.org

학적으로 조명한 심오한 통찰이 담
겨있다. Jung의 만년에는 1933년 스
위스 남부 아스코나Ascona 호숫가에
마련된 에라노스 학술회의에서 수
차례의 강연으로 많은 학자들에게
영향을 주었다. 또한 1948년 체·게

스위스의 Jung 연구소

·융 연구소를 설립하여 후진을 양성하고, 1961년 86세로 소천하기까지
동시성同時性연구에 관심을 기울였다. 그는 성자의 완전무결함 보다 인간
의 원만성을 택한 사람이었다. 마지막 날까지 조용히 집필하며 쿠스나흐
트 명예시민으로서 사랑하는 가족과 제자들에게 둘러싸여 영면하였다.

∷ 분석심리학이론

이부영2012에 의하면 분석심리학의 특징은 체
험이 바탕인 심리학설이다. Jung 또한 스스로를 심혼의 의사로서 인간
심리를 해석하는 데 얼마나 효과적인가에 초점을 두었다. 만약 그의 가
설이 고통 받는 사람의 문제해결에 도움이 되지 못한다면 그 가설은 수
정되어야 한다는 것이다. Jung은 자신의 분석심리학설을 절대적인 학설
로 고집하지 않았다. 그는 보편타당한 하나의 이론보다 개인의 체험과
실제를 중요시하였다. 이는 인간의 마음의 본질에 관해서 이것만이 옳고
진리라고 말할 수 없다는 것이다. 그래서 Jung은 그가 주관적으로 발견
한 것을 상세하게 묘사하고 옳은 표현을 부여하도록 노력하였다. 그런
의미에서 Jung의 학설에서 보는 그의 무의식관은 19세기 학문적 합리주
의를 종식시키는 견해였다.

Jung에 의하면 정신적인 것은 우리의 유일한 직접적인 경험이라는 것이다. 신체적인 고통의 체험 또한 정신의 실체이고 직접적인 것이다. 그러므로 심리학자는 정신적인 현실에 직면해야 하고, 정신적 현실이란 반드시 사회적 현실을 말하지 않는다는 것이다. 사회와 관련된 주체의 체험을 통한 그 주체의 정신적 현실인 것이다. 또한 현재의 사회적 상황이나 규범과 같이 구체적인 것과 환상으로 보일지 모르는 '미신'의 세계와 신화, 종교, 예술, 철학에 나타나는 정신까지도 Jung 자신에게는 현실인 것이다. 분석심리학은 경험을 바탕으로 하는 심리적인 사실에 대한 학문으로 학설이라기보다 하나의 가설이다. 이 가설은 절대적인 진리도 형이상학적인 것도 아니다. 분석심리학적 전제란 인간의 심리에 대한 최고의 설명은 경험이라는 의미이다이부영, 2012.

분석심리학에서의 대립의 원리는 대극간의 갈등이 클수록 에너지 생성이 증가한다. 등가 원리에 대하여 Jung은 정신기능에 물리학의 에너지 보존의 원리를 적용하였다. 균형의 원리는 물리학에서의 에너지 차이의 평형을 의미한다. Jung은 이러한 열 역할 원리를 정신 에너지에 적용하여 성격 내에 균형 혹은 평형에 대한 경향성이 있다는 '균형 원리'를 제안하였다노안영, 2008.

연상검사　　　이부영2012에 의하면 연상검사Assoziationsexperiment, Word Assoziation test는 인간심리에 대한 Jung의 초기의 실험적 연구이다. Jung은 이 과정에서 콤플렉스Komplex, Complex라는 개념을 발견하여 분석심리학의 최초의 기초개념이 되었다. 그러므로 분석심리학을 이해하는 첫 단계로 연상검사를 직접 해보는 것은 유익하다.

1903년 Jung은 프란츠 리클린Franz Riklin과 연상검사를 도입하여 진단을 위한 목적으로 사용하였다. 그런데 연상검사를 광범위한 대상에 실시하던 중 연상 장애 현상에 관심을 갖게 되었다. 연상의 실패는 마음속에 감정적으로 강조된 콤플렉스가 자극어에 의해 방해를 가져온다는 가설이다. 분석심리학파에서 사용하는 연상검사는 1908년에 Jung이 100개의 단어를 사용하여 명사와 형용사 또는 부사를 번갈아 무작위로 이루어진 자극어를 만들었다. 오늘날, Jung 본래의 연상검사는 분석심리학의 교육이나 분석과정에서 고전적 도구로서 여전히 그 가치가 인정될 것이다이부영, 2012, p.62.

▶ 검사방법 및 평가   검사는 조용한 공간과 편안한 분위기에서 실시한다. 검사자는 Jung의 1908년형 자극어표와 필기구와 반응시간을 잴 수 있는 검사용 시계stop watch를 준비해 둔다. 검사자는 피검자에게 단어를 하나씩 부르면 먼저 연상되는 단어를 대답하고, 대답할 때까지의 시간을 잰다고 알린다. 반응시간을 기록하고, 피검자의 반응어를 적는다. 다음은 다시 검사를 반복하니 응답했던 대로 대답하도록 하되, 시간을 재지 않는다는 것을 말해준다. 피검자가 먼저 같은 반응어를 기억해 내면 +표를 하고, 기억하지 못하면 −표를 한다. 반응어와 다르면 기록하고, 검사 직후에 연상이 잘 되지 않은 자극어를 물어보고 기록한다.

콤플렉스의 소재를 찾아내는 것이 연상검사의 목적이다. Jung에 의하면 일반인의 평균적인 반응 시간은 남성 1.6초, 여성 2.0초인데 교육수준이 높을수록 빠르다고 한다서국희·이부영, 1995. 콤플렉스 징후Komplexmerkmale로는 반응시간의 지연, 재생의 결손, 보속, 반응실패, 자극어 반복, 자극어를 잘못 듣거나 이해 못함, 특이한 감정, 의미 없는 반응, 소리반응Klangassoziation, 단어 보충설명이나, 다수의 단어로 반응할 때, 문장형식이나 외국어로 반응, 반응어의 반복 등이다. 이러한 징후에 입각한 전체의 검사결과를 가지고 콤플렉스가 작용한 자극어와 내담자의 기억으로 어느 정도 콤플렉스의 소재 파악이 가능해진다.

콤플렉스　　　이무석2012은 콤플렉스Komplex, Complex란 열등감과는 다른, 생각의 흐름이 끊어져 당황하고 찔리거나 아픈 마음속의 어떤 것들로 설명하였다. 또한 콤플렉스의 기원은 정신적 상처나 어떤 감정적 충격으로 인하여 의식으로부터 떨어져 나간 정신의 일부로서 꿈과 증상을 만들어 낸다. 콤플렉스를 오랫동안 무의식에 내버려 두면 의식을 자극하여 질서를 교란시키고, 심해지면 의식의 자아는 콤플렉스에 사로잡힌다. 이런 상태를 신들렸다거나 빙의憑依현상으로 본다. 콤플렉스를 의식화하는 것은 인격성숙에 중요한 과제다. 체면이 중요한 사회에서 자신의 약점이나 아픈 곳이 찔리면 움츠러들거나 완강하게 반발함으로써 외면하게 된다. 콤플렉스는 일시적으로 의식의 표면에서 억압될 수 있으나 생명현상의 일부이므로 완전히 없앨 수는 없다. 콤플렉스가 매혹의 대상일 때 콤플렉스에 사로잡혀 올바른 인식과 깨달음은 불가능해진다. 콤플렉스는 언제나 알지 못하는 자신의 어떤 부분으로 남아있다고 봐야 한다.

∷ 마음의
　　구조와 기능

　　　　　　　C. G. Jung의 인간심성론에 대한 이부영의 분석심리학 '마음의 구조와 기능이부영, 2012, pp.76-141'에 근거하여 분석심리학의 주요 개념에 대하여 재정리 한 내용은 다음과 같다.

자아와 의식　　　무의식이 바다라면 의식은 작은 섬이고, 자아란 그 작

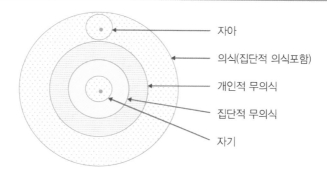

자아

의식(집단적 의식포함)

개인적 무의식

집단적 무의식

자기

은 섬의 중심이다. 의식은 좁기 때문에 정신의 전체를 헤아릴 수 없다. 의식은 자신의 몸이나 존재에 대한 의식과 기억에 의해서 형성된다. 자아가 없으면 인간정신의 성숙은 물론 Jung의 자기실현도 불가능하다. 자아와 의식이 있을 때 무의식적인 것에 대한 의식화가 가능해진다. 자아가 무의식의 내용을 파악하고 그것을 의식화 할수록 무의식은 그의 창조적인 암시를 활발히 내보낸다. 의식도 무의식의 내용을 의식함으로써 시야를 넓혀간다.

개인 무의식과 집단 무의식   분석심리학에서는 정신의 구조를 의식, 개인 무의식, 집단 무의식으로 구분하였다노안영. 2008. 무의식의 두 가지 층 중 하나는 개인의 생활체험이나 성격특성과 관련된 개인적 무의식과 다른 하나는 누구나 이미 가지고 태어나는 보편적인 집단적 무의식이다. 집단적 무의식은 근원적 유형元型. Archtype으로 이루어진다. 근원적 유형이란 인간이 지닌 가장 원초적인 행동유형이며 신화를 산출하는 그릇이고 우리 마음속의 종교적 원천이다. 무의식의 또 하나의 특징은 창조적 자율성이다. 무의식은 방어해야할 위험한 충동이기보다 체험하여 의식으로 동화해야 할 것들이다.

그림자　　　심리학적 의미에서 그림자Schatten란 바로 자신의 어두운 면이며 나 자신도 모르는 분신이다. 위선자나 이중인격자란 바로 자기 마음속의 그림자를 알아차리지 못할 때의 현상이다. 그림자는 흔히 외계에 투사됨으로써 알아차릴 기회를 갖는다. 개인적인 그림자의 투사는 가장 가까운 동성에게 행하듯, 집단적인 그림자 투사도 유사한 성격의 집단간에 일어난다. 우리 민족의 동족상잔의 비극도 원형적 그림자 상을 집단적으로 투사한 결과이다. Jung의 그림자에 대한 개념은 창조적인 기능이 억압당하면 파괴적인 성격을 띤다는 것이다. 그러므로 그림자의 창조적 전환의 열쇠는 무의식에 대한 관심과 그림자의 존재를 깨달아야 한다. 그림자 내용의 의식적 통합은 자아ego행위의 영역을 확장시키고, 그림자 특질들의 억압과 유지에 필요했던 에너지 방출의 이중효과를 갖는다.

그림자의 의식적인 '살림'은 인격적인 해리나 그림자에 의한 무의식적인 지배를 예방한다. 그러나 그림자가 원형과 관련될 때는 의식화가 어려워진다. 이는 하나의 자연적인 조건으로 인간본성의 원초적 특징이다. 이때 우리는 렐리기오religio의 주의 깊고 성실한 관조의 자세를 취해야 한다. 또한 그림자는 지금까지 의식되지 못하고 묻힌 본능과 능력, 긍정적이고 도덕적인 특성도 포함한다장미경, 2017. 그림자 원형은 의식에 동화될 수 없기 때문에 그림자를 없애거나 티 없는 사람이 되기보다 우리 내면의 무서운 그림자의 존재를 알아차리는 것이 중요하다.

외적 인격과 내적 인격　　　자아는 의식의 중심에서 외적 세계와 내적 세계에 적응하는 것이 바람직하다. 페르소나 혹은 외적 태도는 자아가 외부의 집단세계에 적응하기 위한 행동양식을 배우게 된다. 또한 내적 세계는 무의식 세계에 적응하면서 생기는 태도를 '심혼Seele'이라 부른다. 원형이란 집단 인류역사를 통하여 전해 내려오는 정신적인 소인이며, 상징이란 원형의 외적인 표현이다. Jung이 언급한 대표적인 원형인 페르소나persona, 그림자shadow, 아니마와 아니무스anima & animus, 자기self에 대해서 알아보자노안영, 2008.

▸ 페르소나   페르소나Persona란 고대 그리스의 연극에서 배우들이 쓰던 가면이다. 집단적으로 주어진 견해나 가치관을 자신의 것으로 생각하는 경우가 있다. 우리나라 말 가운데 '페르소나'와 유사한 말은 '체면'이나 '얼굴'같이 사회집단이 요구하는 행동 규범이나 제복과 같다. 자아가 집단과의 관계유지를 위하여 점차 집단정신에 동화됨으로써 자신의 진정한 개성으로 착각하는 것을 '페르소나'와의 동일시라고 한다. 그러면 집단에서의 역할에 충실하고 집단이 요구하는 규범에 무조건적으로 따르는 사람이 된다. 갱년기 우울증의 심리적 요인은 '페르소나'와의 지나친 동일시 때문에 나타나는 증상이다. 우울증상의 목적과 의미는 밖으로

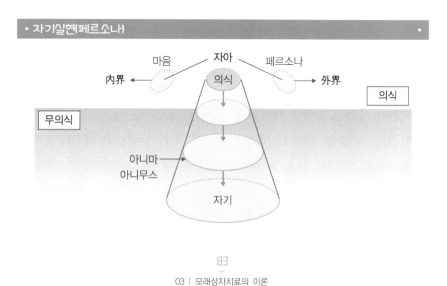

향한 시선을 내면으로 향하도록 하는 데 있다. '페르소나'가 제대로 형성되지 않은 사람은 외계와의 관계상실에 빠지며, 무의식적인 여러 충동에 사로잡혀 타인과 사회에 대하여 기분에 좌우되고, 고집불통과 잔인한 인격을 나타낼 수 있다. '페르소나'는 가상이나 그것을 없애기보다 구별되어야 한다.

▶ 아니마와 아니무스 아니마Anima, 아니무스Animus란 무의식에 있는 내적 인격의 특성을 의미한다. 여성의 무의식 속의 남성성을 '아니무스'라 하고, 남성의 무의식 속의 여성성을 '아니마'라 한다. 아니마, 아니무스는 라틴어로서, 각각 독어의 Seele, Geist에 해당된다. 모성원형이란 신화 속의 고귀한 여신상, 빛과 지혜의 처녀, 소피아 등으로 나타난다. 남성의 아니마는 기분이나 정동으로 나타나고, 여성의 아니무스는 생각이나 의견으로 나타난다.

아니마와 아니무스는 각기 4단계의 발전단계를 갖는다. 아니마의 첫째 단계는 이브Eve像으로 본능적인 생물학적 여성상이다. 둘째 단계는 파우스트의 헬렌Helen이며 낭만적인 아름다움을 지닌다. 셋째 단계는 성모마리아상의 영적헌신과 같은 지양止揚된 에로스다. 넷째 단계는 가장 거룩하고 지혜로운, 연금술의 사피엔티아Sapientia, 모나리자나 동양의 관음보살이 그런 지혜의 아니마와 가깝다.

아니무스의 4단계 발달단계 중 첫 단계는 스타나 타잔처럼 육체적인 영웅이다. 둘째는 낭만적이고 행동적인 남성이나 전쟁영웅의 이미지로 주도권과 계획된 능력을 행사한다. 셋째 단계는 교수나 성직자의 상으로 권위 있는 말씀을 전한다. 넷째 단계는 영적인 안내자인 예컨대 간디와 같은 이미지다. 아니마와 아니무스 원형의 존재는 정신세계의 '영혼의 인도자'로서 소녀, 소년, 동자童子라 불리는 신의 사자使者의 역할을 한다. 우리들 마음속에 존재하는 아니마, 아니무스 원형을 발견하고 더불어 친숙해지면서, 무조건적인 의존에서 벗어나 자기실현의 어려움을 무난히 지나갈 수 있게 된다.

원형론　　　원형은 태고에서 현대에 이르는 긴 시간 수없이 반복되어 온 체험의 침전沈澱이다. 원형이 일으키는 감정은 누미노즘*Numinosum*을 내포한 감동 또는 충격이다. 세계적으로 널리 알려진 이야기에서 언제든 어디서든 드러나는 이야기 핵, 신화소神話素는 바로 원형의 내용이자 원형 상이다. 원형 상을 발견할 수 있는 것은 첫째 꿈이나 인류문화의 유산 속에서 찾아볼 수 있다. 원형이 나타나는 때는 의식의 분화나 일방적인 의식의 발달로 인한 무의식에 대한 무지와 무의식으로부터 의식이 분리되는 위기에 처할 때 경고의 역할로 나타난다. 역전이 과정에 대극의 반전인 에난티오드로미*Enantiodromie* 현상이 일어나 강력한 힘으로 의식의 문을 두드린다. 원형의 작용으로 인생의 전환기인 3~5세경까지와 사춘기를 전후해서, 중년기와 노년기에는 큰 꿈들이 나타난다. 이때 자아의식이 원형의 체험을 알아차리면 깨달음을 얻는다. 자아의 오만함에서 벗어나 무의식에 대한 겸허한 태도가 바람직하다. 원형 상이 무엇을 말하고자 하는지 모르는 때가 많고, 영영 그 수수께끼를 풀지 못하는 경우도 있다. 지적인 해석보다 체험의 중요성이 제기되는 원형 상들은 조상들의 기쁨과 고통과 삶에서 생겨나서 언제고 다시금 체험과 행동으로써 삶 속에 되돌아오기를 희구한다.

자기와 자기실현

▶ 자기원형　　　무의식에는 온전한 전체가 되려는 원동력이 있다. 이는 온전한 그 자신이 되도록 자극하는 바로 Jung이 말하는 자기원형*Archetypus des Selbst*의 기능이다. 산스크리트로 '만다라'는 원륜圓輪이자 마법의 원이

다. 자기원형의 상은 원과 사위四位, 인격화된 형태를 보여준다. 원형 상들은 종교에서의 '신'이거나 진리로 여겨지는 자기의 원형 이미지이다. 이러한 인격상은 노현자나 어린 아이의 모습으로 나타난다. 어린이의 원형적 측면은 창조적인 기능을 가지며, '자기'의 상징이라 할 수 있다. 자기는 너무나 강력하기 때문에 선과 악의 개념을 둘 다 가지고 있다. 그것은 오직 신이나 악마, 또는 그 추종자에 의해 신성시 되는 종교지도자와 같이 초월적인 존재로 투사된다김경중. 2006. 각종 종교나 민담에서 초인적인 역할을 하는 '동자童子'를 보면 쉽게 그 보편성에 수긍할 수 있다. 금강석이나 황금꽃, 연꽃의 이미지도 자기원형에 속한다. 자기원형의 상징은 대개 두 가지의 대치적인 요소의 합일로 표현된다. 대극합일의 전형적인 상징적 표현이 신화나 종교 현상에서 보는 신성혼神聖婚이다. 자기원형은 '지남력指南力의 원형'으로서 방향을 제시한다.

▶ 자기실현　　　　자기실현은 개성화로서 진정한 개성을 실현하여 그 사람의 전부가 된다는 뜻이다. 자기실현은 첫째, 집단정신과 개인적인 삶의 목표를 스스로 알아차려 구별하는 것이다. 자기실현의 모습은 평범하나 분수를 아는 사람이다. 해야 할 바를 마음속에 물으며, 주어진 길을 묵묵히 간다. 그는 진정으로 고독하고, 세속적인 의미에서 무력한 사람일 수 있으나 자기와 일치하는 힘 있는 사람이다. 무엇이 나의 길인가를 마음속에 묻지만 그 해답이 늘 분명치 않음을 안다. 혼돈 속을 헤매는 아픔을 겪으면서 그 물음과 찾음에 응답이 있음을 믿는다.

　Jung은 자기실현에는 먼저 자아에 덮어씌운 '페르소나'를 벗겨내고, 다음으로 자아를 무의식의 암시적인 힘에서 구출하는 일이라고 하였다. 무의식의 내용을 깨달아 나가는 단계는 그림자, 아니마, 아미무스의 의식화가 이루어져야 전체의 실현이 가능해진다. 그림자를 인정하고 수용할 때 성장하게 된다. 그림자를 넘어서면 남성에게는 사랑을 배우고 감정을 분화해야 하는 과제가 놓이고, 여성에게는 정신적인 지혜를 발달시켜야 하는 과제 앞에 선다. 무의식의 세계는 끝이 없고 아무리 의식화해도 미지의 세계는 남는다. 그러므로 자기실현은 완전함이 아닌 온전함을 지향한다. 전체성의 융합과정은 한 번에 종결되는 것이 아니라 마음의 발달로서 항상 반복되는 자기실현의 과정이다장미경, 2012.

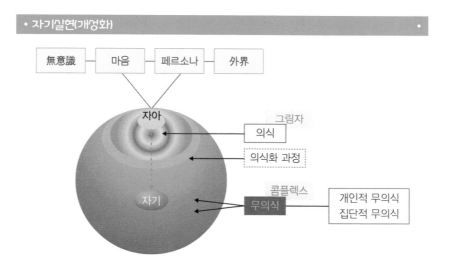

∷ 분석심리학적
유형론

　　　　　　　Jung의 분석심리학적 유형론은 Jung 자신의 방대한 무의식 현상의 탐구결과라 할 수 있다. 다음은 이부영의 Jung에 대한 분석심리학적 유형론이부영, 2012, pp.142-199에 근거하여 재정리하였다. Jung의 심리학적 유형의 두 측면은, 첫째, 내향적 태도와 외향적 태도다. 누군가의 태도가 객체를 더 중요하게 여긴다면 그는 외향적 입장이며, 객체보다는 주체를 더 중요시 한다면 내향적 태도라 할 수 있다. 외향형은 심리적 에너지인 리비도가 바깥 세상이나 타인을 향해 흐른다. 내향형은 에너지를 안으로 보유하려 한다. Jung에 의하면 내향과 외향의 태도는 유전적인 경향으로 보았다. 둘째, 정신의 적응과정에서 흔히 사용하는 분화기능 유형에는 사고와 감정, 감각과 직관의 4가지 기능유형이 있다. 또한 사고와 감정의 합리적 기능과 감각과 직관의 비합리적 기능으로 구분하였다. 자신의 열등기능을 알아보려면 타인의 나에 대한 비난이나 비평에서 특별히 신경이 쓰이거나, 시간이 걸리고 성과가 느린 기능을 아는 것이다. 열등기능이 움직이면 신화적이거나 신성한 힘이 연결되어 자아팽창을 일으킬 가능성도 있다. 유형검사는 대인관계를 비롯하여 자기이해와 진로적성 등 그 적용이 다양하다. 그러나 유형검사 하나로 심리적인 문제를 해석하기는 어렵다. 그렇다고 객관적인 계측의 한계를 무시하거나 그 결과를 절대시하는 것도 문제다. 심리학적 유형은 하나의 성찰로서 자기인식에 도움을 줄 수 있다.

상담목표　　분석심리학의 상담목표는 무의식적인 정신의 원리를 의식화 하여 자기실현을 촉진하는 것이다. 분석심리학의 상담과정은 고백, 명료화, 교육, 변형의 네 단계로 이루어진다.

　　첫째, 고백단계에서는 강력한 정서적 정화와 치료적인 동맹을 결성하고 전이가 일어난다.

　　둘째, 명료화 단계에서는 통찰을 얻고, 현재 겪는 정서적 어려움이나 비현실적인 환상이 어린 시절의 역전이 탐색으로 내담자가 지닌 문제의 시원을 알게 된다.

　　셋째, 교육단계에서는 발달과정에서 있었던 문제에 초점을 둔다.

넷째, 변형단계에서는 자기실현의 변화를 가져온다.

상담기법   상담기법으로는 단어연상검사와 상징을 사용하며 꿈과 증상을 분석하고 내담자가 태어나서 지금까지 살아온 역사라고 할 수 있는 생애사를 적용한다. 꿈 분석은 내담자가 보고한 일련의 꿈을 함께 분석한다. Jung은 상징을 사용하여 내담자의 생각과 감정과 행동의 패턴을 이해할 수 있어야 내담자의 꿈이나 증상에서 상징적인 패턴을 이해할 수 있다고 하였다. 단어연상검사는 투사기법으로 1900년대 초에 100단어의 목록을 가지고 내담자의 콤플렉스 발견에 적용하였다. 내담자의 증상은 분석자의 증상 원인에 대한 해석을 통해 감소되거나 사라진다. Jung은 이 기법이 단지 '외상 후 스트레스 장애'에 도움이 된다고 생각하였다. 내담자의 태도를 이끌어내는 사례사는 '생애사'를 재구성할 수 있으며, 현재의 발달패턴을 확인할 수 있다노안영, 2008.

이상으로 Jung의 분석심리학을 정리해 보자면, Jung학파의 이론은 환원주의 입장을 취하는 Freud학파의 이론과는 다르다. Jung은 인간을 긍정적인 관점에서 전체성과 자기실현을 향해 나아갈 수 있는 개성화에 초점을 두었다. 인간은 자기실현을 위해 성격의 무의식적인 측면, 즉 개인 무의식과 집단 무의식을 모두 탐색해야 한다. Jung의 분석적 치료의 경우 치료사들은 내담자가 자신들의 내적 지혜를 사용할 수 있도록 보조한다. 치료의 목표는 급박한 문제해결이 아닌 성격의 변화에 있다.

Jung은 개인이 자신의 전체성을 실현하는 과정, 자기를 찾는 여정은 일생을 통해 진행된다고 하였다. 또한 개성화 과정이란 자기에 도달하기 위하여 의식과 무의식의 통합이라 할 수 있다. 개성화 과정의 첫 단계는 그림자와의 만남, 두 번째 단계는 영혼의 심상인 아니마와 아니무스와의 만남, 마지막 단계는 자기원형과의 만남이다. 개성화 과정의 특성은 인간의 여러 정신적 요소들을 통합시켜주는 정신작용이며, 각성을 체험하는 것이고, 체험자의 인격을 변화시키며, 인격발달을 위하여 지속되는 과정이다. 결국 개성화 과정은 수많은 대극의 쌍들을 다시 통합하는 자기실현 과정이다김경희·이희자, 2005, p.58.

3. Lowenfeld의 세계기법

모래상자치료의 선구자인 Margaret Lowenfeld의 생애와 Wells의 『마룻바닥 게임Floor Games』 그리고 Lowenfeld가 창안한 세계기법World Technique과 아동의 사고체계에 대하여 김경희·이희자의 공저2005 『모래상자 놀이치료』에 근거하여 다음과 같이 재정리하였다.

:: Margaret Lowenfeld의
     생애

모래상자치료의 선구자인 영국의 정신과의사 Margaret Lowenfeld는 아동과의 소통을 위하여 '세계기법World Technique: WT'을 창안하였다. Lowenfeld는 런던의 부유한 집안에서 태어났다. 아버지 Henry Lowenfeld는 1880년 폴란드 독립전쟁으로 재산을 잃었지만 영국으로 건너가 가정을 이루고 단기간에 부를 회복하였다. Lowenfeld의 어머니 엘리스 이반Alice E. Evans은 해군대령의 딸로서 언니 헬레나Helena와

Lowenfeld를 낳았으나 자녀양육은 유모에게 맡기고 사회적 명예에 많은 시간을 보냈다. 그로인해 Lowenfeld의 아동기는 충분한 애착과 성장에 필요한 어머니의 애정이 결핍되었다. Lowenfeld의 어린 시절, 자신은 불행하고 예민한 아이였으며, 대부분의 시간을 침대에서 지냈다고 한다. 또한 자주 악몽을 꾸고 손가락 빠는 행동을 그만두기 어려웠다고 회상하였다.

Lowenfeld가 폴란드에서 생활하는 시기에는 사촌들과 의사소통에 많은 어려움을 겪었다. Lowenfeld의 아버지는 예술품을 좋아하는 수집가로서 집에는 늘 진귀한 물건들이 가득하였다. 그녀가 13세가 되던 해에 부모의 갑작스러운 이혼으로 두 딸들은 어머니의 정서적인 고통을 보상하려는 노력으로 의학계의 전문인으로 성장하였다. Lowenfeld는 1918년 의과대학 졸업 후, 동유럽의 여러 수용소에서 일하였다. 이 시기는 Lowenfeld 자신의 불행했던 아동기를 회상하며 아동기의 외적생활에 관심을 가졌다. 또한 혼란된 언어 환경에서 성장한 경험은 언어가 표현을 제한할 수 있음을 깨닫게 되었다. 그 결과 그녀는 평생 비언어적 의사소통의 다양성에 관심을 기울였다.

1920년 말, Lowenfeld는 영국에서 조그만 장난감과 모형들, 종이모형, 색지, 물감 등을 'Wonder Box'라 부르는 곳에 수집하였다. 1928년 Lowenfeld는 소아과 실습을 하면서 Wells가 쓴 마룻바닥 게임Floor Games, 1911을 생각하고 이 기법을 기본으로 다양한 모형과 여러 가지 놀잇감을 넣은 종이상자인 Wonder Box를 만들었다. 1929년 병원을 옮기면서 놀이방에 아연상자를 두 개 준비하여 하나에는 모래를, 다른 하나에는 물을 넣었다. 이때부터 세계기법이라 명명하고 공식적으로 임상과 연구, 평가를 병행하여 사용하였다. Lowenfeld의 세계기법은 아동에게 관심을 끌고 아동과 관찰자를 위해 언어로서 작용하며 의사소통의 매개체가 되었다. 1930년 아동심리센터Institute of Child Psychology로 Lowenfeld 병원이 알려지게 되었고 치료사 자격 훈련과 연구를 통해 Mosaic Test를 만들었다. Lowenfeld는 세계기법을 통하여 모래상자치료의 효시가 되었다.

:: Lowenfeld와 Wells의
마룻바닥 게임

Lowenfeld는 1911년에 출판된 Wells의 『마룻바닥 게임Floor Games』을 읽고, 놀이가 사고를 확장시켜주고 창의력을 이끌어낼 수 있다는 확신을 가졌다. 두 아들과 함께 즐겁게 놀았던 장면에 대한 서술인 그의 저서는 당시 사회상황에서 흔치않은 사례였기 때문에 소아정신과의사인 Lowenfeld에게 신선한 충격과 영감을 주었다. Wells는 아동의 창의력을 향상시켜주는 유형의 놀이와 놀이의 재료를 알리는 데 크게 기여하였다. Wells는 스스로의 경험을 통하여 놀이가 갖는 심오한 능력을 믿었으며 놀이를 통하여 창조적인 성인의 기반이 된다고 생각하였다. Lowenfeld는 Wells가 감지한 심리적인 부분을 천재적으로 활용하였다.

Wells에게서 얻은 영감과 Lowenfeld 자신의 경험을 배경으로 아동과 의사소통을 하면서 아이들의 마음을 읽어낼 방법을 발견하고자 하는 그녀의 목표가 '세계기법'을 창안하였다. Lowenfeld는 작은 장난감들을 사용하는 것의 잠재성이 아동들로 하여금 보다 깊은 차원의 자신과의 만남을 연결할 뿐 아니라 언어 이전의 사고와 느낌과 연관됨을 발견하였다. 동시에 이러한 작은 소품들을 사용하는 것이 객관적이고 구체적으로 나타나기 때문에 중점적으로 다루고 있는 이론에 대하여 기록하고 분석하는 것이 용이하였다. Lowenfeld는 아동의 놀이에서 표현되는 작품이 성인의 무의식적 환상이나 꿈과의 상당한 유사성을 지적하였다. 그녀는 놀이에 대한 해석이 불필요하다는 자신의 신념을 강조하였다. 해석이 없어도 놀이과정은 그것 자체로서 치료적이며, 놀이를 통해 수용할 수 없는 감정들의 표출이 가능하다는 것이다. Lowenfeld에게 영향을 준 아동정신분석가인 Melanie Klein과는 달리 분석을 강조하지 않았다. Lowenfeld의 세계기법의 가치는 단지 그것을 표현하는 것을 통해서 얻어질 수 있음을 확신하였다. Lowenfeld가 창안한 세계기법의 목표는 모래상자가 꾸며진 작품의 세계에서 아동이 그 자신을 발견하고 접촉하는 것에 중점을 둔다.

:: Lowenfeld의
   세계기법

　　　　　　　　Margaret Lowenfeld는 아동과의 의사소통을 위한 심리적인 기법으로 '세계기법World Technique'을 창안하였다. 1928년 Lowenfeld는 소아과 실습을 하면서 Wells의 마룻바닥 게임Floor Games, 1911을 생각하고 이 기법을 기본으로 다양한 도구들과 소품들, 작은 놀잇감을 넣은 종이상자인 Wonder Box를 만들었다. Lowenfeld는 세계기법을 사용하는 데 필요한 설비로는 첫째, 모래가 담겨진 모래상자와 탁자, 둘째, 모래가 반쯤 채워져 정리된 모래상자, 셋째, 모형이나 소품을 정리하여 넣어 둘 소품장, 넷째, 통에 담긴 물과 컵을 제시하였다.

　아동에게 놀잇감이 들어 있는 소품장을 보여주고 소품을 사용하여 모래 안에 그림을 만들어 볼 수도 있고, 소품 없이 모래만으로도 만들어

볼 수 있다고 말해준다. 그리고 아동에게 치료실의 어떤 물건이든 원하면 사용할 수 있다고 말해준다. 모래상자에서 작업을 하는 동안 치료사는 아동 가까이에 앉아서 내담자가 만드는 장면이 내담자의 직접적인 의사소통으로 생각하고 자유롭게 관찰하였다. 장면이 완성되고 난 후 치료사는 아동이 특별하게 사용한 소품이 어떤 의미가 있는지 직접적인 질문을 할 수 있다. 아동 스스로 무엇을 하고 있는지 알아차릴 수 있도록 실황 방송하듯이 할 수도 있다. Lowenfeld는 기본적으로 그때 그 장소에 그 물체가 놓여진 이유와 그와 같이 배치한 방법에 관심을 가졌다. 아동의 작품세계는 그림이나 사진으로 기록한다.

Lowenfeld는 British Psychological의 의학 분과에서 발표한 논문을 통해 모래상자 치료목적을 분명히 하였다. 먼저 심리적인 안전감을 갖도록 돕는다. 아동이 만들어 내는 작품에 대하여 있는 그대로를 받아들이는 자세가 도움이 된다. 두 번째로 그동안 쌓였던 감정을 풀어내는 통로 역할을 한다. 세 번째로는 아동의 놀이장면에서 지지와 응원으로 힘을 북돋아 준다. 또한 파괴적인 충동의 결과를 알아차리게 한다. Lowenfeld의 『아동기의 놀이Play in Childhoo, 1935』는 놀이에 대한 학자들의 견해에 상당한 영향력을 미쳤다. Lowenfeld는 이 책에서 아동에게 놀 수 있는 환경이 제공되지 않으면 건강한 성장을 기대하기 어렵다고 하였다. 그녀는 놀이가 아동의 가장 자연적인 충동임을 강조하였다. 아동은 자신의 주변세계와의 상호작용을 통한 경험을 끝없이 반복하며, 내적·외적 행동이 생활의 주를 이룬다. 이를 모래상자를 통해 표현하게 한다는 것이다. 모래상자에서의 놀이는 안정적이면서 역동적이기 때문에 어떤 경우 파괴적인 결말의 표현도 다음 시작에 아무런 영향을 주지 않는다.

Lowenfeld는 세계기법WT이 과학적인 연구와 임상적 적용 사이의 간격을 좁힐 수 있는 치료적 도구라고 생각하였다. 아동이 꾸민 상자로부터 객관적인 자료수집과 과학적 분석이 가능하기 때문이다. 모래는 삼차원 이상의 특성을 지닌 의미에서 시간, 공간, 거리를 초월한 다차원적 특성을 갖기 때문에 정신 내에서 발생하는 사고과정의 여러 측면을 표현할 수 있다김경희·이희자, 2005, p.65. Lowenfeld는 언어로 자신을 표현하지 못하는 영아와 유아들이 어떻게 자신을 표현할 수 있는가를 세계기법을 통하여 설명하였다. 모래상자에서는 가장 복잡한 존재, 지각과정, 환상 및 혼란 상태 등도 표현할 수 있다. 왜냐하면 모래상자치료는 어린이의 인지 이전의 사고Pre-cognitive thinking에 직접적으로 접근할 수 있기 때문이다. 1954년 Lowenfeld는 자신의 세계기법이 내담자에게 정통학파에서 실시하는 분석과정 못지않게 강력한 심리적인 경험을 제공한다는 것을 확신하였다. Lowenfeld는 세계기법이 시간과 장소에서 동시에 개성에 대한 다른 측면의 표현이 촉진되기 때문에 이 기법이 성인과 아동 모두에게 매력적으로 사용될 수 있음을 알게 되었다.

:: 아동의
사고체계

아동의 사고는 언어적인 표현이 어렵고, 치료사가 논리적으로 이해하기에 부적합하다. 이러한 사고체계를 Lowenfeld는 1차 사고체계Primary Mental System라 불렀다. 1차 사고체계는 개인적이고 특유하며 강력하고 다양한 영역으로 이루어진 특성 때문에 다른 사람과 언어적 소통이 불가능하다. 1차 사고체계는 발달의 초기에 발생하는 정신영역의 핵심으로 전 생애에 걸쳐 남아있다. 2차 사고체계Secondary Mental System는 논리적이고 이성적이며 언어상의 용어를 사용한 소통이 가능하다. Lowenfeld는 1차 사고체계의 내용은 2차 사고체계의 용어로는 표현해낼 수 없기 때문에 세계기법은 바로 1차 사고체계에 접근할 수 있는 방법이라고 하였다. 아동발달과정에서 1차 사고체계의 표현도구나 생활환경이 제공되지 않았을 경우, 원시적인 팽팽한 긴장상태 속에서 변형이 이루어지고 지속적인 성장을 기대하기 어렵다.

1차 사고체계는 클러스터cluster들의 묶음으로 이루어져 있다노치현·황영희, 1998. 아동의 내적 경험이 묶여지게 되는 과정은 개인적 경험의 질과 관계가 있으며, 이 과정의 결과들이 클러스터이다. 클러스터의 형성은 개인의 성격발달에 필수 과정이라 할 수 있다. 클러스터는 두 가지 주요한 특성이 있다. 첫째, 보편적으로 모래상자에 유사한 그림으로 꾸며진다. 언덕을 중심으로 물로 둘러싸여 있고, 때때로 작은 산등성이를 대신하여 화산이 등장할 수 있는데 이는 신경증적 긴장과 불안을 표현한 것일 수 있다. 둘째, 내담자 각각의 모래그림을 전체로 보면 개별성이 있다. 클러스터는 감각영역과 관련된 엄청난 에너지의 움직임이 나타난다. 클러스터는 대개 덩어리로 응집된 형태를 띤다. 클러스터의 존재가 개인의식에 어떤 역할을 하는가는 정신구조의 2차 사고체계에 달려 있다. Lowenfeld는 전쟁을 경험하면서 불안과 외로움을 극복할 수 있는 방법의 하나로 세계기법을 고안하였다. 1차 사고체계는 개개인의 놀이에서 나타나며 개발될 수 있다고 보았다. 그러나 전쟁은 아동에게 놀이할 수 있는 공간과 시간을 박탈하고 그로 인해 1차 사고체계를 표현하지 못한 아동들이 범죄자로 성장할 수 있다는 것이다.

1차 사고체계의 내용은 다음과 같다노치현·황영희, 1998. 첫째, 동화, 옛날이야기, 신화 등 집단을 대표하는 것들이 이에 포함된다. 둘째, 아동이 놀이한 기회가 없다면 아동은 외부 현실과 접촉함으로써 내부 개념을 교정할 기회를 놓치게 된다. 그러나 다음의 네 가지 상황에서는 놀이를 통해서도 2차 사고체계를 통과할 수 없는 경우이다. 첫째, 에너지가 전적으로 1차 사고체계의 클러스터에 묶여버린 경우이다. 둘째, 에너지 과다로 인해 특정한 곳에 1차 사고체계의 집중현상이 일어날 경우, 여러 신체기관들이 클러스터와 연결되어 신체화 증상으로 고통을 받는다. 셋째, 클러스터를 실제적인 현실로 왜곡하여 외부세계에서 보게 되는 경우로서 아동은 공포와 강박 증상을 경험한다. 넷째, 2차 사고체계가 적절한 발달을 이루지 못하여 안과 밖을 혼동한다. 아동의 외부세계는 내부생활과 뒤섞이고 현실감이 떨어지면서 내면세계에 갇히거나 신경증과 정신장애가 나타날 수 있다. 한 아동이 위의 네 가지 양상을 모두 보일 수도 있고 전 생애를 통해 위의 다양한 증상을 무작위로 경험할 수도 있다.

Lowenfeld의 두 번째 저서 『세계기법The World Technique』은 1973년 그녀가 사망하고 6년이 지난 1979년에 출간되었다. 이 책에서 Lowenfeld는 비인간적인 행동들이 개인과 사회에 나타나는 이유에 대하여 '만약 아동들이 모래상자를 통해 자신들의 출구가 마련된다면 공격적인 충동의 외현화를 예방할 수 있다.'고 주장하였다. 아이들이 놀이를 통해 1차 사고체계를 발산하면서 자라게 되면 건강한 발달과 성장을 기대할 수 있다. 그러나 1차 사고체계 과정인 놀이의 욕구가 충족되지 않은 상태에서 곧바로 2차 사고체계로 이동할 경우 신경증적 증상이 나타날 수 있다. 그러므로 논리적 사고의 발달 이전에 모래상자라는 매체를 통하여 의사소통하게 되면 아동의 발달을 돕고 문제행동예방의 지름길이 될 수 있다.

Lowenfeld의 세계기법을 요약해 보면, Lowenfeld는 어린 시절, 암울한 전쟁을 경험하면서 아동들의 병리적 증상과 심리적 고통에 관심을 기울이게 되었다. Lowenfeld는 1911년에 출판된 Wells가 쓴 『마룻바닥게임Floor Games』을 읽고, Wells에게서 얻은 영감과 Lowenfeld 자신의 경험이 배경이 되어 '세계기법'을 창안해 낸 최초의 학자이다. 아동은 놀이를 통하여 1차 사고체계를 표현하면서 성장하게 되면 자연스러운 2차 사고체계가 발달하여 정상적인 성장과정을 이어갈 수 있다. 그러나 1차 사고체계의 과정이 생략되고 2차 사고체계로 바로 넘어갈 때 신경증적 장애를 경험할 수 있다. 아동의 1차 사고체계 과정의 표현에 적절한 세계기법은 임상적으로 과학적인 방법임을 입증하였다. 따라서 언어적 표현을 논리적으로 이해하기 어려운 아동기에는 모래상자치료와 같은 놀이라는 매체를 통하여 아동과 상호작용하고 의사소통하는 것이 건강한 아동의 발달을 돕고 문제를 예방할 수 있다.

4. Kalff의 모래놀이

'Kalff의 모래놀이'에 대하여 먼저 Dora Maria Kalff의 생애와 그녀가 창안한 모래놀이 그리고 모래놀이의 이론적 배경이 된 노이만의 자아발달단계와 모자일체성의 차례로 'Kalff와 모래상자놀이치료김경희 · 이희자. 2005. pp.73-86'를 참조하여 재정리한 내용은 다음과 같다.

:: Dora Maria Kalff의
    생애

Jung학파 모래놀이 실험기법의 창시자인 Dora Maria Kalff는 1904년 12월 스위스에서 네 형제 중 셋째로 태어나, 취리히 리히터스빌Richterswil에서 자랐다. Kalff의 아버지 어거스트 가티커August

Gattiker는 시장을 역임한 유력한 정치가였다. Kalff의 어머니 릴리 가티커 사우터Lilly Gattiker Sautter는 자녀들의 온화한 후원자이고 타고 난 모성적 자질을 가졌다. Kalff는 유·소 녀시기에 병약하였지만 동방에 대한 깊은 관심을 가지고 라틴어, 그리스어를 공부하며, 이국의 사상과 인물, 문학에 대한 관심을 키워갔다. Kalff는 29세에 결혼하여 1944 년 장남 페터의 호흡기질환 요양을 위해 파르판으로 이사하면서, Jung의 딸인 바우

Dora Kalff의 모습
출처: http://www.sandplay.org

만Gret Jung Baumann과의 만남이 계기가 되어 칼 구스타프 Jung 연구소에서 학업을 시작하였다.

1954년 Kalff는 취리히에서 Margaret Lowenfeld의 강연회에 참석하여 '세계기법'에 깊은 인상을 받아 이 분야의 연구를 결심하였다. 1956년 Kalff는 런던 Lowenfeld의 연구소에서 1년간 수학하고 스위스로 돌아와 실습을 계속한 결과, Jung학파의 개념을 바탕으로 독자적인 '모래놀이 실험'을 창안하였다. Kalff는 모래놀이가 아동의 외부 현실과 연결시켜주고, 내면을 표출하는 자연스러운 치료법임을 발견하였다. 아동의 정신구조 속에서 벌어지는 이 과정을 수년간 지켜본 Kalff는 모래놀이가 성인에게도 적용이 가능함을 발견하였다. 동양과 서양의 상호관계는 Kalff의 전 생애를 통해 여러모로 드러난다. Dalai Lama와의 만남과 불

Dora Kalff의 모래놀이치료실
출처: http://www.sandplay.org

교의 4대 종파 지도자를 비롯한 여러 정신적 지도자들이 Kalff의 집을 방문하였다. 또한 일본의 선불교도 Suzki를 만나 일본 Jung학파와의 교류를 통해 일본에 모래놀이를 보급하였다. 1990년 1월 스위스의 졸리콘 자택에서 사망하기 몇 달 전, 모래놀이 세미나 직후 뇌졸중으로 쓰려졌으며 자신의 죽음을 이미 예견했다고 한다김경희·이희자, 2005, p.77.

:: 모래놀이치료의
   단계

'모래놀이'라는 용어는 Jung 심리학 범위를 넘어 널리 사용되고 있지만 Jung 접근법을 지칭한다Linda E. Homeyer·Daniel S. Sweeney 저, 1998/정경숙·우주영·정미나 역, 2017. Kalff의 관점은 동양철학에 대한 연구와 깊이 있는 직관력, 오랜 기간 모래놀이에 대한 연구와 노이만의 발달적 이론의 영향 그리고 Jung과 Lowenfeld와의 연구 등을 반영하고 있다. Kalff는『모래놀이』저서에서 "Kalff 자신의 경험은 노이만의 자아발달 이론과 일치한다."고 언급하였다. Kalff1966는 Neumann의 자아발달 과정을 3단계로 정리하여 모래놀이에 적용하였다. Kalff에 의하면 '어머니와의 관계'에서 아동의 자기는 어머니와 분리되기 시작하고 자신과 어머니와의 갈등을 두려워하게 되어 자신의 자기를 보호하려고 노력하기 시작한다고 하였다선애순, 2013. Kalff는 노이만의 자아발달단계 이론을 적용하여 자신의 사례를 분석하면서 다음의 자아발달단계를 발견하였다.

첫째, 동·식물 단계로서 이 시기의 아동들은 동·식물 상징물로 상자를 가득 채우는 현상을 보인다. 내담자가 정신의 모든 측면을 한꺼번에 나타내기 때문에 상자가 혼돈상태를 나타낼 수 있다조미영, 2014. 자연 그대로의 에너지가 우세하고 고요한 분위기를 나타내며 홀로 자신의 내면을 향하는 상징적인 표현이 나타나기도 한다. 또한 상징물들로 가득 채워진 모래상자는 에너지의 흐름이 막힌 영유아기의 외상을 나타낼 수도 있다.

둘째, 투쟁의 단계는 주로 청소년기에 나타나는 반복되는 갈등과 전투가 특징이다. 아동은 자신의 마음을 사로잡는 것과 외부의 신비스러운 힘에 투쟁하면서 자신의 힘을 강화한다. 모래상자치료는 빛과 어두움, 남과 여 등 대립하는 양극단의 특징으로 나타난다. 이 단계에서는 대극을 이루면서 투쟁하는 장면이 나타나기도 한다윤순임 외, 1995 재인용. 일반적으로 초기에 양편이 모두 전멸하거나 한쪽이 일방적으로 승리하는 장면이지만, 중기 이후의 투쟁은 보다 조직화되면서 극단적인 죽임보다 감옥에 갇히거나 영웅이 등장해 상황을 해결하는 등 보다 균형적인 투쟁의 모습으로 발전한다.

셋째, 집단 적응의 단계는 평소와 같은 일상생활의 모습이 등장한다. 남아들은 트럭, 자동차나 건설 공사현장과 같은 움직임과 에너지가 많은 작품을 꾸민다. 내면의 정신을 일상적인 외부생활 속에 새롭게 자리 잡게 한다박행자, 2012. 내담자는 환경 속에 존재하는 집합체의 한 구성원으로서의 자신을 스스로 인정한다D. Kalff, 1986. 그는 자신의 내면세계에 충분히 몰입할 수 있게 되어 통합과정에서 적응을 표현한다. 이러한 과정은 한 번에 종결되지 않으며 자아의 발달에 따라 반복되는 자기실현의 과정이라 할 수 있다Kalff, 1980. 특히 모래놀이가 동양적 철학을 내재하고 있으며 특히 동양인들에게 적합함을 강조하였다. Kalff1980는 모래놀이에 나타나는 흐름을 나타내는 것을 통해 내담자의 내면의 흐름과 내적인 힘의 방향을 알 수 있다고 하였다.

Kalff의 모래놀이는 완성된 모래상자에 대한 해석이나 직접적인 답을 주지 않고 내담자 스스로 답을 찾고 해석하게 하는 과정이 선과 유사하다는 것이다. 치료적 은유가 출현하는 경우, 치료적인 해석이 자연스럽게 따르지만 우리는 해석에 초점두기를 반대하는 Kalff[1980]의 경고에 주의해야 하는데, 내담자에 의한 해석이 가장 중요하다는 것을 인정하는 것이다. 모래상자의 해석은 반드시 필수적이니 않으며, 해석할 때 내담자의 것이 아닌 치료사 자신의 경험과 생각으로 해석하고 있는 자기 자신을 깨달을 필요가 있다고 강조한다. 또한 치료사는 선의 제 의식에 참여한 관찰자로서 내담자가 모래상자를 꾸미는 동안 침묵의 유지의 중요성을 강조하였다. Kalff에 의하면 치료사의 통찰을 아동에게 언어로 표현할 필요는 없으며, 자유와 보호된 공간에서의 상징경험은 아동이 자신을 이해하는 데 도움을 준다고 보았다. 그러나 적절한 시점에서 표현되는 치료사의 해석은 아동 자신의 내부 문제에 대한 통찰력을 얻고 다음의 발달단계로 나아가는 데 영향을 줄 수 있다.

내면의 불안으로 고통 받는 아동이 치료실을 찾을 때 '이곳은 안전한 곳인가? 라는 의문과 함께 긴장할 수 있다. 그러므로 치료사는 아동에게 안정감과 소속함을 가질 수 있는 분위기와 안내가 필요하다. Kalff는 자신의 집을 상담실로 활용하면서, 아동의 자연스러운 성향과 일치하는 분위기를 제공하였다. 이러한 상담실의 분위기는 아동들이 자연스럽게 마음의 문을 열고 밖을 향하게 하며 이들을 전체적으로 환영하고 수용한다. Kalff는 자신의 섬세한 직관으로 아이들을 이해하고, 그들이 모래상자에 자신의 세계를 만들 수 있는 놀이를 창조하였다. Kalff[1988]는 깊은 작업으로의 침잠 이후에 일상생활로 돌아오는 것의 중요성에 대해 거듭 강조했다. 단지 일상생활로의 귀환뿐 아니라, 관계적 맥락에서의 일상생활, 즉 가족, 친구, 지역사회로의 귀환이다Harriet S. Friedman·Rie Rogers, 1994/장미경 외, 2011.

:: Kalff의
모자일체성

모자일체성Mother-Child Unity이란 자녀가 느끼는 무조건적인 안전감과 사랑으로 충만한 어머니가 주는 편안함security이다. 생후 1년이 된 유아는 전체성wholeness의 중심인 자기가 엄마로부터의 분리 과정을 경험한다. 이때 유아는 어머니가 주는 따뜻하고 부드러운 접촉으로부터 안전감을 얻게 되고 이러한 경험은 신뢰관계를 발달시킨다. 이렇게 얻어진 안전감은 2~3세 발달의 토대가 된다. 아동의 초기발달 환경에서 기본적인 모성의 보호가 주어지지 않았을 경우, 자기출현self-manifestation은 불확실해진다. 전쟁이나 질병은 자기출현이 외부의 영향에 의해 고통스러운 방해를 받게 된다. 그러므로 치료에서 아동의 자기출현 가능성을 확실히 하는 것이 모래상자치료의 목표이다. 모래상자에 나타나는 자기에 대한 상징은 아동의 인격발달과 통합으로 이끄는 열쇠다. 그러나 자기출현의 실패사례는 약하거나 신경증적 자아발달에서 볼 수 있다.

상담현장에서 치료사는 아동의 전이를 활용하여 내면의 힘을 펼칠 수 있도록 안정시키고 보호한다. 자유로운 공간이란 치료사가 아동을 있는 그대로 품어주는 안정된 공간이다. 그렇게 되면 아동은 그 자신이 될 수 있다. 신뢰적 관계가 중요한 까닭은 믿을 수 있는 환경만이 모자일체성을 회복하고 내적 평화가 보장된다김경희·이희자, 2005, p.83. Kalff에 의하면 자기치유력self-healing은 자유롭고 안전한 공간에서 공감할 수 있는 치료사와 함께 할 때 일어난다는 것이다. 내담자의 문제를 이해하는 치료사의 자세는 내담자와 치료사 사이에 신뢰감과 초기 모자관계를 형성하며 치유적 영향을 발휘해야 한다이복순, 2015.

Kalff는 내담자가 모래상자를 만드는 과정 중 상자의 중앙에 만다라 또는 고도의 영적인 상을 창조하는 것에 주목하였는데, 모든 에너지가 하나의 통제점에 집중되고 영적인 성향을 드러내는 자기현시^{manifestation of self} 또는 자기상자^{self tray}가 만들어진다. Kalff¹⁹⁸¹는 자기의 출현 없이 건강한 자아발달은 불가능하다고 보았다. 자아가 약하거나 신경증적인 자아를 가진 경우에 모래상자에 자기를 출현시키지 않는다^{김광웅, 2004}. 자유로운 표현이 가능한 안전한 상황은 온전한 자기를 들어내어 전체성에 이르게 한다.

:: 노이만의
자아발달단계

인간정신의 발달과정을 분석심리학적 측면에서 기술한 노이만¹⁹⁷³은 자아의식성의 탄생 이전의 정신상태에 대해 꼬리를 입에 물고 있는 원 모양의 우로보로스로 묘사하였다. 이는 자아의식성 발달 이전의 원시적 자기상태^{primordial Self}를 나타낸다. 이 원초적 자기^{Self}로부터 개별적 자아^{ego}가 태어난다. 노이만은 이를 최초의 모-자 단일체^{mother- child unity}라는 용어로 명명하였다. 자아는 대극의 중간에 위치할 때 비로소 독립성을 유지할 수 있다^{Jung, 2006b}. 자아는 일련의 발달과정을 거쳐 성장하는데 Neumann¹⁹⁷³은 생의 초기 안정적 관계형성이 자아발달 과정의 시작이라고 주장하였다. 삶의 전반부에서 자아-자기의 분리, 후반부에는 자아-자기의 재합일^{reunion}이 일어난다. Neumann은 아동의 자아발달 과정을 다섯 단계로 설명하였다^{조미영, 2014}.

남근적 대지 단계^{phallic-chthonian}   자아와 자기의 관계는 대모^{Great Mother}와 반려동물의 관계로 상징화 될 수 있으며, 이때의 자아^{ego}는 남근적 특성을 갖는다. 자기Self는 신체-자기bady-self로서 어머니의 활동에 의해 결정되며, 의식이 독립성을 획득하지 못한 모권적matriarchal 세계이다조미영, 2014. 우로보로스와 모-자 원초적 단일체는 심리적으로 어머니 안에 담겨 자신의 꼬리를 물고 있는 뱀의 이미지이다.

마술적 남근 단계|magic-phallic　　아직 모-자 단일체의 영향을 많이 받으며, 자아ego의 명령에 따라 사지가 움직이는 마술적 상태에 있다. 자율적인 움직임에도 모권의 영향권에 있으나 주관적으로는 세상의 중심에 있는 존재를 경험한다. 또한 대상 영속성의 발달시기로서 심리적인 통합으로 향하는 첫 단계이다.

마술적 호전적 단계|magic-warlike ego　　합리성의 발달을 의미하는 태양자아solar ego의 전조 형태라고 할 수 있다. 마술적 전쟁 자아 단계로서 계속되는 싸움 단계에 이르면 처음으로 모권matriarch으로부터 부권적patriarchal 세계로 움직여 나간다. 이 시기에는 대극간의 대결구도와 갈등이 고조되어 나타나기도 한다.

태양적 호전적 단계|solar-warlike ego　　토테미즘totemism에는 동물과 그 동물을 숭배하는 집단간의 참여 신비participation mystique, 즉 단일체라는 무의식적 정서가 존재한다. 토템동물은 조상의 육화incarnation이다. 자아는 무의식적인 여성성의 에너지로부터 분리를 완성하며, 아버지를 동일시하는 것으로 이동해 나간다조미영, 2014. 그리고 모래상자에서 자아개념을 갖추게 되면서 안정감과 경외심이 우러나는 작품을 대하게 된다.

태양적 합리적 단계|solar-rational phase　　의식적이고 발달된 자아가 형성된

다. 외부세계로 향하는 세계관을 보여주며 모래상자에서는 종결의 신호로 파악된다. Neumann[2002, 2010]은 자아가 중심화를 통해 무의식의 경향성에 거리를 두고 무의식에 '사로잡히지' 않으면서 내부와 외부의 관계에서 자신의 독립성을 유지하는 방향으로 발달한다고 하였다[이복순, 2016]. 이 마지막 단계에서, 자아는 의지의 상대적인 자유를 행사하고 무의식과 관계없이 기능한다. 이러한 심리적 치유과정은 건강한 자기[Self]의 분화와 자아발달이 일어나는 과정이다.

에리히 노이만[Neumann]은 원초적 관계의 혼란으로 인해 발달과정에 어려움이 생기는 이유를 개인적 어머니의 실패와 그로인한 부정적 모성원형 에너지의 배열로 보았다[장미경, 2017]. 노이만은 모성적 자기애가 있을 때, 인간의 전체성이 발달한다고 하였다. 한국사회에서는 자녀들의 자아발달이 많은 방해를 받고 있다. 이는 부모들이 자녀에게 지나친 학업적 성취압력을 주기 때문에 자녀발달의 지속적인 방해는 사회생활까지 이어진다. 어머니로부터의 독립을 성취하지 못한 상태에서 어머니와의 유착을 강요받으며 아버지의 세계로 사회적 성취를 강요받는다. 이는 자녀의 자아발달에 부정적인 영향을 준다. 아이들은 타고난 발달욕구에 대한 지나친 죄책감을 가지고 발달과업의 성취 역시 매우 성급하게 경험한다[장미경, 2012].

이상으로 Dora Maria Kalff의 이론의 핵심을 정리하면, Kalff는 Lowenfeld의 세계기법을 반영하고 노이만의 자아발달이론을 적용하여 Jung학파 개념을 바탕으로 한 독자적인 '모래놀이실험'을 창안하였다. 또한 Kalff는 모래놀이를 널리 알리고 발전시켰다. 인간은 누구나 안전감을 느끼고, 자유롭게 자신을 표현하는 과정에서 자기[Self]의 전체성[Wholeness]을 이룰 수 있다. Kalff는 신뢰할 수 있는 환경에서 치료의 모자일체성을 회복하는 것은 지성과 영적인 모든 측면을 포함한 전체적 인격발달의 원동력임을 강조하였다.

03 | 모래상자치료의 이론

- 김광웅(2004). 놀이치료학. 학지사.
- 김경희(2015). 모래상자치료와 대상관계의 만남. 한국모래상자치료학회 하계연수 자료집. KSTA 15–18. 82–83.
- 김경희·이희자(2005). 모래상자 놀이치료. 양서원.
- 김경중(2006). 한국모래상자치료의 변천과 임상적 접근. 한국모래상자치료학회 창립학술대회 학술지. 25.
- 노치현·황영희(1998). 모래놀이치료. 동서문화원.
- 노안영(2008). 심리학의 이론과 실제. 학지사.
- 박행자(2012). 아동의 모래놀이치료과정에 나타나는 카오스, 죽음, 재탄생. 명지대학교 대학원 박사학위논문.
- 선애순(2013). 아동의 모래상자치료에서 상징물, 관계성, 심리적 표현 및 개성화 과정에 관한 연구. 목포대학교 대학원 박사학위논문.
- 서국희·이부영(1995). C. G. Jung 단어연상검사의 한국형 축약수정안 제작을 위한 연구. 『심성연구』. 10(1·2). 1–102.
- 윤순임 외(1995). 현대상담 심리치료의 이론가 실제. 중앙적성출판사.
- 이무석(2006). 정신분석에로의 초대. 이유.
- 이부영(2012). 분석심리학(제3판). 일조각.
- 이복순(2015). 힐링(healing)의 모래상자. 한국모래상자치료학회 10주년학술대회 자료집. 29–41.
- 이복순(2016). 중년여성의 모래상자에 나타나는 뱀의 상징적 의미. 『모래상지치료연구』. 6.
- 장미경(2017). 분석심리학적 모래놀이치료. 학지사.
- 장미경(2012). 개성화의 신비. 2012 한국모래상자치료학회추계학술대회. 16–24.
- 조미영(2014). 모래상자치료의 연금술. 2014 한국모래상자치료학회학술대회 자료집. 50.
- 조미영(2014). 모래상자치료 사례분석의 십우도 활용연구. 목포대학교 대학원 박사학위논문.

- Freud S(1905). *3 Essays on the Theory of Sexuality*. S.E.7
- Gerald Corey(2013). 천성문 외 공역(2017). 심리상담과 치료의 이론과 실제. 학지사.
- Harriet S. Friedman & Rie Rogers(1994). 장미경 외 역(2011). 모래놀이치료 수퍼비전. 한국임상모래놀이치료학회.
- Lavinia Gomez(1997). 김창대 외 공역(2012). 대상관계이론 입문. 학지사.
- Linda E. Homeyer & Daniel S. Sweeney(1998). 정경숙·우주영·정미나 역(2017). 모래상자치료. 임상지침서. 학지사.
- Neumann, E.(1973). *The child*. Boston. MA: Shambhala.
- Neumann, E.(2002, 2010). *The Child: Structure and Dynamics of the Nescent Persnality*. London: Karnac Books.
- Kalff, D.(1988, July–August). Sandplay in Switzerland: intensive training. Zolliken, Switzerland.
- Kalff, D.(1980). Sandplay: *A psychotherapeutic approach to psyche*. SantaMomica, California: Sigo Press(Republished by Temenos Press. 2003).
- Kalff, D.(1980). *Sandplay, a psychotherapeutic approach to the psyche*. Santa Monica, CA: Sigo Press.
- Kalff, Dora, M.(1986). *Sandplay*. Boston, Massachusetts: Sigo Press.
- Kalff, D. M.(1966). The archetype as a healing factor. *Psychclcgy*. 9, 177–184.
- Mahler & McDevitt JB(1989). *The Course of life*. ed. Greenspan SI & Pollack GH. Madison CT. International Press.
- Michael St. Clair 저. 안석모 역(2010). 대상관계이론과 자기심리학(제4판). 교보문고. 37–38.

04

모래상자치료 과정의 이해

한국모래상자치료학회
Korea Sandtray Therapy Association

제4장

모래상자치료 과정의 이해

가와이 하야오河合隼雄. 1994는 내담자가 만들어 가는 모래상자 작품의 표현을 함께 느끼고, 함께 음미해가는 치료사 태도의 중요성과 그 작품 속에 표현된 것을 되도록 확실히 파악하여 의식해 가려는 태도의 필요성을 강조한다. 하지만 그것은 반드시 확정된 것이 아니며 어디까지나 편의를 도모하기 위한 것이다. 심상이나 상징의 의미는 어디까지나 개성적인 것을 포함하고, 미지의 가능성이 담겨 있으므로 어떤 것도 단정적 해석은 피해야 한다고 역설하였다. 그럼에도 불구하고 인간의 공통적인 특징과 상징에 관한 연구 등에서 어느 정도의 법칙성 갖고 설명할 수 있다.

모래상자 작품의 이해를 도모하기 위해서 먼저 모래상자의 작품을 시리즈로 살펴야 하고, 그 안에서 전체의 작품 주제가 어떻게 변화하고 서로 어떤 관련성을 갖는가에 주목하는 것이다. 이것은 인간의 변용變容과 가능성을 발전방향에 초점을 맞추고자 하는 것이다. 이러한 과정에서 작품내용의 은유와 주제가 모래상자 공간 안에서 탄생하는데 그곳에는 때론 큰 공간이 생기기도 하며, 때론 위치가 발견되기도 한다. 또는 공간의 작품에 표현된 주제의 내용이 분열이었다가 통합되기도 하는 과정을 경험하기도 한다. 분화와 통합과정을 통해 균형감을 찾고, 내담자는 자기를 발견하는 자기실현^{전체성}에 이르게 되는 것이다.

모래상자치료의 이해를 돕기 위한 방법으로 안내하지만, 모래상자 작품으로 표현된 것 중 동일한 것은 작은 것 하나도 없는 셈이며, 하나하나의 작품을 대할 때마다 우리는 새로운 기분으로 대처해 나가야 한다. 지금까지의 임상경험에서 어느 정도 규칙성을 가진다고 생각되는 것을 다음에 설명하고자 한다. 이것은 어디까지나 참고로 하며, 구애되지 않는 태도로 상담에 임해주었으면 하는 바람이다.

1. 모래상자 작품의 이해

:: 주제

모래상자 안에 내담자가 창조한 작은 세계, 즉 원하는 작품을 만든 후 치료사와 내담자는 그것에 대해 제목을 붙이기도 하고, 줄거리에 대해 이야기할 수도 있다. 이때 치료사는 내담자가 표현하는 다양한 감정과 내담자의 이야기 속에 드러난 핵심을 구체화하게 되고, 내담자에 대한 이해를 높일 수 있다. 특히 치료사는 내담자가 이야기를 통해 자신을 드러낼 때 내담자를 판단하지 않은 채 수용하는 것이 치료의 중요한 원칙 중 하나가 되어야 한다Baum, 2007; Weinberg, 1983:

이부연. 2015 재인용고 강조할 수 있다.

河合集雄심재경 역. 1994는 모래상자를 일련의 작품의 흐름으로 전개 되는 주제나 1회기의 작품 중에 생기는 중요한 주제를 살펴야 한다고 이야기하고 있다.

모래상자에서 표현되는 갖가지 주제, 장면, 상징물 등은 내담자를 이해하고 느낄 수 있도록 정보를 제공한다. 즉 모래상자에 표현된 주제는 내담자의 세계관을 나타내며, 상징물은 자기상의 출현이라고 볼 수 있다. 일반적으로 모래상자 작품에서 출현하는 자기상, 자아상은 발전할 가능성이 내포하고 있다는 사실은 간과하지 않아야 한다.

Dora Kalff1980는 모래놀이 작품에 나타난 의식과 무의식을 포함한 마음의 전체성의 상징을 중요시했으며, 이와 같은 자기의 상징은 원, 정방형, 종교적인 상으로 표현된다고 하였다.

모래상자 작품 내용의 은유와 주제를 살펴보는 것은 모래상자 표현과정과 관계를 맺는 또 다른 수단을 제공하는 것이며, 모래상자에서 표현되는 내담자의 세계에 대한 이해와 적절한 담아두기를 촉진한다. 또한 내담자의 전반적인 모래상자 치료과정을 이해할 수 있게 해 준다.

앞서 기술한 것처럼, 내담자가 모래상자에 표현한 작품에 대한 연상이나 경험과 관련지어 이야기한다면 내담자에 대한 이해를 높일 수 있다. 함께 경험한 것을 이야기하는 단계에서 치료사의 반영은 내담자가 자신이 창조한 세계를 정확하게 이해하고, 현재의 문제와 갈등을 연결 짓는 경험 뿐 아니라 기억을 떠올리게 된다노치현·황영희. 1998.

치료과정에서 내담자 자신이 창조한 세계의 주제를 Mitchell과 Friedman 2003. 2009은 크게 두 가지로 분류하였다. 첫 번째 주제는 상처를 나타내는 것으로, 혼돈과 공허, 단절, 구금 및 방치, 은닉, 취약, 상해, 위협, 장애 또는 방해의 하위내용으로 이루어진다. 두 번째 주제는 치유변환를 나타내는 주제이다. 하위의 내용으로 연결, 여행 또는 여정, 에너지와 심화, 탄생, 양육 및 변화, 신성과 중심화, 통합이다^{반평자, 2013: 김도영, 2014}.

먼저 상처의 주제를 의미하는 혼돈Chaotic은 무계획적, 단절적, 무형적 배열이다. 예를 들어 모래상자에 무계획적으로 쌓아둔 소품들, 경계와 외부 현실에 대한 무시, 소품이 조심스럽게 배치되었으나 전체적인 모습이 혼란스럽게 섞여있고 단절되어 있는 경우이다. 공허Empty는 인물을 활용하는데 조심스러움, 호기심과 열정이 결여된 허전하고 생기 없는 감정의 주제표현이다. 예를 들어 모래상자의 대부분의 공간이 비어있고, 모래상자 위 어느 한 영역의 구석진 부분에 죽은 나무 한 그루가 배치되어 있다. 단절, 분리Split는 모래상자의 여러 부분들이 서로 분리되고, 독립적으로 표현되어 있으며, 모래상자를 분리시키는 것으로 보이는 강, 울타리가 아래에 위치되어 있다. 구금Confined은 보통 자유로운 인물대상 또는 집단이 덫에 걸려 있거나 우리 안에 가두어 놓았으며, 생각하는 인물을 우리 안에 배치한 경우나 모래상자에 놓여진 여성이나 노약자의 주변에 모래벽을 쌓는다. 방치Neglected는 필요한 지원과 관심으로부터 고립되어 있는 인물을 묘사한다. 아기를 높은 의자에 혼자 앉아있는 모습으로 표현한 반면 엄마는 다른 방에서 잠을 자고 있는 경우로 표현된다. 은닉Hidden은 인물을 모래에 파묻거나 시야에서 보이지 않게 숨김으로 묘사된다. 나무 아래의 모래에 마녀를 파묻는 경우, 집 뒤에 무기를 숨겨 놓는 경우, 매장, 무덤이 등장한다. 취약Prone은 보통 바르게 세워놓을 수 있는 인물을 의도적으로 비스듬하게 놓거나 거꾸로 세워 놓은 모습으로 표현한다. 서 있는 임산부의 얼굴을 모래에 닿도록 엎드려 놓는다. 상해Injured는 상처를 입은 인물 또는 상처를 입는 과정을 묘사한다. 들 것에 눕힌 붕대를 감은 환자나 공룡의 입에 카우보이를 넣는 표현으로 나타난다. 위협Threatened은 협박을 당하거나 쫓기는 모습 또는 공포스러운 사건을 위협적으로 묘사하는 것이다. 또는 위협에 처한 인물이 특정 활동을 수행하기 어려운 상태를 묘사하기도 한다. 어린 아이의 주위에 맹수를 배치하는 모습으로 표현되기도 한다. 장애, 방해Hindered는 새로운 성장과 발전의 가능성을 방해하거나 지연시키는 모습으로 표현되는데, 새로운 물길을 향해 움직이는 보트를 군인들이 포위하는 모습이다.

　다음으로는 치유의 주제를 의미하는 하위주제들을 설명하고자 한다. 연결Bridging은 요소들 간의 연결성, 상대방과의 결합으로 표현되는데, 예를 들면 사다리를 지구나, 높은 나무와 연결시킨 모습으로 또는 천사와 악마 사이에 다리를 놓아 연결시켜 놓는 것으로 표현된다. 여행, 여정Journey은 통로 또는 중심점 주변을 따라서 이동하는 표현이다. 이는 길을 따라 걸어가는 기사, 카누를 타고 물줄기를 따라 내려가는 원주민으로 나타난다. 에너지Energy는 활동적이고 생명력이 넘치며 열정적인 활기가 뚜렷하게 나타난다. 이는 유기적 성장을 표현하는 것이며, 건설장비가 업무를 수행하고 있다든지, 비행기가 활주로를 이륙하는 모습 등으로 표현된다. 심화Going deeper는 공간적으로 깊은 차원의 발견을 의미하는데, 개간을 실시한다든지, 모래 속에서 보물을 발견하는 것, 우물 또는 호수를 탐색하는 것으로 표현된다. 탄생Birthing은 새로운 발전과 성장의 출현이다. 이는 아기의 출산, 활짝 핀 꽃 또는 알을 품은 새가 등장한다. 양육Nurturing은 성장과 발전을 지원하기 위한 돌봄, 보호, 도움을 제공하는 행위로 나타난다. 예를 들어, 아기에게 젖을 주는 엄마, 지원을 아끼지 않는 가족집단의 모습 또는 환자를 보살피는 간호사나 음식물의 나타남으로 표현된다. 변화Changed는 창의적으로 모래를 변화시키거나 대상물이 변화를 표현한다. 즉 다리를 건설하기 위해 모래로 다리의 윤곽을 표현하거나, 달을 묘사하기 위해 모래를 움직이거나 쌓은 모습, 등교 길에 주워온 나뭇가지를 활용하여 집을 짓기도 한다. 신성Spiritual은 초자연적인 존재, 숭배하는 인물대상 또는 신의 존재를 느끼게 하는 물건 등과 같이 종교적 또는 영적인 상징물, 즉 뱀, 예수, 부처 등이 등장한다. 중심화 Centered는 모래상자의 중심부에 요소들이 심미적으로 균형을 이루고 있거나 또는 상대방과의 조화가 나타난다. 모래상자의 중심부에 남성과 여성의 결혼, 만다라를 표현한다. 통합Integrated은 모래상자 전체에 표현의 단일성이 나타나고, 동일한 수준의 아이디어를 구성한다. 동물원에서의 하루, 농구 게임, 모래상자 전반에 균형 있고 통합된 추상적 구성이 표현되는 것이다.

모래상자의 주제에서 나타나는 혼돈, 공허, 폐쇄, 분할, 통합은 모래상자의 구성양식에서도 나타난다. 김경희2017는 모래상자치료의 범주적 평가방법인 모래상자의 구성양식으로 내담자를 평가할 수 있다고 설명하고 있다. 우선 혼돈의 구성양식은 일관된 줄거리나 주제없이 아무렇게나 놓여진 표현으로 나타난다. 공허, 빈약은 피겨의 수가 지나치게 적거나 표현이 부족하여 심리적 공허감이나 에너지 부족으로 나타나는 경우로 볼 수 있다고 하였다. 폐쇄는 자아의 위축과 불안이나 보호욕구를 나타내고, 폐쇄영역 안에 있는 것은 끝까지 지켜나가야 하는 중요한 것을 의미하지만, 때론 폐쇄함으로 안전을 유지하고자 나타내는 경우도 있다고 한다. 분리, 분할은 내담자의 마음속에 일어나는 무의식적 분리, 투쟁, 대립의 상징, 상하, 좌우, 대각선 등의 모습으로 나타난다. 주제에서 분할은 전쟁, 선과 악, 분단 등으로 나타나기도 한다. 마지막으로 통합의 구성양식은 분리, 조잡, 빈곤, 기계적인, 고정적인 요소가 적은 작품을 의미한다김유숙, 2005. 이경하2007는 상자 전체를 사용하는 안정적인 표현양식이며, 분리된 세계의 연결다리, 길을 통해을 통해 전체성에 이르는 이상적 모습이라고 하였다.

치료과정이 진행됨에 따라 주제가 변화되어 나타난다. 치료 초기단계에서는 대체로 치유보다 상처의 주제가 더 우세하게 표현되다가, 치유와 통합의 주제는 치료과정이 진행됨에 따라 점차적으로 더 많이 나타나게 된다. 하위주제들의 표현내용은 발달하고 진화하며, 각 주제들이 더욱 우세해지고 확장되며 현실적이 되고 실생활의 모습과 유사해지며 단절 이나 균열이던 주제들이 줄어들고 좀 더 전체적으로 통합된 주제로 변 화(Mitchell, 2009)되어 간다.

한편, 에너지 흐름의 주제로 자동차, 사람의 행렬, 동물의 행진, 강의 흐름 등이 나타난다. 왼쪽을 향한 동물의 흐름은 에너지 퇴행의 주제출 현으로 해석할 수 있다. 에너지의 제공을 뜻하는 것으로서 급유의 주제 가 나타나는데, 이런 의미에서 주유소는 중요한 것이고 꼭 필요한 소품 으로 갖추어 놓아야 한다.

죽음과 재생의 주제는 인격의 변화를 나타내는 것이다. 오랜 자아가 없어지고, 새로운 자아가 생겨나는 것이다. 河合集雄(심재경 역, 1994)는 나쁜 동물이 죽어서 파묻혔는데 되살아나서 좋은 동물이 되었다는 내용으로 표현되기도 하고, 또는 마른 나무 옆에 놓인 푸른 나무 등에서 암시되기 도 한다고 하였다. 아동이 모래상자 속에 무엇인가를 파묻었다가 그것을 꺼낸다든지 흙 속에서 무엇인가가 나온다는 표현을 할 경우도 재생의 주제와 비슷한 것으로 생각할 수 있다. 인격의 변화를 단적으로 나타낸 것으로서 죽음과 재생의 주제가 나타난다고 보지만 이와 같은 표현을 하지 않는 경우도 있다. 작품의 세계에서 오래된 체계와 세계가 무너지 고 부서지며, 새로운 것으로 변화하는 과정 등의 모습이 생길 때에는 낡 은 체계와 세계를 파괴하는 움직임이 모래상자의 작품에서 표현된다. 뱀 은 다양한 상징을 나타내지만, 뱀은 죽음과 재생의 상징성으로 사용되기 도 하고, 모래상자의 주제에 나타나는 3이라는 숫자는 생동성과 새로운 발전으로의 움직임으로 상징화된다. 특히 모래상자 세계에서 모래에 소품을 파묻는 것은 그것에 대한 거부, 억압을 나타내는 것이며, 이와 반대로 모래 속에 파묻은 소품을 꺼내는 것은 극적으로 재생을 나타내는 것이라고 할 수 있다.

어느 정도의 정리된 작품에서 파괴나 부숴 버리는 역할을 하는 것들이 등장하는데 이를 Jung은 트릭스터의 이미지를 갖는다고 한다^{김경희,} ²⁰⁰⁵. 트릭스터란 일종의 악인으로 통합성이라든지 전체성, 안정성을 부숴 버리는 역할을 하면서 그것이 이어서 고차원의 통합성과 전체성을 촉진시킨다는 점에서 좋은 의미를 상징한다. 트릭스터의 표현으로는 신사, 절, 숲의 신성한 지역에 들어가 있는 한 마리 원숭이 또는 울타리에 둘러싸인 영역을 들여다보고 있는 기린 등을 들 수 있다. 이것들은 질서를 파괴시키면서도 거기에 무엇인가 새로운 가능성을 시사하고 있다. 따라서 모래상자 세계를 볼 때 그와 같은 의미에서 전체의 질서를 어지럽히는 것이 있는가, 없는가를 살펴보고 작품 세계 안에서 어떤 소품이 출현하지 않으므로 작품이 정돈되어 있는 것으로 여겨지는 것은 없는가 하는 점에도 초점을 두고 보는 것이 중요하다.

마지막으로 모래상자 세계에서 중요한 주제가 되는 것은 두 세계의 통합이다. 닫혀 있던 울타리나 담이 열리거나 때로는 허물어뜨려지기도 한다. 두 세계의 통합이 이루어지는 과정에 있어서 영역의 반전 현상이 생기는 때도 있다. 항상 왼쪽에 숲, 오른쪽에 마을을 만들던 사람이 숲을 오른쪽에 마을을 왼쪽으로 갖다 놓는 경우를 말한다. 전투 장면에 있어서도 적과 아군의 위치가 바뀔 때도 있다. 육지와 바다의 영역이 뒤바뀌는 현상도 나타난다. 통합으로 가는 과정에서 전쟁이 모래상자의 주제로 등장하는 경우도 많다. 이 과정에서 양쪽으로 대립되는 부분이 세력도 거의 같은 경우는, 단순한 정적인 분할에 비해서 상호간의 힘이 균형잡혀 있고 오히려 상당히 강한 통합성을 나타내고 있는 것으로 여겨진다. 하지만 전쟁이 너무나도 일방적인 경우에는 의미가 다르다고 볼 수 있다. 균형 잡힌 세력의 다툼이 나타날 경우에 통합성과 전체성이 높은 것으로 볼 수 있고 이는 상담의 종결과정에서 나타날 수 있다. 이처럼 모래상자 작품 전체의 흐름 안에서나 1회기의 주제로 상처와 치유의 주제가 반복적으로 출현하고, 모래상자 작품에 통합의 주제가 출현되는 것은 내담자가 점차 치유되어 감으로 통합성과 전체성이 나타나는 것으로 볼 수 있다.

:: 전체성

모래상자치료 과정에서 치료사는 내담자가 만들어가는 모래상자의 작품 세계를 함께 음미하고, 감상하는 동시에 내담자의 세계를 이해하고 의식화하는 태도를 가져야 한다. 이는 Dora Kalff가 강조한 모자일체성으로 무의식적 안전감과 모성애를 통한 안전감을 경험하는 것이다. Neumann도 모성적 자기애가 있을 때 인간의 전체성이 발달한다고 하였다.

河合集雄는 우선, 모래상자를 보았을 때 그것에 대해서 전체적으로 받는 느낌이나 인상과 같은 것의 중요성을 강조하였다. 모래상자의 작품을 본 순간, 외롭다든지, 공허하다든지, 밝음이든지, 움직임 등을 느낄 수 있는데 이러한 심상이 중요하며, 동시에 모래상자의 작품을 보았을 때 감수성을 풍부하게 하는 것도 치료사의 역할임을 강조하였다. 김경희2005도 모래상자 작품에 나타나는 심상이나 상징의 의미는 개성적인 것을 포함하고 있으며, 미지의 가능성이 담겨 있기 때문에 어떤 작품에 대한 단정적 해석은 피해야 한다고 하였다. 이와 같은 심상 중에서도 모래상자 작품에서 통합성^{전체성}이 있는가, 없는가는 대단히 중요한 부분이다. 왜냐하면 치료의 궁극적 목적은 바로 전체성을 향하는 것이기 때문이다.

상담과정 중 모래상자 작품의 심상과 주제에서 전체성이 출현하는 것은 내담자에게 회복과 치유가 일어난다는 것이다. 전체성은 빈곤, 조잡, 고정적, 경직성, 분리의 요소가 적은 것을 의미한다. 모래상자 작품에는 빈곤의 모습이 나타난다. 빈곤의 모습은 통합성이 낮은 것이며, 모래상자 2/3 이상의 공간에 소품이 없다면 이것은 '텅 빈 세상', 공허의 모습으로 여겨진다. 내담자가 자신의 세계를 불행하고 비어있는 공간으로 여긴다는 것을 의미하거나 내담자가 거부당하고, 정신적 자원이 결핍된 상태의 표현일 수 있다. 반대로 적은 소품을 사용하여도 내용면에서 풍부함을 나타내고 있다면 통합성이 있는 것으로 본다는 것 또한 간과하지 말아야 한다.

다음으로 조잡한 표현보다는 정성을 들여서 세부적인 것까지 놓치지 않고 관심과 주의를 기울여 만든 작품들에서 변화가 생기고, 상담진행 중에서 통합성이 출현할 것이다. 가끔은 반복적인 주제와 내용이 출현하는 것으로 보여질지라도 그 표현의 정도가 점점 통합성이 높은 것으로 되어가는 경우도 있다. 또한, 너무 고정적이거나 움직임이 없고 경직된 작품도 통합성이 있다고 할 수 없다. 통합성이 있다는 것은 모래상자 작품 안에 힘의 균형이나 움직임과 역동성이 나타나고 활동성이 포함되어야 한다. 앞서 적은 소품일지라도 통합성의 의미가 나타난다고 한 것은 내용의 풍부함과 강한 힘의 관계가 느껴지기 때문이다.

통합과는 거리가 있는 정리되지 않는 모래상자의 작품도 있다. 전체적으로 뒤죽박죽이고, 아무런 관계도 찾을 수 없다. 이렇게 정리되지 않고 모순된 세상은 혼동의 세상 표현이기도 하다. 이것은 내담자의 공격적인 의도나 계획적인 작품일 수도 있으나 이것이 계속되면서 자아의 통제를 상실한다면 혼돈으로 퇴보한다. 이럴 경우 내담자는 자기통제를 유지하기가 어렵다. 이때 치료사는 작품 구성의 과정을 중단하는 것이 좋다. 이것은 치료사 또한 담아주기가 안 될 정도로 혼란을 경험하였기 때문으로 나중에 수습되지 못할 것을 피하기 위해 중단한 것으로 이러한 일은 드문 경우이다.

마지막으로 모래상자 작품에는 분리를 나타내는 것이 많다. 만약 어떤 작품에서 그 세계가 둘로 구분되어 있어도 그 안에 투쟁이라는 힘의 관계가 작용하거나 다리로 연결되어 있다면 통합으로 진행되는 것으로 볼 수 있다. 또 양자 사이에 대화가 있거나, 둘로 구분되는 것이 아니라 일부만 울타리나 칸막이로 둘러 쌓여있거나 몇 군데로 나누어 진 경우도 있다. 이러한 것들은 고립이나 분할의 부분이 점점 전체 속에 통합되어 가는 치료과정 안에서 곧잘 나타나는 경우이다. 하지만 모래상자 작품에서 분리된 부분이 없다고 통합성이 높은 것으로 단정 지어서도 안 된다. 오히려 그것은 미분화적인 전체를 나타내는 경우도 많기 때문이다. 앞서 살펴본 것과 같이 빈곤과 조잡, 고정적, 경직성의 경우에는 통합성이 낮은 표현이라는 것을 기억하길 바란다.

Jung은 대극합일은 전체성으로 가는 여정임을 우리에게 표현하고 있다. 대극이란 다시 말하면 유有와 무無, 정신과 신체, 아름다움과 추함, 높음과 낮음, 긴 것과 짧은 것, 앞과 뒤, 어려움과 쉬움 등이다이죽내, 2005. 정신의 대극은 의식과 무의식이다. 가령 높음이 없이는 낮음이 없고, 그 높음은 그보다 더 높은 것에 비하면 낮고, 그 낮음도 더 낮은 것에 비하면 높다. 이와 같이 상대적인 대극이 서로 불가분적인 '하나'를 이룬다. 전체성, 즉 전체 정신은 의식이 좋아하든 좋아하지 않든지 그 자체의 목적에 의하여 의식에 작용하고 있으며, 자신의 전체가 되도록 자극한다.

치료의 과정에서 의식에 다른 속성들이 탐색됨으로써 Jung은 '인간

본연성의 심연에 있는 대극성과 직면'하게 되는데, '선과 악은 결국 행동이 관념적으로 연장되고 추상화된 것일 뿐 양자 모두 삶의 밝고 어두운 현상에 속하기 때문에, 악이 나올 수 없는 어떠한 선도 존재하지 않으며, 또한 선을 만들어낼 수 없는 어떠한 악도 없다.'고 하였다. Jung은 '대극성을 체험하지 않고서는 전체성을 경험할 수 없다.'고 하였다. 즉 모래상자 작품의 대극성을 경험함으로 전체성도 경험하는 것이다. 전체성에 의해 본래 대극은 하나이므로 서로를 추구하며 한편으로는 서로를 전체로 하는 것이다.

내면의 삶과 접촉하는 것이 분석심리학에서 말하는 치유이다_{Jung, 1965}. 내담자의 모래그림 속에서 원이나 사각형의 형태가 조화롭게 나타나는 순간 자기의 성공적인 출현으로 가정해 볼 수 있다. 자아의 건강한 발달은 자기의 성공적인 출현의 결과로서만 이루어진다_{김경희·이희자, 2005}. 자기의 출현은 인격의 통합과 발달을 보증하는 것과 같기 때문에 치료에서 자기출현 가능성을 확실히 하는 것이 모래상자치료의 목표가 되기도 한다. 자기의 상징적 출현을 Jung은 완성과 완벽함의 상징인 원으로 보았다. 원은 하늘, 태양, 신을 상징하고, 인간의 이상과 영혼을 위한 표현으로 잘 알려져 있다. 사각형은 전체성이 발달하고 있을 때 나타날 수 있으며, 원은 기하학적인 형태가 아닌 살아있는 빛의 상징이다_{이부영, 1998}. Jung은 원은 불교의 만다라와 같고, 만다라를 무의식의 자기표현으로 보았으며 그 원의 창조가 더 큰 전체성을 향해 움직일 수 있도록 돕는 것으로 보았다_{정경숙 외 2014}. 또한 원은 '자기'로 해석될 수 있다고 설명하고 있다. 자기는 의식을 초월한 전체성이다. 자기의 출현은 치료의 종결에서 낙타로, 일상생활의 모습으로, 집으로, 마을 등으로 나타난다. 자기의 합성은 개성화 과정의 목표이다. 이는 잠재력 상태를 현실적 상태로 실현한다는 의미로서 발전과 완성을 성취시키는 유기체 내부의 힘이다.

유기체는 무한한 잠재적인 힘을 지니고 있다. 자기Self의 상징 출현과 유기체 내부의 힘을 믿으며 우리는 치료를 종결할 수 있다. 내부의 힘을 자기와 연결하고 자기의 삶을 통찰할 수 있다면 내담자는 전체성의 실현자의 모습으로 살아갈 수 있지 않을까? 하는 질문을 남긴다.

자기를 찾은 유기체들은 인간과 자연, 우주의 관계를 포괄하면서 깨어있는 나, 개성적인 나로 온전성을 추구하면서 인격을 변화시키기 위한 계속적인 노력을 하며 통합적으로 살아갈 수 있을 것이다.

2. 모래상자 공간도식의 이해

:: 모래상자의 공간

모래상자의 공간은 외부와 내부의 결합인 동시에 분할이며 경계이다. 모래상자는 정신을 담는 그릇이며 공간이다. 이뿐만 아니라 내담자가 자신의 무의식을 탐색하는 과정에 있어서 '내담자의 심상을 제한하며 이를 통해 행동을 제한하는 보호의 요소'이다김경희, 2005. 모래상자의 공간은 자유롭고 동시에 보호된 공간이다. 내담자의 표현을 용이하게 하며, 안전하게 자신의 세계를 만들 수 있는 최소한의 장소로서의 공간이다.

Dora Kalff는 만약 치료사가 긍정적인 치료 환경, 즉 "자유로우면서도 보호받을 수 있는 공간을 제공할 때, 이것은 외적 지향적인 의식적 자아externally oriented conscious ego와 내적 지향적인 무의식 자아internally oriented unconscious ego 사이에 필수적 연관성이 형성된다는 사실에 주목하였다[김도영, 2014]. 모래상자는 '중간적인 공간'으로써, 내담자가 자신의 세계를 만들어 통찰하는 기회를 제공하며 안정적인 공간을 통해 세계를 창조하는 긍정적인 방법으로 부정적인 감정을 해소하고 표출할 수 있게 해준다[Ammann, 1993].

이복순[2011]은 모래상자를 내담자의 우주공간이라고 표현한다. 모래상자는 일정한 공간 속에 내담자의 내면을 담아내는 우주이며 공간인 것이다. 전애영[2012]도 모래상자를 '정신적인 갱신 공간'과 '자궁과 재생의 장소'이며, 내담자의 '자아와 영혼, 정신세계가 존재하는 축소된 우주'로 표현한다. 모래상자를 우주에 비유한 것이다. '내담자를 축소된 우주의 주인'으로 '시간과 공간의 한계 안에서 하고 싶은 대로 하는 놀이터'로 모래상자를 표현하고 있다. 사각형으로 이루어진 모래상자는 4의 원형으로 보면 자기실현으로서의 사위일체로서 수용적인 잠재력과 대지의 토대와 양육으로서의 여성성 혹은 아니마를 상징한다. 정미숙[2011]은 의식이 확장되어 공간이 생겼으며, 공간은 모두 둘러 싸여 있다는 특징이 있다고 하였다. 우리는 살 수 있는 공간이 필요하며 이 공간은 의사소통을 도우며 사랑과 동정을 감싼다. 이런 의미에서 모래상자는 작은 울타리로서 경계를 설정하고, 보호와 소통뿐 아니라 사랑을 포함하는 공간이 된다.

모래상자는 내담자의 표현을 수용하는 그릇이다. 모래상자의 기능은 소유와 제한으로서 자신의 내부에서 일어나고 소멸되는 파장들을 간접적인 방법으로 꺼내놓을 수 있는 안전한 장소이며, 김유숙[2005]은 정해진 치료실이 내담자를 지켜주는 역할과 동시에 상자라는 또 다른 공간이 내담자를 이중으로 보호한다고 하였다. 하나의 세계를 창조하는 보호된 자유로운 공간인 것이다. 또한 내담자와 치료사가 만나는 공간인 모래상자는 특별한 공간이다. 한 생명이 새로이 태어나기 위해 다시 어머니의 자궁으로 잉태되는 상징적 과정이 수행될 수 있는 성스러운 공간인 것이다. 이처럼 성스러운 모래상자 공간이 어떻게 사용되어지고, 그 의미는 어떻게 달라질까?

:: 공간의
상징적 의미

인간은 공간 속에 존재할 뿐만 아니라, "의도를 통하여 공간을 지배하며 통제하고 있다Tuan & Yi-Fu, 1977". 공간에는 상징적 의미가 부여된다. 치료과정에서 내담자의 내적 에너지에 따라 모래상자의 크기가 다르게 선택되고, 내담자의 공간 사용 정도도 달라진다. 모래상자치료 과정에서 내담자가 주어진 공간을 어떻게 사용하는지 주목해보자. 왼쪽과 오른쪽 공간을 모두 사용하는가? 위와 아래 공간만 활용하는가? 멀리 만드는가, 높이 만드는가, 물이 나타나는가, 물이 나타나지 않은가 등의 의미를 인지하는 것도 중요하다. 또는 모래상자 공간에서 움직임이 보존되는지, 연결되는지, 자유로운지, 무질서한지에 대한 고려도 필수적이다. 이와 같이 내담자가 창조한 작품에 대한 공간 배치의 상징적 의미를 이해하는 것은 내담자 이해에 도움이 된다.

Eliade1958/1996는 일상적인 의식적 자각을 넘어서는 것이 특정 장소를 통해 나타날 때 신성한 특성을 갖게 되고, 그 장소가 신성한 위치가 되며, 장소에 참여하는 모든 사람이 그곳에서 구현된 신성함에 영향을 받게 된다고 하였다. 여기에 나타난 공간은 세속과 분리된 신성한 공간인 것이다. 모래상자 작품에 나타난 공간의 이미지는 무의식적인 활동을 나타내며, 공간의 밖의 놀이조차도 차후 움직임에 필요한 내적인 준비를 하고 있는 것이다김태련 외, 2009. 모래상자 안의 텅 빈 공간은 우울이나 낮은 에너지를 나타낸다. 하지만 다른 모래상자 작품에서는 비교적 텅 빈 공간의 상자가 내적인 명확함과 냉정함의 의미일 수도 있다. 일관되게 모래상자의 반이나 부분들이 텅 빈 공간으로 있는 것은 위협이 되는 내적 경험 혹은 심한 불균형을 표현하지 못하는 것을 나타낼 수도 있다김경희. 2017. 모래상자의 가장자리를 주로 사용하는 공간 배치의 특징은 자신이 없고 위축된 정서를 나타내거나, 낮은 자존감과 세상에 대한 불신, 고립감과 소외감을 상징적으로 나타내는 것으로 볼 수 있다이경하. 2007. 또한 모래상자 공간에서 대각선으로 반대편 모퉁이에 사물을 배치하는 것은 두 소품이 가능한 멀리 배치되어 있는 것이며, 표상된 특정한 상징적 의미가 상반되는 특성을 나타낼 수 있다Kalff. 1993. 또한 내담자가 모래상자의 공간을 어떻게 창조해 나가는지, 그것은 어떤 의미를 상징하고 있는지를 주의 깊게 살펴보아야 한다. 그것에 따라 의미가 달라진다는 점을 잊지 말아야 한다.

공간 상징은 공간에 대한 원형적 체험으로 채워지는 우리의 지각과 인식으로 결정되며, 공간의 구성은 균형과 심리 내적 조화를 반영하는 것으로, 이러한 형상화는 전체성을 다시 발견하려는 실험적 활동이라 볼 수 있다Riedel. 2000.

일반적으로 공간상징이론에서는 2영역 분할을 사용하고 있다김경희. 2005. 첫 번째로 2분할 영역과 그 상징의미이다.

• 2분할 영역과 상징 •

정신, 미래, 아버지		무의식, 내계	의식, 외계
육체, 과적, 어머니			

2영역을 분할하는 것은 입문단계에 있는 모래상자 치료사들에게 모래상자의 작품을 대 영역에서 볼 수 있는 관점을 키우는데 효과적이며, 왼쪽과 오른쪽, 위와 아래로 구분하여 본다. 왼쪽과 오른쪽을 무의식과 의식, 내계와 외계, 퇴행과 발전 등의 상보적 관계로 대응시키고, 위와 아래를 정신과 육체, 미래와 과거, 아버지와 어머니 등을 대응시킨다.

동양에서는 음양오행의 원리에 따라 음은 땅이고 양은 하늘이다. 음양은 항상 상호 대립적이며 상보적이다. 음은 수동적, 소극적, 여성적인 우주의 힘을 상징하고, 양은 능동적, 적극적, 남성적인 힘을 상징한다최미영, 2009. 오행은 서로 상생하는 것과 상극하는 것이 있다. 상생과 상극은 신비력이 있다. 즉 나무는 불을 살리고, 불은 흙을 살리고, 흙은 금을 살리며, 금은 물을 살리고, 물은 나무를 살린다. 음양오행에는 시간과 공간이 존재한다. 서양에서는 기독교의 십자+형태를 신이 우주에 각인한 공간의 기본도식으로 받아들였다. 십자형은 예수의 희생을 상징하며, 알파와 오메가, 즉 처음과 마지막이요 시작과 마침을 상징한다. 남성성과 여성성이 하나로 통일되는 것을 상징하기도 한다Koch, 1977.

Jung학파인 Frei는 십자형을 육체와 정신, 하늘과 대지, 과거와 미래, 개인과 공동체 사이를 펼쳐놓은 것으로 보았다. 그에 의하면 인간은 십자형이 지닌 이러한 다양성을 조절하고, 극極의 대립을 수긍하기 위하여 극들간의 긴장 속에서 전력을 다하고 있는 것이며, 이러한 극을 의미 있게 연결함으로써 인간의 목적인 자기自己를 발견하게 된다고 하였다김선현, 2006.

Frei와 동일하게 Pulver도 십자축에 의한 공간을 상징화하였다. 좌측은 자신의 과거와 관계된 민감한 영역으로 내향성과 과거의 것, 종료된 것, 잊혀진 것에 대한 관심의 상징으로 보았다. 우측은 타인의 미래나 목표에 관계된 민감한 영역으로 외향성과 미래 그리고 계명이나 법칙에 대한 관심을 상징한다고 보았다. 위쪽은 초개인적인 의식화, 지적 형태와 형상으로 지적, 정신적, 종교적－윤리적 내용과 그에 해당하는 느낌을 상징하며, 아래쪽은 전의식과 무의식으로 물질적, 육체적, 육감적－성적 내용과 무의식에서 나온 집단적 상징으로 보았다. 마지막으로 중앙은 개인적인 일상의 의식 상태와 자아 경험의 상징으로 보았다.

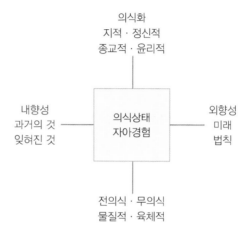

• Pulver의 십자축에 의한 공간 도식과 상징 •

출처: 최현정(2008). 융의 상징이론을 통한 어린이 책 일러스트레이션의 표상적 특성연구

모래상자의 공간 도식을 해석할 때는 4영역 분할을 기준으로 한다. 분할 체계에서는 상징을 해석함에 있어서 과도하게 제한적으로 규정지어서 해석하는 것을 유의하기를 바란다. 각 영역의 상징을 모든 사례에 적용하는 것은 내담자에 대한 치료사의 관점에 오류를 가져올 위험이 있다. 그렇지만 4영역 분할 구도의 상징적 해석을 사용하는 것은 적합한 해석의 근거가 된다김경희, 2005.

초기 Dora Kalff는 명료하고 간단한 체계를 사용하였다. Dora Kalff는 위를 아버지 영역으로, 아래를 어머니 영역으로 보았다. 아버지 영역에서 왼쪽을 개인적 부성으로, 오른쪽을 원형적 부성으로 보았다. 어머니 영역에서 왼쪽을 원형적 모성으로, 오른쪽을 개인적 모성으로 보았다. 개인적 부성과 개인적 모성이 대극을 이루고 있으며 원형적 부성과 원형적 모성이 대극을 이룬다_{김경희, 2005}.

• Dora Kallf의 공간도식과 상징

개인적 부성	원형적 부성 (의식)
원형적 모성 (무의식)	개인적 모성

출처: 김경희(2005), 모래상자 놀이치료의 상징과 판타지

Susan Bach는 최초로 병리적 아동의 그림을 분석하는 방식에서 4영역 분할 형식을 도입하였다. 공간의 왼쪽 윗부분은 마지막 날_{환자의 마지막 순간}로, 아랫부분은 마음이 어둡고 질병이 악화를 상징한다고 보았다. 반대로 오른쪽 윗부분과 아랫부분은 현재의 상태를 의미하거나 미래의 가능성을 상징하는 것으로 보았다.

Ruth Ammann[2009]은 좌뇌와 우뇌의 기능을 결합하여 공간의 분할 체계를 다영역으로 확장시켰다. 위를 의식으로 아래를 무의식으로 구분하였으며 왼쪽을 여성으로 오른쪽을 남성으로 구분하였다. 그는 왼쪽이 비언어적, 실재적, 영속적, 직관적, 감정적, 영성적이라고 보았으며 오른쪽은 언어적, 동물적, 추상적, 일시적, 이성적, 논리적, 단선적으로 보았다.

• Susan Bach의 공간 도식과 상징

− + 환자의 병이 점차 삶과 결별하는 것을 암시(영원하고 신비한 재적 추구의미)	− + 여기와 지금(hear and now)의 상태를 암시
− + 어둡고 알려지지 않은 영역으로 나감(악화되는 경향)	− + 이미 치료한 영역에 있는 과거의 신체적 상태이거나 심리적으로 의식화에 다가가는 것을 나타냄(미래의 가능성)

출처: 김선현(2006). 마음을 읽는 미술치료

• Ruth Ammann의 공간도식과 상징

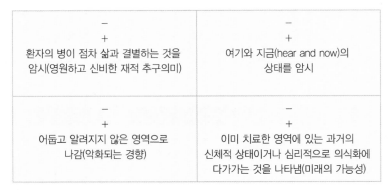

좌측 ← → 우측

위:
먼 하늘,
공기, 영혼

위

내적, 정신적 세계
정신적인 삶
종교성

집단 의식
개인적 아버지 관계
학교, 직업

자아
인격의 중심

아래

의식하고 있는 대지적 요소
개인적 어머니와의 관계
원초적 관계
신체이미지

본능, 창조적 본능
충동처럼 늘 새롭게
생성되기도 하고
삼켜버리기도 하는 무의식의 바다

아래:
대지에
가까운,
물질, 신체

좌측 ← → 우측

무의식적인 측면, 내면세계, 친근감,
친밀감, 명상적, 관조하는 측면, 퇴행의 장소

의식적 측면, 외부세계, 현실성, 거리감,
개방성, 적극적인 행동하는 측면,
전진하는 방향성

좌측 신체부위는 우반구와 연결되어 있어서 기능: 비언어적, 전체적, 구체적, 반시간적, 비합리적, 직관적, 감성적, 심상적	우측 신체부위는 좌반구와 연결되어 있어서 기능: 언어적, 분석적, 추상적, 시간적, 논리적, 합리적, 이성적, 직선적, 일방적

출처: 이유경(2009) 역. 융심리학적 놀이치료

또한 그녀는 모래상자치료의 해석적 개요와 공간에 대한 상징의 해석 체계를 모래상자 중심에 나타난 자아Ego는 자기Self에 대한 양상으로 개인 인격의 중심화로 표현하였다Ruth Ammann, 2001. 공간 배치도에 따르면, 둥근 원Mandala은 일반적으로 자연의 전체성을 상징하고, 사각형은 전체성에 대한 의식의 자각이며, 네 모퉁이 모티브들은 각인하는 요소를 나타낸 것으로 보았다.

Jung의 공간 상징적 관점은 전통적인 공간 해석인 목적론적 관점보다는 인과론적 관점에 더 큰 비중을 둔다. 그러나 무의식적으로 작품을 해석할 때는 인과론과 목적론의 두 관점에서 해석할 필요가 있다.

안정과 기반을 찾고 싶은 욕구는 전통적으로 모성 영역이라 할 수 있는 오른편 아래쪽과 가까운 공간에 나타나고, 자신을 초월하고자 하는 욕구와 동경은 부성 영역에 가까운 왼편 위쪽에 근접해 있는 곳에 나타난다. 의식과 현실화에 대한 욕구는 사람의 신체로 볼 때, 머리와 가슴 부

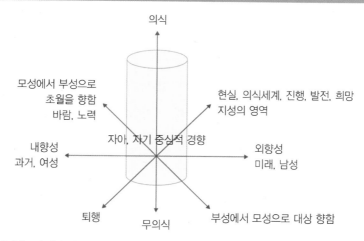

• 융(Jung)의 공간 상징

의식

모성에서 부성으로
초월을 향함
바람, 노력

현실, 의식세계, 진행, 발전, 희망
지성의 영역

자아, 자기 중심적 경향

내향성
과거, 여성

외향성
미래, 남성

퇴행

무의식

부성에서 모성으로 대상 향함

출처: 류혜진(2010). 환경도자조형물 표현형식의 상징성에 관한 연구

분, 즉 방향감각을 잡는 곳에 해당하며, 화면의 윗부분에 많이 그려지고, 특히 의식에 더 가까운 오른쪽 윗부분에 의식과 외부활동에 대한 욕구가 표현된다고 볼 수 있다. 뿌리로 가려는 무의식적인 욕구와 동경은 신체의 복부와 생식기 영역에 해당하며, 심장에 더 가까운 왼손과 교류하는 왼쪽에 표현된다. 공간 상징영역에 주제나 문제점을 배열함으로써, 자기 스스로 방향을 얻게 되고 문제영역을 실제로 정리할 수 있다박윤미, 2014.

4영역을 분할한 해석이 모래상자의 상징을 해석하는데 유용할 뿐 아니라 모래상자의 작품을 구성한 상징적 모래놀이에 적합한 근거가 된다.

몇몇 4영역의 분할 체계에서는 상징물을 해석함에 있어서 엄격하게 제한적으로 하지 않아야 하며, 각 영역의 상징을 모든 사례에 단호하게 적용하는 것은 내담자에 대한 치료사의 관점에 오류를 가져올 위험이 있어김경희, 2005 주의해야 한다.

모래상자의 공간은 내담자의 관심과 심리적 변화를 나타내며, 고유의 공간도식이 있다. 모래상자의 공간배치는 이전에 간과했던 것을 탐색하고, 통합을 향해 움직이는지를 알아보기 위하여 공간의 사용이 비어있는가? 막혀있는 것과 넘치는 것에서 중점영역이 등장하고, 적절하게 사용되었는가?를 보며, 이를 통해 에너지가 의미 있는 체계로 변화하는지를 볼 수 있다.

모래상자에서 왼쪽과 오른쪽은 무의식과 의식, 내계와 외계를 상징한다. 위와 아래는 정신과 육체, 미래와 과거의 의미이며, 아버지와 어머니 등을 나타내는 것으로 볼 수 있다. 동물, 인물, 강 등의 움직임이 모두 일정한 방향으로 움직이는 경우 그 방향이 왼쪽일 경우 퇴행을, 오른쪽일 경우 진행을 의미한다고 볼 수 있다. 그러나 왼손잡이의 경우 반대로 해석하는 등 항상 절대적인 것은 아닌 것을 기억하길 바란다. 따라서 치료자는 내담자의 여러 가지 상황을 파악하여 퇴행과 진행의 측면을 예측해야 하며, 일반적인 의미도 전체적인 흐름과 장면을 고려해서 조심스럽게 이루어져야 한다.

모래상자의 공간배치는 4영역 분할을 기준으로 하여 8개 하위영역에 놓인 상징을 해석한다. Jung의 의미 분석에 근거하고 Kalff 등 초기 모래상자 학자들의 정의를 거쳐 Susan Bach의 4영역 분할형에 의해 부여된 모래상자의 영역별 일반적 의미는 다음과 같다河合準雄, 1991; 심재경 역, 1994; 김경희, 2005.

• 모래상자의 일반적인 공간 영역별 의미

상: 정신, 미래, 아버지/부성: 의식

(상/좌) 마지막 날 개인적 부성			여기, 그리고 지금 (상/우) 원형적 부성
	좌: 여성 무의식–내계 감정적 우울 충동적 과거지향	우: 남성 의식–외계 이성적 영역 만족의 추구 행동통제	
(하/좌) 암흑 같은 어두움 먼(오래된) 과거 원형적 모성			미래지향 (하/우) 의식과 가까운 과거 개인적 모성

하: 육체, 과거, 어머니/모성: 무의식

출처: 김경희, 2017; 한국모래상자치료학회 교육연수 자료집

이상에서 제시한 공간영역의 분할과 상징에 따른 해석방법이 절대적인 것은 아님을 기억하길 바란다.

모래상자 치료과정에서 상자 밖의 공간에 소품을 놓는 경우가 있다. 치료사는 상자 밖 공간에 갖다 놓은 소품에 대해서도 관심을 기울이고 어떠한 것들이 외적으로 표현하는데 저항을 일으키고 있는가를 살펴보

는 것이 중요하다. 이처럼 아동이 상자의 경계선을 넘어서 소품을 이동시키면서 놀이하는 것은 자아의 경계가 아직 확실하게 발달하지 않다는 것을 의미하는 것이다. 상자 밖으로까지 세계가 확장될 때에는 자아에 의해 파악할 수 있는 범위를 넘어서 표현될 위험성이 많기 때문에 치료사는 주의 깊게 대처해 나가야 한다.

　모래상자 안에 소품을 놓지 않고 그 주변에 놓거나 할 때는 자기를 표현하는데 두려움이나 불안을 나타내는 경우가 있다. 성격이 몹시 소극적인 아동의 경우는 그런 시기를 거치고 나서야 상자 안에서 제대로 자신을 표현하기도 한다. 강박 성향이 있는 아동들이 때때로 상자 안과 밖에 소품을 놓기도 하고 때로는 모래상자의 한 면을 정리 정돈하여 소품을 놓고 다른 측면은 아주 혼란스럽게 놓으면서 자신의 관심 밖에 두기도 한다. 이는 의식과 무의식의 사이에서 정돈과 무질서가 상호 작용하며 움직이고 있는 점이 그대로 표현되는 것이다김경희, 2005. 전체 구성에서는 나열하듯 병렬과 빈약하고 단순함이 대표적으로 관찰될 경우 '텅 빈 허전한 느낌'으로 Buhler는 공허성으로곽영신, 2007, 이는 무력감, 에너지 없음, 내적 불안과 두려움, 외상으로 인한 정서불안을 단적으로 나타낸다이복순, 2011. 때론 하나 이상의 상자를 사용하는 경우도 있다. 두 개의 상자를 놓고 하나의 작품을 만드는 경우와 두 개의 상자에 각각 다른 작품을 만드는 경우가 있다. 이는 상당한 에너지와 통합성을 필요로 한다. 아동의 경우에 모래상자 치료과정의 초기단계에서는 방어적이고 소극적이었다가 점차로 치료가 진행되는 과정에서 활동성이 높아지고 에너지의 융통성이 늘어나면서 상자를 두 개로 늘려서 사용하는 경우도 있다.

　한편 모래상자 안에서 분할되거나 폐쇄된 영역이 표현되는 것에 관심을 가진다. 인간의 마음에는 여러 영역이 존재한다. 그러한 구분이나 대립이 적절하게 통합되어 있으면 통합성과 전체성이 있는 것으로 본다. 즉 분할과 폐쇄영역이 표현되었을 때는 그렇게 구분된 영역들간의 관계가 어느 정도 있는가 하는 점에 주목할 필요가 있다. 폐쇄된 영역이 일부분만 있는 것은 정상적인 사람들에게서 발견될 수 있다. 그 폐쇄된 영역 안에 있는 것을 자신이 끝까지 지켜나가야만 하는 중요한 것으로서의 의미를 지니고 있는 것일 수 있으며, 반대로 그것을 폐쇄시켜 버림으로써 불안과 걱정, 근심에서 안전함을 느끼며 자신의 안전을 유지하려는 의미를 지닐 수도 있다. 어느 쪽이건 폐쇄된 세계는 전체 속에 통합되어 있다고 말하기 어렵기 때문에 치료가 진행됨에 따라 그 폐쇄된 세계가 열리고 전체 속에 통합되어 가는 작품이 나타나는 경우가 많다. 이러한 예외도 있기 때문에 치료사의 숙련이 필요한 것이다. 김경희[2010]는 치료사는 치유의 그릇이며 치료사의 인격은 치료과정에 영향을 주며, 치료사가 가져야 할 "행위 없이 행위함" 고도의 성숙함이 내담자의 여정에 영향을 미친다고 한다.

치료사는 숙련과정을 통해 내담자의 여정에 동행자로 촉진자로 함께 할 것이다. 이러한 동행에서 모래상자 통로를 통해 끊임없이 지지와 무조건적 존중, 사랑의 힘을 전달해야 하는 것을 꼭 기억하길 바란다. 치유의 동행은 자기를 찾아가는 조화와 통합의 여정이 될 것이다.

∷ 공간도식의 실제

치료사와 내담자의 공간상징의 이해를 돕기 위한 방법으로 공간도식의 실습을 경험하고자 한다. 공간도식 실습과정에서는 축소된 모래상자를 주로 활용하며, 때로는 모래상자치료학회에서 개발한 공간체험 판갈색 천을 활용하기도 한다.

먼저 자신의 소품를 선택하고, 선택한 소품에 대해 자신에게 질문도 하고, 연상작업과 의미부여 시간을 갖는다. 예를 들어, 이름을 지어준 다든지, 선호하는 것, 지금 이 순간 떠오르는 것은 무엇인지 등을 연상한다.

실시방법은 다음과 같이 진행된다.

첫 번째 방법은 모래상자 중앙에 소품을 놓는다.

내담자는 중앙에 놓인 소품을 감상하고, 연상 작업을 통해 떠오르는 것을 치료사와 서로 나눈다. 내담자는 자신의 연상 작업과 느낌 나누기 경험을 통하여 자신을 지각하는 경험을 할 수 있다. 그곳은 때론 풀밭이었다가, 바다로 연상되기도, 하늘이 창조될 수도 있다. 다음 질문을 활용하여 내담자의 연상을 촉진할 수 있다.

Q 이곳은 어디일까요?

Q 무엇이 보이나요?

Q 무엇이 떠오르나요?

Q 더 생각나는 것이 있나요?

Q 어떤 느낌이 드나요?

두 번째로는 오른쪽 상단에 선택한 소품을 놓고 연상 작업을 한다. 첫 번째 공간도식에서 실시하였던 동일한 방법으로 연상 작업을 실시한다. 공간의 위치를 바꿔가며 실시하는 연상 작업은 내담자의 지각을 깨우는 데 도움을 제공할 것이다. 세 번째로 왼쪽 상단에 소품을 놓고 감상하며, 연상작업을 진행한다. 다음으로 오른쪽 하단에 소품을 놓는다. 동일한 방법을 진행하면 된다. 마지막으로 왼쪽 하단에 소품을 놓고 이전방법과 동일하게 진행한 다음 중앙으로 다시 소품을 이동하여 마음을 모으고, 집중한 후 실습을 마무리한다. 이 과정에서 새롭게 발견한 것을 나누는 것은 중요한 의미를 지닌다고 할 수 있다.

〈실습〉

예시) 공간도식 실제 1(중앙)

상담사

내담자

연상작업

경험 후 느낀점

출처: www.sandtray.or.kr 한국모래상자치료학회

- 김경희(2005). 상징과 탄타지. 양서원
- 김경희 · 이희자 외(2005). 모래상자 놀이치료. 양서원.
- 김경희(2017). 상담 역량강화를 위한 심리평가의 이해. 한국모래상자치료학회 교육연수. 30.
- 김선현(2006). 마음을 읽는 미술치료. 넥서스 BOOKS.
- 김유숙(2005). 모래놀이치료의 본질. 학지사.
- 김도영(2014). 모래놀이치료가 지적장애인의 성적충동행동 및 모래놀이 주제변화에 미치는 영향. 나사렛대학교 대학원 석사학위논문.
- 나솔희(2016). 주제 제시 모래상자놀이가 위축청소년의 우울에 미치는 영향. 대구대학교 재활과학대학원 석사학위논문.
- 노치현 · 황영희(1998). 모래놀이치료: 경험과 표현. 동서 문화원.
- 류혜진(2010). 환경도자조형물 표현형식의 상징성에 관한 연구: C. G. Jung의 집단무의식적 상징체제를 중심으로. 상명대학교 박사학위논문. 59.
- 박윤미(2014). 만다라에 표현된 상징의 심리적 의미. 한양대학교 대학원 박사학위논문.
- 반평자(2013). 모래놀이치료를 통한 가정해체위기 아동의 비행과 공격 행동 변화 및 내용 주제 분석. 나사렛대학교 재활복지대학원 석사학위논문.
- 이경하(2007). 구조화 모래상자를 이용한 성학대 아동의 면접 평가도구 개발. 대구대학교 대학원 박사학위논문.
- 이복순(2011). 모래상자에서 선택과 재탄생의 의미. 한국모래상자치료학회추계학술대회 자료집. 13. 16.
- 이복순(2015). 상징과 원형의 모래상자. 한국모래상자치료학회 10주년학술대회 '모래상자 치료의 나눔, 공감과 비전' 자료집.
- 이부연(2015). 북한이탈청소년과 남한청소년의 모래놀이치료에서의 상태 및 주제 표현 비교 연구. 남서울대학교 대학원 석사학위논문.
- 이부영(1999). 그림자. 한길사.

- 이죽내(2011). Jung의 분석시림학적 심리치료 개관.『가족과 상담』. 1(1), 41−70.
- 전애영(2012). 심리를 읽어가는 모래놀이치료. 공동체.
- 최미영(2009). 동양적 사유에 의한 감성 공간 연구. 국민대학교 디자인대학원 석사학위 논문.
- 河合準雄 편(1969) · 심재경 역(1994). 모래상자놀이치료법. 양영각.
- Ammann, R.(1993). The sandtray asa garden of the soul. *Journal of Sandplay Therapy*. 4(1), 46−65.
- Ammann, R.(2001) · 이유경 역(2009). Jung 심리학적 모래놀이 치료−인격발달의 창조적 방법. 분석심리학 연구소.
- Barbara A. Tuner(2005) · 김태련 외 역(2009). 모래놀이치료 핸드북. 학지사. *The handbook of sandplay therapy*. Temenos Press, USA.
- Baum, N. (2007). *Sandplay as container and ground for people with schizophrenia*. In
- C.G. Jung(1996). 이윤기 역(1996). 인간과 상징. 열린책들.
- Homeyer, L. E. & Sweeney, D. S.(2011) · 정경숙 · 우주영 · 정미나 역(2014). 모래상자치료 임상지침서. 학지사.
- Kalff, D. M.(1980). *Sandplay: A psychotherapeutic approach to the psyche*. Santa Monica, CA: Sigo Press.
- Mitchell, R. R., & Friedman, H. S.(2003). Using sandplay with adults in therapy. In C. Schaefer(Ed.), *Play therapy with adults* (195−232). New York: Wiley.
- Mitchell, R. R., & Friedman, H. S.(2009). Sandplay themes expressed in the healing process. 한국모래놀이치료학회 제6회 국제모래놀이치료 국제학술대회 발표 자료집 (3−6). 명지대학교.
- Tuan, Yi-Fu(1997). 구동회 · 심승희 역(1995). 공간과 장소. *Space and place: the perspective of experience*. 도서출판 대윤.
- Riedel, I.(2000). 정여주 역(2004). 색의 신비. *Mystery of color*. 학지사.

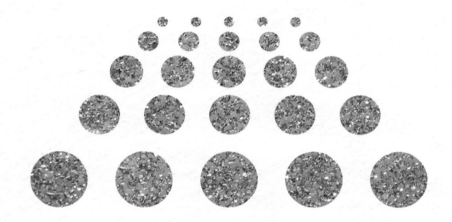

05

모래상자치료의 환경

한국모래상자치료학회
Korea Sandtray Therapy Association

제5장
모래상자치료의 환경

1. 모래상자치료실

　　모래상자치료는 치료공간과 비품들이 있는 곳에서 시작할 수 있다. 모래, 모래상자, 소품, 물, 테이블, 소품장 등이 갖추어져 있으며 그 중에서도 대표적인 비품은 모래상자이다. 모래상자치료실은 모래상자, 소품, 소품을 배치하는 장 등이 있는 곳에 치료사와 내담자가 만나는 순간 보호되고 안전한 치료적 공간으로 제공된다. 다음에서 모래상자치료실과 치료실을 구성하는 요소에 대해 살펴본다.

:: 모래상자치료실의
   비품

　　　　　　　　모래상자치료실은　일반적으로　모래상자와 소품장을 분리해서 설치하는 경우가 많다. 왜냐하면 내담자의 모래상자 작업은 개인적이고 특별한 공간에서의 경험을 중시하기 때문이다. 현실적인 공간크기 및 예산의 문제 등으로 제한적인 공간에서 치료적 작업을 하게 될 경우에는 한 공간에서 모래상자와 소품장의 위치를 달리 하며 다른 공간감으로 구별하여 실시하는 경우도 있다. 벽 쪽으로 소품장을 두고 그 주위에 모래상자를 두며 상자를 올려놓는 테이블 위에 모래상자, 물통, 수건, 바구니 등 그 밖의 준비물을 둔다. 키가 작은 내담자들을 위해 디딤계단을 준비해 두면 좋다. 모래상자를 꾸미고 난 후에 손을 씻을 수 있도록 휴지, 물휴지 등을 준비하며 모래상자가 놓인 테이블 주위에 의자를 두어 내담자와 치료사가 함께 앉을 수 있도록 배려한다.

　회기별 진행 상황을 기록하기 위한 사진기, 녹음기, 촬영기, 조명 등을 배치한다. 모래상자를 꾸민 내담자는 자리에 앉아서 모래상자 작품을 보며 연상작업을 하고 떠오르는 상들을 치료사에게 이야기 한다. 이때 내담자의 시선이 산만해지지 않도록 내담자가 소품장을 등지고 앉도록 한다. 또한 내담자가 소품장을 오고갈 수 있도록 충분한 공간을 확보해야 하며 서서 모래작업을 할 때 불편하거나 걸리는 것이 주변에 있지 않도록 배치한다. De Domenico[1995]는 내담자들이 창의적 작업을 할 경우 서서하는 경우가 많다고 하였다. 그리고 바닥에 앉아서 하는 경우는 내담자의 내향성 행동경향이 있다고 보았으며 치료사 역시 같은 눈높이에서 작업을 도와야 한다고 하였다[김경희 외 p.162]. 그 밖에 치료실 환경은 내담자에게 안정감을 주기 위해 정돈되고 청결을 유지하도록 하는 것이 좋다.

:: 모래상자치료실의
소품 배치

   소품을 적절히 배치하는 것은 매우 중요하다. 배치의 방법은 많은 경우들이 있을 수 있는데, 이는 사용 가능한 공간, 그 공간이 어떻게 이용되는가, 그리고 모래상자 사용 치료계획에 따라 달라질 수 있다. 소품 보관방법 또한 내담자에게 제시되는 치료방법에 따라 좌우되기도 한다. Lowenfeld는 진열된 소품은 내담자 선택에 도움이 안 된다고 보고 케비넷에 보관하며 사용하는 소품만 개방하도록 하였다. Jung학파의 영향을 받은 Kalff는 한 눈에 들어 오도록 진열하는 것을 제안하였다_{김경희 외, 2005. p.163}. 그것이 내담자에게 보다 매력인 소품으로 안내 된다고 보기 때문이다. 그러나 내담자의 심리적 특성에 따라 좌우되기도 하는데 산만한 내담자일 경우는 Lowenfeld 식의 보관형이 도움이 되기도 한다. 이를 위해 별개의 문을 달거나 커텐으로 분리하는 방법을 사용한다. 내담자가 모래상자치료실에 들어왔을 때 모래상자와 모래가 보이고 소품은 보이지 않도록 배치한다. 이는 내담자가 다른 자극에 노출되지 않으므로 치료사와의 관계를 형성하는데 도움을 줄 수도 있다. 또한 모래와의 만남으로 퇴행이 촉진되면서 모래와의 신체접촉을 통해 특별한 경험의 기회를 제공해 줄 수 있다. 이러한 점을 고려하여 Lowenfeld는 소품이 보이지 않도록 하였다.

   치료사의 계획에 따라 소품이 보이지 않도록 배치하거나 개방형의 선반에 소품을 배치하여 보이도록 하기도 한다. 일반적으로는 개방형을 주로 사용하여 소품을 배치하는 모래상자치료실이 대부분이다. 선반장을 활용할 때 선반은 여러 개의 다양한 높이의 층을 두는 것이 좋으며 너무 높지 않게 10㎝ 간격 정도로 구멍을 만들어 선반을 이동 가능하게 하여 높낮이를 조정하여 소품을 배치할 수 있도록 사용하는 것이 편리하다. 개방형 배치는 모든 소품들이 오픈되어 전시될 수 있도록 하며 내담자가 편리하게 선택할 수 있도록 배치하는 것이다. 선반은 15~30㎝ 깊이와 50~80㎝ 넓이가 적절하다. 재질은 나무, 플라스틱, 유리 등이 있으며 선반은 치료사의 특성에 따라 주문제작할 수 있다. 특히 선반에 번호를 넣어 소품을 배치하는 데 편리성을 제공하면 좋다. 한편 한 영역에 다양한 범주의 소품을 두는 경우도 있다. 시간과 의사소통 등의 관련있는 소품들처럼 서로 상관있는 소품들을 목록화 하여 두는 것이 편리하기 때문이다김경희 외, p.164.

다양한 소품들이 들어있는 소품장은 내담자들에게 안정감을 주며 "이곳은 당신을 위한 장소입니다."라는 메시지를 전한다. 성인들도 소품들이 내담자의 현재 실제생활의 상황을 상징적으로 나타내주는 것에 매료되기도 한다. 소품은 내담자에게 내면에 간직한 정서적·인지적 추억을 연상시키기 때문이다. De Domenico1995는 소품이 내담자의 에너지, 창의력, 자율이라는 정서를 촉진한다며 다음과 같이 지적하였다정경숙 외 역, p.60. '개방형 배치는 내담자 마음에 내재된 창의적 에너지와 외향적out-world directed 에너지를 불러일으킨다고 생각한다. 모래상자 치료사가 아름답게 구성한 모래상자 개방형 배치를 통해서 내담자들의 창의적 에너지와 자기치유 에너지가 환영받고 있으며 존중된다는 메시지를 전달받는데 기여한다. 소품들은 세워서 잘 정리하며, 개방된 선반을 이용한 배치는 정리하고 청소하는 데에 시간이 많이 걸리는 단점이 있으나 치료사의 그러한 시간과 노력은 내담자들을 위해서 치료적 요소임을 명심해야 한다.'

보관방법이나 전시방법과는 별개로 소품들은 범주별로 보관하는 것이 좋다. 소품종류들을 범주별로 보관하는 주된 이유는 심리적 문제를 호소하는 내담자들을 위해서이다. 예를 들면 작은 사람을 선택하려는 내담자일 경우 자신이 선택하려는 작은 사람이 내담자의 관점에서 위압적인 뱀 아래에 놓여있다면 망설일 수 있다. 더구나 마음이 약한 내담자라면 그 작은 사람을 꺼내려 할 때 두려움으로 망설일 수 있을 것이다.

소품을 같은 장소에 늘 보관하는 것은 내담자가 자신들이 사용하기를 원하는 소품들을 찾기 쉽게 해주며 안정감을 준다. 그러므로 소품의 각 범주들은 항상 동일한 장소에 전시되어야 한다. 선반을 사용할 경우, 회기진행 동안 소품들은 각 범주의 같은 선반장소에 있어야 하며 만일 소품을 상자나 바구니에 담아두게 된다면 그것 역시 같은 범주의 소품들이 같은 장소에 있도록 배치되어야 한다. 치료에서 일관성이란 예측가능성과 안전성을 촉진하는 치료적 기제이다. 그러므로 치료실의 일관성은 내담자 자신들의 삶에서 혼돈을 겪는 내담자들에게 매우 중요하다는 것을 명심해서 소품을 배치한다.

Linda E. Homeyer & D. S. Sweeney[2011]는 소품들을 중요한 주제별, 용도별로 배열되어야 한다고 하였다[정경숙 외 역, pp.58-60]. 영적인, 신비로운 재료들은 맨 위 선반에 놓는다. 왼쪽에 긍정적이거나 '선한' 것들을 우선 배치하고 중앙에는 좀 더 중성적인 재료를 놓으며 오른쪽에는 '약한' 또는 부정적인 재료를 배치할 수 있다. 사람은 다음 선반에 놓는다. 의사, 구조요원, 경찰, 소방관과 같이 더 강력하거나 공격적인 사람들은 맨 오른쪽에 배치한다. 예를 들어 취미가 사냥이라면, 오른쪽으로 놓을 것이다. 정원 가꾸기는 중성적이어서 중앙 가까이에 놓게 된다. 집에서 사용하는 재료를 다음에 배치한다. 인형놀이와 가구부터 잡동사니 물건까지 대부분의 중성적인 재료들은 어디든지 놓을 수 있다. 맥주병과 와인병은 오른쪽에 놓을 수 있다. 건물이 다음에 배치될 수 있다. 집은 왼쪽, 감옥과 요새는 오른쪽에, 다른 구조물은 그 사이에 놓일 수 있다. 식물초목을 다음으로 배치하며 봄부터 겨울까지 계절별로 배열한다. 그리고 풍경과 기타 장식품들, 자연 재료들, 동물 순으로 배치한다. 가축이나 길들여진 동물의 경우 왼쪽에 놓고, 오른쪽에는 사자, 호랑이, 공룡과 같은 공격적인 동물, 공격적이지 않은 기타의 동물원 동물은 중앙에 놓는다. 다음으로 울타리와 표지판을 배치한다. 자동차, 상상의 물건들, 만화, 영화와 관련된 것들로 배치한다. 내담자들은 처음에 강력하고 공격적인 재료들을 사용하기를 원한다. 또 어떤 내담자들은 처음에는 안전하고 중성적인 재료만을 사용한다.

Linda E. Homeyer & D. S. Sweeney는 위와 같이 할 때 치료사는 재료들을 재분류할 필요가 없이 빠르게 정리할 수 있다고 하였으며 이와 같이 일관적인 배치는 준비 시간과 정리 시간을 절약해 줄 수 있으며 연속적인 구성배치는 한 범주에 대해서 치료사 자신이 너무 많거나 혹은 너무 적은 재료를 갖추고 있다는 것을 알게 해주고 또한 내담자가 원하는 소품을 쉽고 빠르게 찾을 수 있도록 돕는다고 하였다.

2. 소품

소품은 내담자의 비언어적인 의사표현과 관련되어 은유와 상징으로 선택되는 것으로서 내담자가 말로 표현하기에 어려움을 겪는 감정이나 생각과 욕구들을 소품들을 활용해서 그 이미지를 표출하도록 돕는다. 즉 모래상자치료를 하는 내담자에게는 소품이 상징과 비유로 표출되는 언어라고 할 수 있다.

∷ 소품의
   치료적 의미

　　　　　　　소품의 치료적 의미는 내담자의 이미지 표현을 활성화 시킨다는 점에서 비롯된다. 내담자는 자연스럽게 소품을 통해 자신의 이미지를 표현하며 소품의 위치를 이동시키면서 마음의 변환 과정을 나타낸다. 이를 소품을 활용하여 적당한 형태의 긍정적인 이미지 표출을 돕게 되므로 모래상자치료에서 치료적 의미가 있다. 내담자가 소품과 만나는 순간부터 소품은 치료적 역할을 시작한다. 예를 들면 면담 시간에 치료사가 부모와 면접하는 동안 소품을 만나게 되는 아동은 하나의 소품을 들고 엄마나, 아빠 또는 나쁜동물이라고 하면서 자연스럽게 자신을 표현하는 장면을 자주 목격한다. 소품을 통하여 자신의 내적 이미지를 상징화하여 표현하는 것이라 볼 수 있다. 또는 소품의 사용에 있어 어떤 소품이 사용되고 있는지의 여부와 사용되고 있는 소품이 특정 범주에서 유일하게 사용되는지에 따라 치료적 의미가 다를 수도 있다.

　소품의 위치는 치료적 의미가 있다. 그러므로 치료사가 소품의 위치를 관찰하고 표현할 때 더욱 조심스럽게 접근해야 한다. 즉 모래상자의 지나친 위쪽 또는 아래쪽 구석이라고 표현하는 것은 치료사의 주관적 시각일 수도 있으므로 표현에 있어서 가깝다거나 먼 곳에 있다고 하는 정도로 관심을 갖는 것이 바람직하다. 소품의 관계성도 치료적인 의미가 있다. 내담자가 가져온 소품들 그리고 모래상자에 사용한 소품들이 연관성을 가지고 상호작용을 하는지 혹은 서로 분리되어 있는지의 여부를 관찰하는 것이 중요하다. 이것은 내담자가 다른 사람들과의 관계를 어떻게 느끼는지, 내담자 내면의 정신세계와 타인들과 어떻게 관계하는지에 대한 특성을 이해하는데 도움이 되기도 하기 때문이다.

내담자는 자신의 정신적 내용이나 사건을 이미지로 변환시킨다. 내담자의 이미지는 소품으로 표현되기도 한다. 또한 소품은 상징성을 지니고 있다. 열등한 형태로 자리 잡은 리비도를 그보다 높은 형태로 머무르게 하며, 내담자의 무의식 세계를 의식의 세계속으로 간접적으로 연계해주는 매개의 기능을 한다. 모래상자치료실에서 내담자는 일상생활에서도 활용되는 많은 소품들을 탐색하고 선택하면서 자신의 마음을 상징적으로 표현하게 되는데 이때 선택되는 소품이야말로 내담자의 개인적인 것이며 영적인 동시에 신체적인 모든 영역에 있어 최고의 표상이 된다. 내담자는 자신이 표출하고자 하는 표상을 다양한 수준으로 형상화하는 능력이 있어서 자신의 이미지와 일치하는 것이 없을 때 준비된 소품 중에서 적절히 선택해 자유롭게 이미지를 전개해나가는 힘이 있다.

:: 소품과
　　치료사 역할

　　　　　　　　　　　　치료사는 내담자가 필요로 하는 적절한 소품을 제공하도록 노력하며 가능한 한 다양한 영역의 소품들을 준비하고 제공해주는 역할을 해야 한다. De Domenico[1995]는 치료사의 역할에 대해 다음과 같이 말하고 있다정경숙 외 역, p.47.

　　치료사가 적절한 소품을 선택한다는 것은 생명의 형상화를 활용하는 것이다. 생명이란 우주, 지구, 광물, 식물, 동물, 인간세계를 말한다. 치료사는 치료실을 아트 갤러리로 만드는 것이 아니며 상처감이나 박탈감의 세계만을 만들기 위해 수집하는 것도 아니다. 그러므로 치료사는 치료사 자신이 저항하는 것, 자석처럼 자신을 끄는 것들, 또는 자신을 싫

증나게 하는 것, 무미건조한 것, 무서운 것, 선한 것, 악한 것, 조화로운 것, 어리석은 것 등을 균형 있게 모두 포함시켜야 한다.

치료사가 준비해야 하는 정확한 소품의 숫자는 정해져 있지는 않지만 너무 방대한 소품준비는 내담자를 산만하게 할 수도 있으며 내담자들을 정서적으로 압도할 수도 있어서 주의해야 한다. 소품을 충분히 준비하였다하더라도 다양한 내담자의 욕구를 모두 충족시킬 수는 없기 때문에 내담자와의 치료적 관계과정에서 소품들을 갖추어 나가는 것도 필요하다. 이러한 과정에서 수집되는 소품들은 치료적으로 내담자나 치료사 모두에게 의미가 있다. 치료과정에 따라 필요한 소품이 보충되는 것은 치료사의 개성이 반영되는 바람직한 현상이다. 치료사가 직접 작품을 만들어 보면서 상징물의 이미지나 다의성을 경험해 보는 것은 상징성을 이해하는데도 도움이 된다. 소품을 만드는 작업을 통해서 내담자에게 3차원 세계를 제공하기도 하며 예를 들어서 나무막대기에 철사를 감아서 새를 올려놓고 모래 위에 세우게 되면 하늘을 나는 새를 표현하도록 돕기도 한다. 그밖에 구름, 무지개, 해, 달 ,별 등을 막대기에 달아서 입체적으로 세워 날씨와 관련된 3차원적인 공간을 마련해줄 수도 있다.

:: 소품의 선택

소품 선택과 그 기능을 발휘하기 위한 지침은 그다지 많지 않지만 Linda E. H. & Daniel S. S정경숙 외 역, 2014, p.49의 소품 안내를 중심으로 한 선택과 관련된 제안들은 다음과 같다.

① 일반적으로 소품 목록들은 말 그대로 소품이어야 하는데 때로는 소

품들이 다른 영역의 소품들의 크기와 재질 등과 꼭 비례가 맞아야 할 필요는 없다고 한다. 그래서 같은 영역의 소품들을 다양한 크기로 준비하는 것이 좋다. 왜냐하면 소품의 비례가 맞지 않는 것이 더 유용할 때가 많기 때문이다. 내담자는 때때로 소품이 아닌 큰 상징 대체물을 사용하기도 한다. 예를 들어서 내담자 자신의 공포감을 아주 위압적으로 표현하고 싶을 때 모래상자에 비율에 맞지 않는 과장되게 큰 소품을 선호하여 선택하기도 한다. 초라하고 무시당하는 자기를 표현하기 위해서 될 수 있는 대로 아주 작은 사람으로 자신을 표현하기 때문이다. 혹은 구체적으로 모래상자에서 정서적인 혹은 신체적 학대 등으로 고립감과 무력감 등의 상처감을 표현고자 할 때, 내담자인 자신과 가해자 사이에 느껴지는 강력한 힘의 차이를 호소하기 위해서 가해자를 큰 포식 동물로 서슴없이 선택하는 등 과장된 크기의 동물을 선택하는 것을 관찰할 수 있다.

② 소품들은 내담자의 세상을 표현할 수 있으므로 시공간을 넘나들도록 육지, 해상, 공중, 우주에 존재하는 모든 유형을 포함하여 집, 아파트 건물, 학교, 병원, 경찰, 소방서와 같은 다양한 범주의 공동체유형과 가족 유형의 군집 및 직업군들의 소품들이 준비되어야 한다. 그 가운데서 겪는 정서적, 사회적 관계의 역동을 표출할 수 있기 때문이다.

③ 소품들은 다양한 재료들로 만들어진다. 인공재료 중에서 플라스틱은 내구성이 강하고 저렴하므로 초기에 준비되는 소품들이 대부분 플라스틱 재질일 수 있으나 자연 재료들을 준비하는 것이 치료에 있어서 중요하다는 것을 간과하면 안 된다. 나무, 광물, 바위 등과 같은 자연적인 소품들의 경험을 통해 경직된 내담자의 심리 내적, 외적 관계 및 소통의 문제 회복을 도울 수 있기 때문이다. 소품재질에 있어서는 영역이 무엇이든 간에 주석합금 등으로 만들어진 것 또한 유용하며 내담자들이 준귀금석에 끌리는 경향이 있으므로 목걸이나 반지 등에 은색과 금색 페

인트로 칠하여 준비하기도 한다. 소품에 다양한 색의 페인트를 칠하는 것이 비교적 저렴하고 용이하게 활용할 수 있는 소품을 준비하는 방법일 수 있다. 치료사자신의 심리적 에너지가 소품에 담아져 있어서 내담자가 선택할 때 무의식적으로 치료사와의 소통이 이루어진다고 볼 수도 있다. 재질에 있어서도 부드러운 천부터 유리 재질, 나무, 금속, 흙, 도기 등 다양한 재질은 심리적 상태의 다양한 표현을 돕는다.

④ 역사성을 나타내는 시대물도 준비하여야 한다. 원시인부터 현대인까지의 인종, 다양한 민족성과 종교성을 상징하는 게 포함되어야 한다.

⑤ 그밖에 소품을 내담자가 즉석에서 만들어 사용할 수 있다. 헝겊이나 솜, 실, 종이, 색종이, 찰흙, 철사, 줄, 나무 막대기, 풀, 연필, 크레파스, 물감 등을 준비하면 활용이 가능하다.

:: 소품의 범주

모래상자 치료사가 다양한 소품들을 선택하고 균형 잡힌 수집을 하도록 돕기 위해서는 범주를 중심으로 고려하는 것이 좋다. 초기에 모든 치료사들은 각 영역 범주에 해당되는 최소의 소품으로 시작하기 쉽다. 이때 고려해야할 점은 선택된 소품들이 그 범주에서 가능한 한 많은 것을 대표할 수 있어야 한다. 그 후 차차 첨가하면서 통합적인 수집으로 늘려나가면 된다. 모래상자 치료사들은 이러한 수집 과정에서 특정 소품에 유난히 끌리기도 하는데 모래상자에 만들어진 창작물이 내담자에 대한 정보를 주는 것처럼, 우리는 소품 수집 형태를 보기만 하는 것으로도 그 치료사에 대해 어느 정도를 알 수 있다. 그러나 주의할 점은 유용하고도 균형 잡힌 소품세트를 준비하기 위해서는 다른 것들을 선택하는 객관적인 균형감을 가져야 한다. 만약 치료사 자신에게 특별히 소중한 소품을 많이 선택하게 된다면, 이것은 모래상자치료 소품 수집에 포함시키지 않는 것이 좋다. 차라리 치료사가 개인적으로 보관하는 것이 좋다. 만약 좋아하는 소품이 망가지고, 도난당하거나, 또는 잘못 다루어질 때, 치료사는 자신도 모르게 화를 내게 되고 내담자의 치료과정이 방해받을 수 있기 때문이다. 결론적으로 소품들을 적절히 배치하고자 할 때는 범주를 중심으로 객관적으로 수집해서 활용하면 유용하다.

:: 소품의 유형

소품의 유형들로 사람, 동물, 식물, 자연, 환경, 상상소품, 교통소품, 집과 관련된 소품, 행성과 우주소품 등을 들 수 있다. 다음에 제시되는 유형들은 Linda E. H. & Daniel S. S.[2011]가 제시한 것으로 정경숙 외 공역서[2014]에서 소개된 일반적으로 치료사에게 가장 유용한 소품 종류와 유형이다.

사람　　사람의 범주에는 매우 다양한 유형의 사람들을 준비해야 한다. 사람 소품은 내담자 일상생활에서의 실재적 인물의 개인적 상징이나 내담자의 개성화 원형으로 사용되기도 하는 등 광범위한 범주영역이다. 일반적인 사람으로 가족공동체가 대표적이며 성인, 십대, 아이들, 아기들, 노인들까지 3세대를 표현할 수 있도록 준비한다. 다문화 가정이 증가하므로 특수문화의 가족구성원도 준비한다. 기어 다니고, 앉아 있고, 자고, 의자에 앉아 있고, 유모차를 타고, 아기 침대에 눕혀져 있는 등의 다양한 자세의 많은 유형의 아기들을 준비하면 좋다. 이는 내담자의 애착 유형을 이해하는데 도움을 준다. 학교장면의 아동, 청소년들의 사회적 관계문제도 두드러져서 핸드폰 통화를 하는 십대들과 그에 상응된 부모 유형들도 효율적으로 사용할 수 있어 준비해야 한다. 그밖에 장수 시대를 맞게 독거노인 유형도 준비해볼 가치가 있다. 제복이나 가방, 옷, 모자, 우산 등의 사람 집단에서 사용될 수 있는 물건들은 하위범주의 공간에 진열하여 내담자가 개인적으로 사용할 수 있도록 배치한다.

다양한 직업과 직종의 옷을 입고 있는 소품들도 준비한다. 배우, 성직자, 노동자, 기술자, 의사, 간호사, 구조대원, 경찰, 소방관, 사무원, 목사, 선원, 군인, 학생 등이다. 학생들을 위한 책상도 준비되어야 한다. 내담자는 종종 구원자를 표현하기 위해 의사, 응급구조대원, 소방관과 같은 조력자들을 활용하기도 하므로 준비하면 좋다. 의료용 장난감 세트를 준비하며 실제 크기의 주사기와 약은 설탕과 같은 물질로 대체한다. 이혼이나 양육권 재판에 관련된 내담들에게 변호사, 판사도 필요하다. 스포츠를 하는 남성과 여성 소품들을 준비하며 아이들이나 청소년, 십대도 필요하다.

과학과 소설속의 인물, 만화 캐릭터, 요정, 인어공주 같은 반은 동물 반은 사람인 것, 괴물, 영화인물 등의 천사, 수퍼맨, 베트맨, 파워레인져, 신델렐라, 난쟁이, 도깨비, 거인, 마법사, 노파, 디즈니 캐릭터 인물과 산타클로스, 드라큘라 등을 준비한다. 왕자, 공주, 왕, 여왕, 기사, 군인, 원시인, 영웅, 카우보이, 인디언, 우주인, 해적, 중세시대 캐릭터 등 역사적 독재자들의 소품도 준비한다. 전쟁도구인 칼, 총, 대포, 도끼, 쇠사슬, 수갑, 노예관련 감옥 도구 등은 분리하여 하위영역의 바구니에 보관한다.

다양한 종교영역의 사람을 준비한다. 예수탄생, 성모마리아, 사탄, 신부, 수녀, 랍비, 시바, 부처, 전통 토템 신, 고대의 신 등과 악마 등이 포함된다. 종교적 소품도 함께 준비하여 내담자가 개인적으로 활용하도록 한다. 십자가, 묵주, 불상, 탑, 가면, 별모양, 전통 무속소품 등이 있다.

해골, 좀비, 악마, 저승사자, 묘비, 관, 무덤, 피라밋 등 죽음과 관련된 사람, 도구들이 이에 속한다. 손, 발, 몸, 머리, 다리, 치아, 내장 등 신체 관련 부분 인형들을 소품으로 준비하기도 하는데, 이는 내담자의 상처받은 감정을 강력하게 상징할 때 자주 사용된다.

동물   본능의 상징으로 활용되거나 의인화되어 사용된다. 동물관련 소품은 무리 집단, 새끼가 포함된 가족형태와 쌍별로 크기가 다른 야생, 가축 등 육식동물, 초식동물, 멸종동물을 포함하며 역사성과 신화적 동물 등을 포함하여 준비해야 한다. 소, 말, 돼지, 양, 염소, 닭, 오리, 개, 강아지, 고양이, 말 등을 준비하며, 동물 가족 등을 포함시키면 좋다. 사춘기 전의 여자 아이들은 많은 말들을 사용하는 경향이 있다고 한다.

선사시대 공룡들은 필수적이며 특히 아이들과 함께 할 때 유용하다. 우리가 동물원에서 볼 수 있는 모든 것을 포함한다. 코끼리, 기린, 호랑이, 사자, 곰, 펭귄, 낙타, 사슴, 고릴라, 하마, 원숭이, 악어, 뱀, 다람쥐, 설취 류가 포함된다. 바다 생물로는 고래, 돌고래, 상어, 문어, 다양한 작은 물고기들, 조개, 가재 등이 있다. 새 종류에는 펭귄, 매, 앵무새, 독수리, 황새, 공작, 홍학, 올빼미, 갈매기, 새 둥지와 곤충류에 벌, 모기, 나비, 거미, 파리, 바퀴벌레, 애벌레 등이 있다.

식물   식물은 의인화되어 많이 사용되는데 탄생, 힘, 자아, 죽음, 부활 등 삶의 주기의 상징성으로 활용되며 다산, 풍요로움, 대모, 지구의 신 등 모성의 의미를 나타낼 때 유용하다. 다양한 기후식물로 바다, 산, 사막, 열대, 한대식물 등을 구비하면 좋은데 내담자 마음의 다양한 특성을 보여주기도 하기 때문이다. 탄생과 죽음과 관련된 씨앗, 마른 가지, 잎 등도 포함한다. 나무로서 소나무, 잎이 있는 나무, 잎이 없는 나무, 단풍이 있는 나무, 야자수, 크리스마스 트리, 기타 잡목, 선인장, 꽃 등이 있으며 다양한 색상의 꽃, 열매있는 과실 등은 내담자의 내면의 이미지 표현에 도움이 된다. 관목, 덤블, 울타리, 실내용 화초, 낙엽, 잔디, 말라가는 식물, 채소, 과일을 포함할 수 있다. 마법, 환상적 세계, 크리스마스 트리 등을 표현하는 은, 동, 금색칠을 한 나무도 준비되면 좋다. 건조된 꽃, 재미있게 생긴 큰 가지와 작은 가지 등도 포함된다.

자연물, 광물   화려하며, 재미있게 생긴 돌들도 준비되며, 화석, 금속, 유리, 대리석, 수정, 투명 유리 등은 안정, 불변, 견고함, 냉담함을 상징하는 소품으로 활용된다. 바위 등은 강한 거부감, 상처감의 이미지로 사용되거나 특이하게 생긴 돌을 잘라 보석으로 가공하는 것처럼 내담자 자신의 영혼을 조각, 형상화하는 이미지 연출에 활용하기도 한다. 다양한 색상, 재질로 된 바위, 돌, 광물, 보석이 이에 속한다. 바다 조개 종류들, 크고, 작고, 완전한, 깨진, 예쁘거나 못생긴 조개도 포함된다.

건물, 환경물들   내담자에게 환경은 매우 중요한 치료적 요소다. 보호처나 피난처로서의 집 또는 자기 활성화의 에너지가 표출될 때 큰 집의 등장도 도움이 되므로 다양한 크기, 다양한 재질로 준비하면 좋다. 지역 특성이나 종교적 특성, 건물, 시대성, 시간성을 나타내는 재료와 집형태, 계절을 드러내는 이글로, 원두막 등이 이에 포함된다. 이는 실제 생활에서의 내담자 자신의 경험, 정서 이미지의 특성을 표현하기에 많이 활용된다. 집 내·외부 구성물도 준비한다. 울타리, 문, 다리, 기둥, 신호등, 간판과 주방기구, 책상, 침대, 소파 등 집 가구들은 하위영역에 따로 보관하여 내담자가 개인적으로 활용하게 한다. 내담자들은 울타리 작업을 많이 하는데 불안을 표현하는 보호, 회피, 방어물로 사용될 때가 많다. 그러므로 가능한 많은 종류의 울타리를 준비하면 좋다.

문은 정교하게 작업된 철제, 아치, 장식용 문, 나무문, 싸리문 등이 있으며 바리케이드로서, 건설 바리케이드, 군사 바리케이드, 교통 바리케이드를 준비하고 표지판으로는 교통 표지판, 공항 표지판, 도로 표지판을 준비한다. 외부 환경의 소품으로 학교, 소방서, 교회, 사무실, 차고, 감옥, 교도소, 주유소, 등대, 병원, 운동장, 빌딩, 가게, 슈퍼 등을 준비한다.

상상의 소품들　　　마법의 이미지를 나타내는 인물에 마법사, 마녀, 우물, 요정 대모, 요정, 좋은 마녀, 나쁜 마녀, 오즈의 마법사 캐릭터들, 반지의 제왕 캐릭터들이 있으며 마법 동물로 용, 유니콘, 페가수스날개가 달린말, 센토, 괴물석상, 스핑크스, 메두사, 늑대인간, 외눈괴물, 뱀파이어, 머리가 두 개인 괴물, 반인반수 그리고 민속물에는 백설 공주, 난장이, 산타클로스, 인어 등이 있다. 만화 캐릭터로는 디즈니 만화에서 나오는 소품들미키와 미니 마우스, 도널드 덕, 슈렉, 그리고 보라돌이 등이 있고 영화 캐릭터에서는 신데렐라, 알라딘, 인어공주 같은 것들, 현재의 애니메이션 영화의 주요 캐릭터들, 예를 들면, 오즈의 마법사나 고스트, 유령, 키 작은 요정, 난쟁이, 거인, 해골 등을 준비하면 좋다.

교통, 운송수단　　　교통 운수수단은 내담자의 내면의 이미지 역동과 관계 변화를 나타낼 때 많이 도움이 된다. 다양한 크기, 재질, 색상의 소품을 준비하면 좋다. 자동차 유형의 소품에는 전형적인 가족 차량, 미니밴, SUV, 경찰차, 스포츠카, 오래된 차, 리무진, 경주용차량, 택시 등이 있다. 트럭군으로는 군용 트럭, 농장 트럭, 응급차, 앰뷸런스, 구조 차량, 덤프 트럭, 불도저, 버스학교·고속버스 같은, 소방차 등이 속한다. 비행기 종류에는 여객기, 군용기, 헬리콥터, 제트기, 우주왕복선, 우주로켓, 우주선

등을 포함시킬 수 있다. 해양수단을 표현하는 소품으로 낚시 보트, 요트, 카누, 고무 뗏목, 원양 정기선, 군용 상륙용 주정, 잠수함, 보트가 있다. 또는 오토바이, 자전거, 기차, 마차, 신데렐라 마차 등이 준비되면 좋다.

행성 및 풍경과 다른 기타소품　　　하늘, 천체, 태양, 달, 별, 구름, 비, 무지개, 지구 등은 모든 내담자가 즐겨 사용한다. 자유의 여신상, 에펠탑, 보물 상자, 보물보석, 금화, 진주, 유리방울, 구슬, 관, 묘비, 다리, 깃발, 대포, 눈사람 등이 있다.

집에서 쓰는 물건들　　　침실, 욕실, 거실, 소파, 부엌, TV, 흔들의자, 서재, 유아 침대, 아동 침실과 장난감 세트 등이 있으며 청소기, 세탁기, 다리미, 사다리, 유모차, 삽, 청소도구가 있다. 식기, 접시, 맥주병, 와인잔, 음식, 쓰레기통, 파티용 케이크, 풍선, 선물 상자, 음식, 과일, 우편함, 들통, 전화, 풍차, 벤치 등을 준비한다.

음식소품　　　양육관련 돌봄의 질을 나타내는 중요한 상징적 소품이 음식소품이다. 과일, 야채, 곡식류, 인공 과자, 인스턴트 식품, 사탕류 등을 준비하고 때로는 내담자에 사탕을 먹는 경험도 제공한다. 냄새, 맛보기 등 감각적 경험은 모래상자치료의 새로운 치료적 경험물이다. 또한 술과 관련된 소품으로 술잔, 술병, 술주전자, 술상들은 알콜 및 약물 중독과 관련 있는 사람들에게 중요하다. 작은 빗자루, 비닐장갑, 모래를 거르는 채 등은 내담자가 자신들의 손이나 손가락으로 모래를 만지기를 원하지 않기 때문에 모래를 여기저기로 이동시킬 도구를 준비한다. 어떤 내담자는 자신들의 예술적이고 창의적인 표현을 잘 하기 위한 수단으로 도구를 사용하기도 하므로 다양하게 준비하는 것이 유용하다.

05 | 모래상자치료의 환경

- 김경희·이희자(2005). 모래상자놀이치료. 양서원.
- 김유숙·야마니카 야스니로 공저(2005). 모래놀이치료의 본질. 학지사.
- 노치현·황영희(1998). 모래놀이치료. 동서 문화원.
- 정경숙·우주영·정미나 공역(2014). 모래상자치료 임상지침서. 학지사. 47-74.
- De Domenico, G.(1995). *Sandtray world play: Acomprehensive guide to the use of the sandtray in phychotherapeutic and transformational settings.* Oakland, CA: Vision Quest Images.
- Linda E. Homeyer & Daniel S. Sweeney(2011). *SANDTRAY THERAPY A Practical Manual(2nd ed.).* by Taylor & Francis Group 270 Madison Avienue. New York, NY 10016: Routledge.
- Ryce—Menuhin, J.(1992). *Jungian Sandplay: The Wonerful therapy.* New York: Routledge

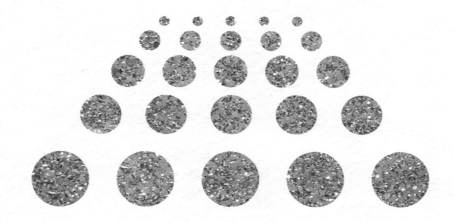

06

모래상자치료의 과정

한국모래상자치료학회
Korea Sandtray Therapy Association

제6장

모래상자치료의 과정

　　　　　　모래상자치료의 과정은 치료자와 내담자가 과거 태내기에 경험했던 따뜻한 어머니의 자궁과 같은 조건을 마련해 줌으로써 내담자는 손상된 어머니심상mothet image을 회복시키며, 자신의 자기self를 활성화시킨다. 또 건강하지 못한 자아ego는 건강한 자아로 재탄생하여 전체성을 이루게 하는 과정을 의미한다. 모래상자치료의 과정은 앞 장에서 살펴본 이론을 바탕으로 내담자의 문제나 특성들을 이해하고, 모래상자치료를 적용하여 변화되는 과정이다. 즉 내담자가 모래상자치료 기관을 찾는 순간부터 종결까지 전체 치료과정을 소개한다.

1. 치료의 시작

　　　　　　　　모래상자치료의 시작은 내담자가 모래상자 치료실을 들어오는 순간부터 시작된다. 내담자가 불안과 긴장으로 치료 기관을 방문할 때, 모래상자 치료사는 따뜻하고 친절한 분위기로 내담자를 맞이한다. 내담자가 심리적 안정감과 편안함을 느끼면서 도움을 받을 수 있다고 느낄 때 자연스럽게 다음 단계로 넘어간다.

:: 접수 상담

　　　　　　　　접수 상담은 내담자가 전화나 인터넷을 통해 치료기관과 처음으로 만나게 된다. 내담자가 실재 기관을 방문하여 치료 받을 것인지를 결정하는 과정이다. 기관에서 전화를 받는 사람은 짧은 시간 내에 내담자의 어려움에 대해 공감하고 도움을 받을 수 있다는 것을 알려 치료의 동기를 갖게 하는 것이 중요하다. 실제 내담자가 아동·청소년인 경우 의뢰자는 보호자나 학교 교사들이 접수 상담에 참여하는 경우도 있다. 최근 들어 교육부에서 위기 학생을 대상으로 치료비 지원 등으로 학교 장면에서 모래상자치료의 의뢰가 점점 늘어나고 있다. 일부 내담자나 보호자는 자신이 선택한 치료기관에서 도움을 받을 수 있을 지를 경계를 가지고 타진하는 정서적 반응을 느낄 수 있다. 접수 상담이 원만하게 이루지면 초기 면담으로 자연스럽게 이어지게 된다. 다음 접수 면담을 위해 내담자와 치료사가 합의하여 다음 면담을 위한 날짜와 시간을 예약한다. 예약한 날짜와 시간에 대해 내담자가 알아야 할 이유에 대해 설명하고 약속 날과 시간은 내담자를 위한 시간임을 알게 하고 내담자도 시간에 대한 책임감을 갖게 한다. 치료기관에서는 접수 상담에서 얻은 내담자의 기본정보와 예약날, 시간에 맞추어 내담자가 평안한 접수 면담이 진행되도록 해야 한다.

:: 성인내담자
  접수 면담

처음으로 기관을 방문한 내담자와 좋은 관계를 맺는 것은 치료과정에 영향을 미치기 때문에 친절하고, 따뜻하며, 민감하게 반응하여 기관과 치료사에 대한 신뢰감을 갖게 하는 것이 중요하다. 초기 면담은 치료기관에 따라 사례회의를 통해 내담자 문제에 적합한 치료자가 결정되는 경우도 있고, 접수 상담 후 치료사가 배정되어 진행되는 경우도 있다. 예약한 접수 면담을 위해 처음으로 기관을 방문한 내담자와 좋은 관계를 맺는 것은 치료나 치료사를 신뢰하도록 하여 치료적 동맹을 맺는 것이다. 최근 들어 심리상담이나 심리치료의 일반화로 내담자 자신이 치료기관에서 자신이 받을 수 있는 서비스의 정도, 전체적인 분위기, 치료사의 자격에 대해 꼼꼼하게 살피고, 치료에 함께 할 치료사에 대해 궁금해 하는 내담자도 있다. 성인 내담자들은 자신의 정보에 대해 비밀 유지에 민감하다. 이때 치료사는 친절하고 따뜻하며, 민감하게 반응할 수 있어야 한다. 무엇보다 접수 상담에서 제공받은 정보를 토대로 내담자에게 가장 적합한 치료사가 배치되어야 내담자 요구에 대한 실수를 줄일 수 있고, 내담자가 치료사를 신뢰하면서 다음 단계의 진행이 용이하다. 치료 계획을 세우기 위해 치료 동의서와 신청서를 작성하면서 시작된다. 내담자가 치료기관으로부터 도움을 받게 된

동기, 문제점, 이전의 상담 경험, 직업, 학력, 가족사항을 기록한다. 이때 치료사는 내담자가 자신의 문제에 대해 솔직하고 진실하게 작성해야 치료에 효과적이라는 것을 알게 한다. 이런 과정이 내담자가 자기 자신의 문제를 다시 한 번 인식하게 하여 보다 신중하고 책임감 있는 만남을 의도하기 때문이다. 치료사는 내담자가 기록하는 동안 내담자의 행동 특성을 파악할 수 있는 중요한 시간이 된다. 어떤 내담자는 치료실 환경에 호기심을 갖고 적극적으로 질문하고, 치료에 대한 긍정적인 반응을 보이는 내담자도 있다. 반면 치료실 환경에 대해 자신이 더 많이 알고 있다는 반응을 보이는 성인 내담자도 있다. 여기서 제시한 개인정보 활용 동의서와 치료 신청서 등은 기관의 특성에 맞는 서식을 사용하며, 작성하여 서명 또는 날인으로 확인한다.

∷ 아동·청소년 내담자
접수 면담

성인 내담자와 다르게 어린 내담자의 경우 자신이 치료실에 어떤 이유로 왔는지 모르고 보호자에 의해 치료실을 방문하여 상황을 알아차리는 내담자도 있다. 어린 내담자의 경우 자신의 문제 상황을 인지하지 못하는 경우가 있기 때문에 부모 면담으로 시작하는 경우도 있다. 또 어린 내담자의 경우 새로운 환경에 대한 불안으로 보호자의 뒤에 숨거나 보호자가 알아서 해 주기를 바라는 의존적인 반응을 보이기도 한다. 초등학생의 경우 자신의 문제가 무엇이지 인지하고, 치료사의 질문에 자신이 도움을 받고 싶은 부분이나 자신이 느끼는 생각과 감정에 관해 이야기할 수 있는 기회를 놓치지 말아야 한다. 또

치료사와 나눈 면담 내용에 대해 부모에게 알릴 것을 자연스럽게 말하는 경우도 있고 비밀을 지킬 것을 강조하는 내담자도 있다. 초등학교 고학년이나 청소년의 경우 거부적인 태도와 치료사를 타진하기도 한다. 청소년 대부분은 치료실 방문에 대해 비자발적이고, 상황을 회피하기 위해 치료사와 시선접촉이 어렵거나 외면하고, 심한 경우 저항하는 태도를 보일 때도 있다. 아동 및 청소년 치료에서는 부모 면담이 필수적이다. 현재 아동·청소년이 겪고 있는 문제의 정보에 관련된 모든 것을 부모를 통해 구체적으로 얻을 수 있기 때문이다. 부모 면담 기록지를 통해 아동의 현재 상태뿐 아니라 아동의 발달력, 주호소문제, 문제의 촉발요인, 심각성 등 치료사에게 도움 받고 싶은 내용에 대해 상세하게 기록하도록 하여 치료를 위한 평가와 치료 계획에 도움이 되도록 하여야 한다. 부모가 기록지에 기록하고 주고받은 내용에 대해 비밀이 보장된다는 것을 알려야 한다. 최근 들어 자녀와 함께 치료실을 방문하는 아버지들이 점점 늘어나고 있는 것을 알 수 있다. 아동에 대한 내용뿐 아니라 어머니와 아버지의 관계라 할지라도 각각의 나눈 치료 내용에 대해서도 비밀이 보장됨을 알려서 부모 각자의 생각과 느낌을 편안하게 이야기할 수 있게 한다. 대부분의 부모들은 치료과정에서 일어나는 상황에 대해 충분히 알고 싶어 한다. 치료과정에서 자녀가 부모에게 알리기를 거부하는 부분에 대해 비밀을 지켜야 하는 것에 대해 존중해야 하는 것을 알려야 한다. 그것에 대해 부모가 불편해 하지 않도록 치료의 전반적인 것에 대한 정보를 제공할 것을 설명하고 부모들을 안심시킨다. 또한 부모가 원하는 비밀에 대해 충분히 존중 받을 것이라는 것도 알려서 비밀에 대한 보장을 확인해야 한다. 다만 부모가 꼭 알아야 할 사실에 대해 함께 나눠야 하며, 아동·청소년에게도 알렸다는 것을 알게 한다. 부모가 방문 기록지를 작성한 내용을 살펴보면 자녀의 문제로 치료기관을 찾게 된

동기에 대해 말하게 된다. 대부분의 부모들은 자녀의 문제에 대해 매우 추상적으로 설명한다. 예를 들어 "우리 아이가 행복했으면 좋겠어요." 라고 말한다. 부모가 자녀의 문제에 대해 어떤 이야기를 하는지, 어떤 점을 힘들어하는지에 관해 치료사는 충분히 이야기를 나누고, 자녀의 문제를 좀 더 구체화하는 것이 필요하다. 자녀가 행복하지 않다고 생각하는 이유와 언제부터 그런 생각을 했는지, 자녀를 돕기 위해 부모는 어떤 방법을 사용했는지? 등을 면담시간에 명료화해야 한다. 우리가 부모와 자녀가 겪고 있는 문제의 원인을 정확하게 규명하고, 이러한 과정을 통해서 부모의 양육태도나 양육기술, 자녀에 대한 관심을 이해할 수 있게 된다. 아동·청소년을 위한 개인정보 동의서와 치료 동의서는 각 기관의 특성에 맞는 서식을 사용하며, 보호자가 서명 또는 날인으로 확인한다.

2. 평가

첫 면담을 통해 내담자에 관한 많은 정보를 수집하게 되는데 이러한 정보를 확인하고 보다 객관적인 평가자료를 얻기 위해서 심리검사와 모래상자치료를 실시할 수 있다. 심리검사는 평가자가 아동의 현재 문제나 증상에 대하여 전반적으로 인식하고 내담자나 부모에게 필요한 심리검사를 실시하여야 얻어진 정보를 유용하게 사용할 수 있다. 심리검사의 결과를 해석할 때는 행동관찰, 면담내용, 전문지식 등 종합적으로 평가해야 한다. 특히 어린 아동 내담자는 변화에 유의하여 제공된 자료에 대해 참고자료로 활용되어야 한다. 모래상자치료의 평가의 기본요소는 모래상자와 모래 그리고 소품이다. 모래상자치료의 평가는 훈련된 모래상자 치료사에 의해 전문적으로 실시되어야 한다는 점을 강조한다. 모래상자의 스토리, 모래상자의 구성, 모래상자를 꾸미는 태도, 모래상자의 공간배치, 모래상자에서 피겨의 관계성, 모래상자의 심리적 표현, 모래상자에서 피겨의 수와 빈도 등의 범주적 평가가 이루어져야 한다.

∷ 심리검사 및 평가

심리검사 및 평가는 전문적인 과정으로 심리검사, 면담, 행동관찰, 진문지식 등 여러 가지에 의해 이루어진다. 심리평가는 내담자를 이해하기 위한 것이기 때문에 행동, 인지, 정서 등 다양한 영역에서 수집한 정보를 통합할 필요가 있다. 모래상자치료에서 심리평가는 계획에 효과적인 참고자료가 된다. 심리검사는 내담자의 호소문제와 치료사의 소견에 따라 다르게 사용하는 경우도 있다. 심리검사 도구를 선정할 때 피검자의 의뢰사유를 반영해야 하고 검사도구의 신뢰도와 타당도가 적절해야 한다. 무엇보다 검사자가 검사도구에 전문지식을 갖고 검사를 시행해야 한다. 검사 진행 도중 돌발 상황에 대해서도 예측하고 자연스럽게 대처할 수 있어야 한다. 심리검사 과정에서 나타나는 특이한 반응이나 태도는 검사를 해석하는데 중요한 단서가 되므로 자세히 기록하여 결과 해석에 반영한다. 심리검사는 측정되는 내용과 검사제작 방법과 내담자의 호소문제의 특성에 따라 투사검사와 객관적 검사를 선택하여 실시할 수 있다. 검사의 종류는 다양하다. 투사검사는 사용방법이 간단하고 모호한 자극이 주어진다. 피검자가 검사목적에 따른 저항이나 방어를 중화시키는데 도움이 된다. 모호한 자극은 내담자의 표현을 풍부하게 하고 다양한 반응이나 독특한 심리적 특성을 반영하게 한다. 투사검사는 비구조적 검사지만 표준화된 검사이기 때문에 절차, 검사 실시방법, 채점방식은 일정한 표준절차를 따라야 한다. 신뢰도가 전반적으로 낮은 경향이 있어 한 사람의 주관적 해석에 치우쳐서는 안 된다. 투사검사의 종류는 집-나무-인물검사House-Tree-Test: HTP로 A4 4장을 준비하여 순서대로 집, 나무, 사람 그림을 그리도록 자극을 준다. 그리고 난 후 질의응답을 통해 내담자의 심리 상태를 파악할 수 있다. 모든 연령층을 대상으로 적용할 수 있고, 특히 언어적 표현이 어려운 내담자에게 효과적이다. 무의식적 개인의 세계를 자유롭고 솔직하게 반응하는 검사다. 로샤검사Rorschach Test는 10장의 그림카드를 제시하여 그 안에 있는 잉크반점에 대한 내담자의 반응을 분석하는 검사이다. 사고, 정서, 현실지각, 대인관계 방식 등 성격의 다차원적인 측면을 반영한다. 문장완성검사Sentence-Completion-Test: SCT는 미완성 문장을 제시하고 그 문장을 완성하게 하는 검사이다. 이 검사를 통해서 가족, 사회, 학교, 자기에 대한 내담자의 반응을 알 수 있다. 동적가족화Kinetic Family Drawing: KFD는 종이 한 장에 가족의 모습을 그린다. 그림을 통해 가족관계, 역동, 대인관계, 자기지각, 자기 인식 등에 대해 알 수 있다. 객관적 검사는 Wechsler 지능검사는 연령에 따라 아동용WISC, 성인용WAIS으로 다차원적이고 중다적인 총체적으로 구성되어 있다. 평가는 전체적, 인지적, 정서적, 행동적 측면을 종합적으로 평가하여야 한다. 대상 연령에 따라 아동용, 성인용으로 나누어 실시할 수 있다. 다면적인성검사Minnesota-Multiphasic-Personality Inventory: MMPI는 정상인의 성격특성뿐 아니라 정신과적 진단도구로 사용된다. 부모양육스트레스 검사Parenting-Stress Index: PSI는 부모-자녀간의 역기능적 상호작용, 아동의 까다로운 기질로 구성되었다. 점수가 높을수록 어머니가 양육스트레스를 많이 느끼고 있음을 알 수 있다. 심리평가psychological assessment는 완전한 인간으로서 내담자를 이해하기 위한 노력이기 때문에 행동, 인지, 정서, 대인관계, 조직체계 등으로 수집된 정보를 통합할 필요가 있다. 효과적인 치료계획을 위해 평가 내용에 내담자의 강점 및 약점, 주호소문제의 예후를 포함한다. 위의 심리검사를 내담자의 호소문제와 심각성은 심도 있게 고려해야 한다. 보다 전문적인 심리평가를 위해 임상심리사, 전문기관으로 연계하는 방법도 있다.

:: 모래상자치료의
평가

모래상자치료의 첫 회기는 매우 중요하다. 내담자와 치료자가 치료과정에서 가야할 방향을 제시하는 동기가 된다. 모래상자의 작품을 통해 내담자의 발달에 대한 전반적인 정보를 얻을 수 있기 때문이다. 예를 들어 내담자가 꾸민 모래상자의 작품 속에서 분위기와 주제 등 내담자의 자아발달, 지적수준, 감정표현, 에너지 수준, 적응성, 정서적 및 행동적 반응성 등 다양하게 정보를 얻을 수 있다. 앞에서 설명했듯이 모래상자치료의 기본요소는 모래상자와 모래, 소품이다. 모래상자를 이용한 초기면접에서 검사자는 일반 모래상자치료를 실시할 때와 마찬가지고 공감적이고 개방적이어야 한다. 그러나 평가를 위한 초기면접에서는 관계유지와 관계형성을 목적으로 하는 관찰자의 역할을 해야 하므로 내담자의 질문에 대해 단정하거나 해석은 하지 않는다. 아동들 대부분은 상자의 전체 면적을 사용하기도 한다. 따라서 모래상자에 놓이는 소품의 종류와 배치형태, 놓인 위치, 놓을 때의 태도 등은 내담자의 심리적 상태의 외적 표현으로 보며, 또 내적 갈등과 경험의 투영으로 볼 수 있다. 모래상자치료의 평가방법 중 가장 중요한 요인은 훈련을 통해 자격을 갖춘 모래상자치료사의 전문성이다. 모래상자치료의 평가방법에 대해 다음과 같이 요약할 수 있다. 첫째, 모래상자를 사용할 때 어떠한 모래를 선택하는 가에 관심을 두어야 한다. 모래상자에 대한 선택과 취급은 젖은 모래나 마른 모래 중에서 어느 것을 고르는가이다. 그리고 모래상자와 모래에 접근하는 태도를 관찰해야 한다. 예를 들면 처음 모래상자를 제공받았을 때 즉각 모래를 만지는지, 모래를 만지지 못하고 저항하는지를 살펴야 한다. 둘째, 모래상자를 꾸미기 위한 소품의 사용에 대한 관찰이다. 소품은 선택된 소품의 숫자를 알아본다. 예를 들면, 360개의 소품 중 35개보다 적으면 공허한 세계로 본다. 내담자가 최초로 선택한 소품은 어떤 것이지 기록한다. 또한 즐겨 선택하는 소품의 범주는 어떠한가 등을 평가의 대상으로 한다. 셋째, 모래상자를 꾸미는 발달수준에 대한 평가는 인지수준의 진단을 함께 한다. 넷째, 모래상자치료 공간구성의 형태는 아동이 모래상자의 전체 공간을 어떻게 사용하는가를 기준으로 하여 공간배치영역에 따라 해석한다. 다섯째, 모래상자를 꾸미는 태도는 모래상자를 꾸밀 때에 내담자가 나타내는 대표적인 방식을 관찰한다. 그 외에도 모래상자의 작품을 만들 때 소요시간 등이 진단준거가 된다.

모래상자치료 소개　　모래상자치료는 개인, 집단, 부부, 가족치료에 적용할 수 있다. 모래상자치료의 개입은 목표가 있어야 한다. 따라서 모래상자 치료과정을 계획하기 전에 대상별 모래상자치료를 소개하고자 한다.

▶ 아동·청소년의 모래상자치료　　아동기 특성은 신체와 신경계의 변화

와 심리적, 정신적 발달이 급속히 이루어지는 시기이다. 이 시기, 아동의 관심은 친구나 집단 속에서 안정감을 추구하는 시기이다. 이 시기의 특징은 자율성을 통해 자기를 만들어가기 위해 노력한다. 아동의 발달과정에는 개인차가 있으며, 외적으로는 조용하다 하더라도 아동기의 적극적인 에너지는 내적 조작능력이 급격한 발달을 이룬다. 또 운동능력이나 언어능력이 증가하게 된다. 아동은 자신의 내적 욕구를 쉽게 표현하고, 자신의 욕구를 스스로 해결해 나갈 수 있다고 하는 자기중심적이기도 하다. 무엇보다 외부세계에 많은 관심을 갖게 된다. 아동기는 긍정적 자아개념 및 여러 가지 사회적 기술을 익혀 건강한 사회인으로 성장하기 위한 바탕이 되는 중요한 시기이다. 아동 문제는 건강한 발달의 어려움에서 나타나는 문제들이 대부분이며, 부모가 돌보는데 어려움을 나타나는 경우가 많다. 따라서 아동의 행동 자체에 초점을 두기보다, 아동의 원형적인 세계와 내적 개인세계를 동시에 도울 수 있어야 한다. 모래상자치료사는 아동을 도울 때 부모의 협조를 구하고 환경 변화를 위해 부모가 함께 참여해야 함을 알아야 한다. 또한 이것은 아동의 연령이나 상황에 따라 다르게 접근해야 한다. 우리는 모래상자치료실을 찾은 아동내담자와 보호자를 따뜻하고 다정하게 맞이한다. 에너지가 많고 자기표현에 자유로운 아동내담자들은 치료자가 모래상자치료에 대해 설명하기 전에 "이거 장난감이네!" 또는 "이거 한적 있어요."라고 먼저 반응을 보이는 경우가 있다. 치료가 어떻게 모래상자치료를 소개하느냐는 치료가 필요한 내담자에게 중요한 영향을 미친다. 또한 이들은 모래상자치료실에 들어서면서부터 치료실의 환경에 빠져드는 경우가 있다. 모래상자치료에 대한 상호 이해를 돕기 위해 치료실의 분위기를 조절하여 아동에게 소개한다.

"모래상자치료실에 온 것을 환영한다. 어떤 것이 있는지 둘러보자! 우리가 약속한 시간동안 이곳의 모든 것은 너를 위한 것들이야. 이것이 '모래상자'라고 해. 모래를 만져 볼까? 모래를 보면 무엇이 생각나? 느낌은 어떠니? 지금부터 무엇을 할지 네가 정할 수 있어. (상자안의 모래를 치우고 바닥을 가리키며) 바닥은 파란색이야. 네가 작품을 만들 때 강, 호수, 바다, 하늘 등으로 이용해도 돼. (치료사가 모래를 가리키며) 네가 모래상자를 꾸미는 동안 선생님은 여기 의자에 조용히 앉아 있을게. 도움이 필요하면 요청해도 돼. 작품을 완성하거나, 그만하고 싶을 때 말해주면 돼. 완성된 작품을 선생님과 함께 감상하고, 나누기도 할 거야. 작품을 선생님이 사진으로 남기거나 너의 마음속에 담아 둘 수 있어. 모래를 선생님을 향해 뿌리거나 던지는 것은 금지하게 되어 있다는 것을 기억하면 좋겠다."

아동은 가끔 소품과 모래상자치료를 유아시절 모래놀이로 생각하는 경우가 있다. 치료사가 조용하고 단호하게 설명하면 어린 아동도 작품을 꾸미고, 설명할 수 있다는 것을 확인할 수 있다. 아동은 모래상자치료를 소개받으면 놀이하고 싶은 자신의 내적 충동을 조절하는 모습을 볼 수 있다. 하지만 어떤 아동들은 꾸미고 부수기를 반복하면서 내적 세계를 마음껏 표현한다. 청소년기는 과거 어느 때보다 긴 이행기를 경험하고 있다. 청소년기는 아동에서 성인으로 옮겨가는 과도기다. 이 시기의 청소년은 어린아이와 성숙한 성인과 구분되는 시기다. 심리적으로 미성숙한 상태, 신체적 급성장은 심리적 혼란과 불안을 경험하게 한다. 청소년은 성장과정에서 어떤 경험을 했는지가 성격 형성과 정서 발달에 영향을 미친다. 현실보다 가상적인 상황과 추상적인 사실에 관심을 보이며, 이상주의적 사고와 과장된 자의식과 자기에게 몰두한다. 또 타인과 자신의 관심사가 서로 다를 수 있다는 것을 이해하기 어렵다. 이 시기의 대부분 청소년들은 성인에 대한 거부적인 태도로 특히 상담이나 치료에 대한 동기가 낮고 비자발적이며 즉흥적 행동을 보인다. 무엇보다 사이버 공간에 매우 익숙하여 타인과 주변 환경에 의미를 두지 않는 경향이 있다. 청소년들에게 모래상자의 필요성은 성인과 달리 인지, 정서, 행동이 서로 뒤엉켜져 있기 때문에 충분히 표현할 수 있는 기회를 제공해 주어야 한다. 모래상자의 모래를 만지고, 파고, 업고, 꼭 쥐어보는 등 청소년기의 심리적 갈등을 그대로 표출 할 수 있는 매우 적합한 매체이다. 청소년기의 급격한 생리적 변화와 정체성의 혼란기의 갈등과 혼란을 겪고 있는 대부분의 청소년들은 낯선 성인에게 자신의 마음을 쉽게 열지 않으려는 특성을 지닌다. 청소년들이 모래상자치료가 자신의 내면을 표현하는데 거부적이지 않고, 쉽게 접근할 수 있는 매체라는 것을 알게 되면, 자신의 생각과 감정을 자연스럽게 표출해 낸다. 이것은 의사표현 방법으로 사용하기도 한다. 청소년에게 모래상자치료는 다양하게 이루어지고 있다. 학업중단 위기학생, 학교폭력, 또래관계문제, 부적응, 인터넷 과다사용 등 모래상자 치료사들은 임상에서 다양한 문제를 돕고 있다. 청소년내담자들에게 치료사는 아동과 다르게 접근해야 한다. 모래상자치료가 유아나 어린 아동들이 하는 것이라는 거부적인 태도를 보이는 청소년도 있다. 치료사는 자신들이 유아들과 같은 대접을 받는다는 느낌을 주지 않도록 충분히 배려해야 한다. 이들은 자신이 온전히 존중 받지 못하다고 생각하면 바로 치료를 철회할 수 있는 힘이 있다는 것을 우리는 기억해야 한다. 모래상자소개는 아동과 동일하게 설명하며, 청소년에 대한 존중감을 잃지 않아야 한다.

▶ 성인, 부모의 모래상자치료　　성인 내담자는 모래상자치료 환경을 보고 놀라고 또 자신에게 익숙한 재료들이 치료적 매체라는 것을 알면 다시 한 번 놀란다. 성인기는 부모로부터 심리적·경제적으로 독립하기 위해

직업을 선택하고 배우자를 찾으며, 다음 세대를 낳고 기르고 가르치는 보람을 느끼게 된다. 인지체계가 발달된 성인의 모래상자치료는 상징을 통하여 자신 안의 억압된 감정과 정서를 쉽게 표출하도록 하므로 자기 의식을 강화시켜주는 정서적 향상이 가능하게 된다. 특히 성인 내담자는 모래상자를 꾸미면서 자신의 감정과 삶의 양식을 잘 이해한다. 건강한 삶은 가족 전체에게도 영향을 미친다. 이 시기는 부부와 자녀관계의 심리적 안정감을 주기도 하지만, 때로는 예기치 않은 사고와 물질남용 등으로 가정의 갈등이 중년기의 위기로 작용하기도 한다. 성인은 모든 것이 성숙한 인간이라는 스스로의 틀에 갇혀서 자신을 방어하고, 학대하는 경향이 있다. 문제의 특성으로 자신과 주변에서 환영받지 못한 성격, 정서, 대인관계, 중독, 직업 및 정년 등 다양한 고민들에 둘러싸여 있는 내담자들과 모래상자치료가 함께 하고 있다. 모래상자치료에서 성인 내담자들은 처음 치료실에 들어서면 모래상자치료 상자나 소품들을 보면서 "아! 여기서는 주로 아이들을 대상으로 치료를 하시나요?"라고 언어적 표현과 함께 눈으로 소품들을 관찰하는 호기심을 보이기도 한다. 모래상자의 모래에 손을 "쏘~옥" 넣어 보고, 모래를 만진 내담자는 치료사가 어떻게 반응할지 타진하는 내담자도 있다. 특히 어떤 내담자는 소품을 만지면서 "이것은 무엇을 의미하나요?" 또는 가만히 서서 소품을 가리키면서 "저것은 무엇을 의미하나요?"라고 하는 내담자도 있다. 이때 치료사는 모래상자치료에 대해 친근감 있는 말투와 태도로 간단하게 소개해야 한다.

> "이것이 모래상자치료입니다. 우리는 이 모래상자치료를 아동부터 성인에 이르기까지 모두에게 적용합니다. 이것은 우리를 안전하고 비언어적인 방법으로 소통할 수 있게 하는 신기한 치료입니다. 모래상자치료는 도움이 필요한 내담자에게 도움을 줄 것입니다."

이렇듯 우리는 성인 내담자를 만나는 경우가 또 있다. 아동 내담자를 만나기 전에 그 부모를 먼저 만나게 된다. 또 아동, 청소년 치료회기가 끝나면 부모와의 만남이 이루어진다. 아동과 그 가족의 풍부한 발달사를 듣게 되면 아동의 문제를 해결하기 위해 부모가 치료를 함께 해야 하는 이유를 알게 된다. 아동의 치료가 진행될 때 우리는 치료과정을 유지하고 지속시키기 위해 부모와 치료적인 동맹을 맺어야 한다. 아동의 문제에 부모가 결코 자유로울 수 없기 때문이다. 아주 어린 아동의 경우도 관찰자의 부모 면담을 통해 아동에 대한 평가와 치료에 대한 제안을 의논한다. 우리는 자연스럽게 부부가 되는 경우가 많다. 부모의 역할이나 자세에 대해 특별히 배우지 않았다. 한 사람의 배우자를 만나서 결혼을 한 후 아이는 자연스럽게 찾아오고, 그때부터 부모역할은 시작된다. 삶의 형태와 관계는 의도적이든 아니든 변화하게 된다. 최근 모래상자치료실을 찾은 부모들은 자녀의 양육에 대해 회피하거나 전문가를 찾는 경우가 많아졌다. 모든 것이 전문화 되어가는 상황에서 부모역할도 전문가를 찾으며, 자녀의 문제 상황에서도 부모들은 어떻게 대처해야 하는지 도무지 모르겠다는 반응을 거침없이 표현한다. 부모와 자녀간의 갈등은 부모의 권위, 경제적 위기, 가정해체, 가족의 문화, 가족의 구조, 자율성 방해 등이 부모와 자녀간의 갈등을 촉발시키는 원인들이 된다. 이렇듯 우리는 각 개인 무의식과 집단의 무의식을 포함하여 원형적인 요소들은 부모-자녀 관계에서 어떤 형태로든 나타난다. 아동의 모래상자에서 나타나는 현상들이 부모의 성향을 반영하기도 한다. 부부가 함께 자녀의 치료에 참여한 경우, 한 사람이 이야기하는 과정을 기다리지 못하는 경우, 치료가 중단된 경우도 있다. 부모에게 모래상자치료를 소개할 때 자녀가 모래상자치료를 어떻게 활용할 것인지 이해할 수 있도록 설명하여야 한다.

"아이들에게 소품은 단어이고, 모래상자의 작품이 이야기가 됩니다. 소품은 이미지며, 상징으로 반영됩니다. 아이들은 모래상자치료의 소품과 작품을 통해 언어적·비언어적으로 자신 안의 소리를 표현합니다. 앞으로 진행될 치료과정은 아동과 부모가 함께 나눌 것입니다. 가끔 아이들은 자신의 작품과 내용에 대해 부모가 물어보면 "모르겠어" "그냥"이라고 합니다. 자신이 신뢰하지 않은 사람에게 말하고 싶지 않은 의미로 표현하기도 합니다. 청소년들은 자신의 문제를 대처할 자신만의 공간을 필요로 할 수 있기 때문에, 대개 부모와 모래상자치료의 과정을 공유하는 것을 거부하는 특성에 대해 기분 나쁘지 않게 알립니다."

3. 치료의 계획

이전 단계에서 명료화된 목표설정을 바탕으로 치료의 계획을 세워야 한다. 치료사는 내담자와 보호자의 주호소문제를 바탕으로 내담자의 자아발달과 개성화를 위하여 적절한 개입방법을 선택해야 한다. 내담자와 관련하여 수집된 면담자료 및 심리평가 결과들을 종합적으로 검토하여 세운 가설을 이루어 내야 한다. 치료목표의 구체화와 시간과 비용의 효율적 사용을 위해 치료의 계획을 세우게 된다. 치료의 계획은 모래상자치료의 회기 내 구조화를 의미하기도 한다. 치료회기의 구조화는 내담자가 모래상자, 모래, 소품의 선택 자유와 치료사의 역할에 의해 결정된다. 모래상자치료에서 구조화란 내담자가 안전하고 보호된 공간 속에서 자유롭게 치료를 진행할 수 있도록 치료사가 제공해 주는 기본적인 틀을 말하는 것으로 내담자를 위한 모든 치료 환경을 포함한다. 치료의 구조화는 치료과정, 즉 치료목표 설정, 치료기간과 회기, 비밀보장 및 치료사의 역할과 내담자의 역할 등에 대한 이해와 기대효과에 대한 안내를 통한 상호간의 합의를 의미하기도 한다. 먼저 목표 설정이다. 모든 인간은 적절한 조건일 때 건강한 자기를 이루어 낼 수 있는 자율성과 회복력을 기본가정으로 목표를 설정하게 된다. 초기 면담에서 수집한 정보와 심리검사 및 행동평가 그리고 모래상자치료에서 나타난 내담자에 대한 자료들을 바탕으로 도움이 필요한 부분에 대해 내담자와 치료자 또는 보호자가 치료의 목표를 계획한다. 목표설정에서 수집된 정보를 토대로 내담자의 기질, 특성에 대해 이해하고, 치료의 한계에 대해서도 미리 예측 가능해야 한다. 내담자의 현재 기능 패턴을 유지하는 요소들로서 가족, 대인관계, 사회적 환경 등의 경험 속에서 문제의 원인이 되는 요소들을 명확히 하고, 이를 약화시키거나 제거하도록 하는 치료 계획을 세운다. 치료 목표는 치료 초기에 설정하여 지속되는 경우도 있지만, 치료를 진행하는 과정에서 수정되는 경우도 있다. 둘째, 모래상자치료의 규칙과 제안이다. 모래상자치료는 비구조화 방법으로 내담자가 선택한 모래상자의 종류나, 모래, 소품 등을 관찰하면서 언어는 최소화 하면서 그 공간에 함께 하는 것이다. 특별히 내담자가 도움을 요청할 때 최소화 하여 도움을 준다. 치료실 환경은 깨끗하고 잘 정돈되어 있어야 한다. 내담자를 맞이하기 전 치료실을 점검하여 모래상자 안의 모래에 다른 이물질이나, 소품들이 숨어 있는 것이 없는지 확인하고, 마른 모래는 잘 건조되어 있어야 한다. 소품의 종류는 첫 회기에서 사용한 소품은 종결까지 유지되어야 한다. 한편 내담자는 소품을 소중하게 다루어야 한다. 모래상자치료의 규칙은 치료사에게는 절대 모래를 던지지 않는 것이다. 내담자가 자신의 작품을 사진으로 남기기를 원할 때 치료사는 조용하면서 단호하게 제안을 주어 치료에 도움이 되지 않는다는 것을 알린다. 셋째,

치료시간과 치료기간이다. 한 회기의 치료시간은 40~50분 정도 진행되며, 아동·청소년인 경우 부모면담이 15~20분 정도 진행된다는 것을 알려줌으로써 내담자들은 자신의 치료시간을 어떻게 활용할 것인지 계획할 수 있도록 도움을 줄 수 있다. 특히 내담자가 지적 능력 부족이나 발달장애, 강박장애, 자기조절의 어려움이 있는 경우 기본 시간을 정해주거나, 힘들어 하면 선택의 기회를 주기도 한다. 치료기간은 내담자의 치료의 목표 달성을 고려하여 치료기간_{회기}의 수를 내담자와 치료사가 서로 합의하여 결정하며, 치료기간은 치료 중에도 달라질 수 있다. 모래상자치료 종결은 내담자에 따라서 단 한 번의 회기로도 치료의 효과를 얻고 종결하기도 한다. 또 여러 회기동안의 만남 후 종결하는 경우도 있고, 6개월, 1년 또는 수년간 계속 되다 종결에 이르는 경우도 있다. 넷째, 비밀 보장이다. 모래상자치료실에서 이루어지는 모든 상황에 대해 비밀이 보장되어야 한다. 내담자를 충분히 존중하여 비밀은 보장되어야 한다. 다만 특별한 경우 내담자의 동의를 구해야 한다. 내담자가 자신을 해칠 경우나, 다른 사람을 해칠 위험이 있을 때는 비밀을 보장하기 어렵다는 것을 서로 이야기해야 하며, 치료과정에서 어떠한 사건도 만들지 않도록 미리 예방하여야 한다. 아동·청소년인 경우 치료 상황에 대해 어디까지 보호자에게 알릴 것인지 내담자와 치료자가 협의하여 허락된 부분까지만 나누어야 한다. 특히 아동 내담자와 청소년 내담자들은 자신과 밀착 관계나 의존하고 있는 대상으로부터 불안을 느낄 때 자신의 상황을 극구 반대하는 경향이 있다. 모래상자에서는 보호자의 면담에서 내담자의 모래상자의 장면을 보여주는 것이 아니라 언어로서 부모면담이 이루어진다는 것을 치료자가 충분히 설명할 수 있어야 한다. 다섯째, 치료자의 역할과 내담자의 역할이다. 모래상자치료에서 치료자의 역할과 내담자 역할에 대해 서로 이해하는 것은 치료의 효과를 위해 중요하다. 앞 장에서 모래상자 치료사의 역할에 대해 살펴보았듯이 로저스의 인간중심이론을 바탕으로 치료사와 내담자는 심리적으로 모ー자 관계를 이루는 진실한 보살핌과 내담자의 언어적·비언어적 태도에 대해 수용적이고 허용적인 태도로 함께 해야 한다. 치료사와 내담자는 치료 장면에 전이의 대상으로 존재할 수 있어야 하며, 전이는 내담자가 과거의 대상관계에서 풀지 못했던 상황을 풀어내고 해결하도록 한다. 내담자의 역할은 치료실에 오는 과정의 심리적 변화와 예약된 시간에 대한 책임감을 갖게 하는 것이다. 치료 회기 과정에서 시간을 적절하게 알려줌으로써 자신이 사용해야 하는 시간을 적절하게 사용할 수 있다. 가끔 시계를 보지 못하는 아동인 경우 시계바늘을 가리키며 "여기까지 가면 끝날 거야."라고 알려주므로 내담자가 자신을 스스로 조절할 수 있도록 한다.

4. 모래상자 치료과정

　　　　　　모래상자치료 회기 내 진행과정은 일정한 단계가 있다. 1단계 모래상자 장면 만들기, 2단계 자유연상 및 질문과 응답하기, 3단계 사진 찍고 허물기의 단계로 진행된다. 이에 대한 구체적인 설명은 회기별 진행과정에서 좀 더 자세하게 설명할 것이다. 모래상자치료 전체 진행과정은 모래상자치료 초기, 모래상자치료 중기, 모래상자치료 후기 및 종결, 그리고 추후 치료과정으로 구분한다.

초기

                      모래상자치료 초기는 보통 1~4회 또는 더 길게 지속되기도 하며, 때로는 1회만 나타나고 중기에 나타나는 모래상자가 표현되기도 한다. 초기 과정은 내담자와 치료사의 신뢰관계와 치료실 환경에 익숙해지는 시기이다. 치료사는 공감적 이해와 수용적 태도를 지니는 것이 절대적으로 필요하다. 내담자들은 과거 대상에 대한 불신과 심리적 불안의 표현으로 소품을 뒤집어 놓는다. 모래상자는 내담자의 심리적 자원 상태를 파악할 수 있는 상징 또는 장면으로 보여준다. 특히 치료사는 내담자를 하나의 개인으로 존중하며 안전한 환경을 제공하도록 노력해야 한다. 안전감을 획득한 내담자가 모래상자치료에서 자신의 내적 심리상태를 자유롭게 표현할 수 있기 때문이다. 이 과정은 내담자의 심리적 역동에 따라 전체성에 과정이 달라질 수 있다. 초기 모래상자 꾸미기에서 보이는 장면은 내담자가 현재 어느 지점에 위치해 있는지를 말해 준다. 내담자의 내적 심리상태를 충분히 표현하느냐 아니면 제자리에 머물러 있느냐 하는 것은 치료사의 영향이 크다. 내담자가 자신의 성장과정에서 해결하지 못했던 심리적 불안이 모래상자에 의식적, 무의식적으로 표현해 내는 것을 알 수 있다. 모래상자치료 초기의 자아는 보편적으로 동물과 식물로 표현되는 경우가 많으며, 혼란스럽다. 또 일상생활이 거의 등장하지 않고, 빈약하며, 생명이 없는 정지된 모습, 질서가 없으며, 소품과 모래가 뒤섞여 지각 변동을 연상하게 한다. 모래상자치료 전문가들은 그동안 많은 사례에서 초기의 특징은 동물과 식물을 주로 사용하며, 아동의 경우 특정한 주제 없이 소품들로 모래상자를 가득 채우는 혼돈상태를 표현하기도 한다. 예를 들면 모래가 거의 보이지 않을 정도로 소품들을 모래 위에 덮어버린다든지, 동물이 무섭게 싸우는 장면을 표현한다. 또 게임중독 성향 내담자들은 현실세계를 구분 못하는 판타지 세계나 공격적이고 파괴적인 세계가 초기에 나타나기도 한다. 특히 어린 아동의 경우 자율성 획득을 위한 내적 갈등을 일으키며 발달을 위해 그동안 부모와의 관계에서 지속되어온 통제에 대해 반항하면서 의존과 독립 사이에 갈등을 경험한다. 아동들은 그들의 자율성을 돕는 모래상자는 제한과 함께 안전함을 제공한다. 그래서 많은 소품들을 사용하여 혼란스러운 상황을 세우고, 무너뜨리면서 자기의 세계를 창조하는 것이다. 시간이 지나면서 아동들은 자신이 선택한 물건들을 구분하기 시작하고, 그것들을 상자를 가로질러서 한 줄로 세우기 시작한다. 소품들이 여러 회기에서 형태를 이루지 못하여도 아동의 세계에서는 큰 질서를 형성하기 시작하는 것이다. 이와 같이 치료사는 내담자가 소품을 활용하여 모래상자에 의식적·무의식적으로 표현하는 상징적 의미를 언어와 비언어적으로 표현할 수 있도록 자유로운 분위기를 만들어 주어 다음 중기 과정으로 발달을 이루어야 한다.

:: 모래상자치료
중기

　　　　　　　　　　모래상자치료 초기에 설정되었던 상담목표를 해결하기 위한 구체적인 작업이 이루어진다. 동물과 식물의 세계에 있던 내담자는 모래상자에 대극을 이루며 투쟁을 벌이거나 파괴하는 장면을 꾸미는 모래상자치료 중기에 접어들게 된다. 내담자가 모래상자치료에 적응되어 상자의 회기가 다양하게 확장되고, 핵심 문제에 접근해

가면서 그동안 무의식에 억압되었던 부정적 감정이나 양가감정 등이 본격적으로 표출되는 과정이기도 하다. 치료사는 내담자의 이러한 감정들을 민감하고 정확하게 반응해 주어야 한다. 중기 과정이 가장 오랜 기간이 되기도 하며, 내담자, 보호자, 치료사가 잘 견뎌내야 하는 힘든 시기이면서 문제해결에 이르게 하는 중요한 시기이다. 모래상자치료 중기의 특징은 내담자가 모래상자에 게임의 형태를 표현하는 것이 주된 핵심이다. 상대를 공격하고, 공격을 피해 달아나는 존재를 포함하는 행동들이 자주 모래상자에 표현된다. 이때 내담자는 소품들을 적군과 아군, 맹수와 약한 동물, 서로 다른 종류의 공룡들의 싸움을 표현하고, 모래상자를 왼편과 오른편으로 편을 나누어 사용한다. 하늘과 땅, 물과 불 등의 대극을 나타낸다. 또 내담자는 저항적이며 투쟁의 과정으로 치료사를 초대하여, 아군과 적군, 때로는 같은 편이 되기도 한다. 초기에는 대체로 양편이 모두 전멸하거나 한쪽편이 일방적으로 승리하는 등 투쟁을 보다 조직화하며 죽음을 당하는 극단적인 상황 보다 감옥에 갇히거나 새로운 영웅이 등장해 상황이 해결되어가는 보다 균형 잡힌 투쟁의 모습으로 발전해 간다. 특히 아동들은 성별에 따라 차이가 나타나는 데 남아들은 카우보이, 인디언, 군인, 경찰, 강한 동물들 사이의 전투장면을 더 표현하는 경향이 있다. 또 어떤 형태로든 파괴가 이루어지며 전쟁장면의 소리를 첨가하여 실제 싸움장면을 연상하게 한다. 때로는 홍수, 화산, 불, 폭발장면 등을 표현하기도 한다. 이것은 자신의 자아를 보다 강한 수준으로 재확립하기 위한 노력에서 기인하는 것으로 시간이 지나면서 단순히 파괴하고 부수는 투쟁장면은 점차 사라지고, 새롭게 뭔가를 창조하는 작업이 시도되기도 한다. 반면 여아들은 저항하는 힘을 가지고 개인적인 투쟁을 더 표현하는 경향이 있다. 군인들처럼 무장된 힘들 대신에 위험한 동물들을 자주 사용한다. 여아들의 모래상자치료는 일반적으로 침착하고 평화롭고 잔잔하다. 여아의 경우에는 파괴하거나 죽이고, 죽는 경우가 극히 드물게 나타난다. 여아들은 모래를 두드리거나 물을 부어 보기 흉한 형태를 만들거나, 자신과 동일시하는 동물을 가두거나, 판타지 한 장면을 꾸미는 등 자신의 갈등을 외적으로 표출하기 보다는 내적으로 해결하고자 하는 모습을 보인다. 이렇게 자신의 내적 본능을 자유롭게 표현하는 과정을 위해 이 시기에 여아는 소품들을 사용함에 있어서 자신의 본능적인 측면과 연결시키는 데 중점을 둔다. 모래상자치료를 통해 내담자의 문제 행동이나 태도가 점점 좋아지는 것 같았다가 퇴행하는 경우가 있다. 이는 모래상자치료의 특징이기도 하다. 내담자는 치료과정에서 발전과 퇴행을 반복하는 나선형의 형태를 띠며 발달을 이룬다. 특히 아동 내담자의 경우 안정적으로 서서히 발달을 이루다가 퇴행을 보이면 부모가 심리적 불안을 느낄 때가 있다. 아동의 행동이 불안정해지면서 부모 역시 불안해지고 치료에 대한 신뢰가 저하되기도 한다. 따라서 이런 때에는 부모의 면담을 통해 내담자가 투쟁과 발달을 반복하면서 건강한 자아를 이룰 수 있다는 것을 알리고 시간을 갖고 버텨주기와 인내심이 필요함을 알려야 한다. 치료 중기에서 모래상자의 땅은 서로 분리될 수 있다. 경계를 정하고 내적, 그리고 외적인 투쟁들, 예를 들어 보호와 한계를 제공하는 경계 벽을 사용하는 능력들이 나타난다. 투쟁들 그리고 다양한 물질들로 구성된 다리들을 포함하여서 구역들 사이를 다리나 그와 유사한 종류의 소품을 사용하여 연결시킨다. 이는 내담자가 저항하는 부분들을 연결하고 있음을 의미한다. 이러한 투쟁이 변화하는 과정 동안에 자신이 투쟁하는 측면에 대한 통합과 허용이 일어난다. 소품들은 모래상자 안에서 중심을 잡고 균형을 찾는 경향이 있다. 그것들은 서로 더 가까워지고, 접촉하거나 또는 중앙에 원의 형태를 가질지도 모른다. 그 원은 치료하는 자체를 통합하는 정신의 무의식적 시도일 것이다.

:: 모래상자치료
　　후기 및 종결

　　　　　　　　　모래상자치료 후기는 종결시점이 가까워진다
는 신호이기도 하다. 이때 내담자는 자신의 문제를 있는 그대로 수용하게
되고, 새롭게 만난 자아를 통해 다양한 문제 해결 능력을 갖고, 현실에 적
극적으로 대처하고 적응한다. 자신과 충분히 투쟁을 경험한 내담자의 모래
상자에는 점차 적응의 단계로 통합해 가는 장면이 나타난다. 또 내담자는
스스로 독립적이며 완성된 개체로 느끼면서 모래상자에 창의적인 작품이
연출된다. 이전 단계에서 충분히 자신과 만남을 경험한 내담자는 자신과
집단의 적응이 시작된다. 내담자는 많은 소품은 사용하지 않아도 그 내용
의 면에서 풍부함과 작품 안에 힘의 균형이 나타나는 것을 볼 수 있다. 대
체로 자동차, 트럭 등의 교통수단이 많이 등장하며 움직임이 활발하고 건
설이 많이 이루어진다. 이 시기는 질서가 회복되는 시기로 동물들은 적절
한 자리에 위치하게 되고, 농작물과 나무는 열매를 맺고 수확한다. 자연과
사람 사이에 균형이 잡히고, 마을과 도시를 잇는 도로가 건설되고, 내담자
는 자신의 내면세계에 몰입한 후 스토리가 자연스럽게 전개되는 등 집단
내에서 적응하는 모습을 보여준다. 청소년들은 성장하면서 자신이 속하게
될 세계를 보아야 하는 혼란스러움이 모래상자 작품에서도 나타난다. 모래
상자치료는 아동 자신의 관점에서 개별적이 자율권을 가졌다고 생각할 때
활동하기를 선택한다. 그리고 성인 치료자에게 지도권을 맡길 때 스스로
활동하고자 한다. 이러한 기간에 실제 생활 상황들을 묘사하는 장면들로
그리고 사회적 관점의 감각을 표현하는 것으로 상자 안의 장면을 꾸민다.
남아, 여아 모두 지역사회와 자신과의 관계를 이해하기 시작하고 모래상자
또한 지역사회 또는 마을을 많이 건설하며 남성적, 여성적 상징들이 등장

하기도 한다. 남아들은 외적인 기호들을 내세우려 하고 여아들은 내적인 기호들을 내세우는 경향이 있다. 종료 시점에 가까워지면 내담자는 독립적이며 완성된 개체가 된다. 모래상자치료에서 내담자의 종결을 의미하는 전체성의 상징은 네모, 긴 네모, 원의 이미지들이 표현되기도 한다. 종결을 효과적으로 이루기 위해 내담자와 치료사가 종결의 시점이 가까워짐을 인지할 때 한 달^{2~3회기}전에 내담자와 종결에 대해 나누어 내담자가 갑작스런 종결에 심리적 불안을 느끼지 않도록 시간을 가져야 한다. 어떤 내담자는 자신의 문제가 해결되었음을 알아차릴 때 종결을 이야기하기도 한다. 그러나 모두가 이러한 단계를 거친다고는 볼 수 없으며 아동의 경우 각 단계가 교차적으로 얽혀 나타나기도 하고, 특별한 경우에는 단 한 번의 모래상자치료를 통해 치료가 이루어지기도 한다. 종결은 치료의 적절한 종결 시기를 결정하는 준거가 내담자의 정신건강이 최상의 상태여야 함을 의미하는 것은 아니다. 종결 시기는 일반적으로 초기나 중기에 세운 목표가 달성되고, 내담자가 앞으로 발생할 문제를 다룰 수 있는 능력이 생활에서 발휘되고 있을 때 적절하다. 때로 종결의 시점을 내담자가 신호로서 알려주는 경우도 있다. 치료 시간에 말없이 나타나지 않는다거나, 내담자가 먼저 "그만 할게요."라고 한다. 또 다른 종결의 방법으로 치료 초기에 실시했던 검사를 동일하게 실시하여, 검사 결과와 함께 모래상자치료 후기에서 나타나는 결과를 종합하여 종결이 이루어지기도 한다. 마지막으로 치료 종결 후 필요할 때 추후 치료를 진행할 수 있다. 내담자가 일상생활에 잘 적응하고 있는지 행동 변화에 대해 지속적으로 관심을 갖고 점검해야 한다. 내담자가 잘 하는 것은 격려하고 어려운 부분은 보완할 수 있는 특별한 시간을 마련할 수 있다. 내담자에게 무슨 일이 일어나고 있는지에 대해 치료사에게 짧은 문자 메시지나 전화로 알리도록 하고, 도움을 요청할 경우 필요하면 1~2회기 정도 추후 치료를 진행하도록 한다.

- 강정원·홍기묵·안지영(2016). 영유아 교사를 위한 아동상담. 정민사.
- 김경희·이희자(2005). 모래상자놀이치료. 양서원.
- 김태련·강우선·김도연·김은정·김현정·박랑규·박희정·신문자·신민섭·이계원·이규미·이정숙·이종숙·장은진·조성원·조숙자(2011). 모래놀이 핸드북. 학지사.
- Homeyer, L. E. & Sweeney, D. S(2011). 정경숙·우주영·정미나 역(2014). 모래상자치료 임상지침서. 학지사.
- 정옥분(2008). 발달심리학. 학지사.
- 천성문·박명숙·박순득·박원모·이영순·전은주·정봉희(2009). 상담심리학의 이론과 실제. 학지사.

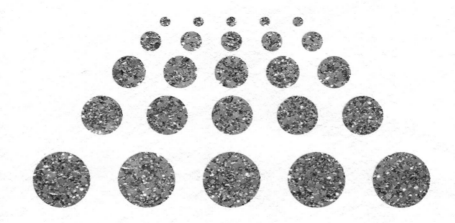

07

모래상자치료의 회기 내 진행과정

한국모래상자치료학회
Korea Sandtray Therapy Association

제7장

모래상자치료의 회기 내 진행과정

모래상자치료 진행방법은 내담자가 아동, 청소년, 성인에 상관없이 동일하지만 개인적인 특성과 발달적 특성을 고려하여 적용한다. 모래상자치료의 진행은 치료사의 이론적 배경에 따라 달라질 수 있으며, 치료사의 역할에 따라 변화될 수 있다. 내담자와 치료사는 자유롭지만 보호된 분위기의 공간에서 모래가 담긴 모래상자를 중간에 두고 일체성을 경험하는 상호교류의 과정을 거친다. 치료사는 내담자의 내적인 힘을 인지하면서 내담자를 위해 자유, 경계, 공간, 보호자로서 역할을 한다. 동시에 내담자에 대한 공감적 이해와 무조건적 긍정적 관심, 수용적인 태도를 지녀야 한다. 치료사는 내담자에게 자신을 완전히 표현하고 탐색할 수 있는 기회를 제공하여 치료적인 경험을 촉진시킬 수 있다. 모래상자치료사가 치료과정을 단순하게 연출하지 않고 역량있게 촉진할 때 내담자는 안정감과 유능감 및 자기 통제감의 성장을 통해 치유경험을 하게 된다.

이러한 치료적인 경험 안에서 진행되는 모래상자치료의 한 회기에는 일정한 양식이 있다. 한 회기의 모래상자 치료과정은 치료사의 치료방향과 그 시기 내담자의 요구에 맞춰 이루어지며 보통 50분 내외로 진행된다. 회기 내 모래상자치료의 과정은 1단계 모래상자 세계 만들기, 2단계 자유연상 및 질문과 응답하기, 3단계 사진찍고 허물기김경희·이희자. 2005이다. 반드시 이 단계를 따라야 하는 것은 아니며, 내담자에 따라 질문과 응답을 비롯한 이야기 나누는 시간을 생략할 수도 있다.

모래상자 세계 만들기 단계는 대략 30~35분 정도 소요되며 이 시간 동안 내담자는 모래상자 치료과정을 소개받고 자신이 원하는 소품을 선택하여 모래상자에 원하는 장면을 구성한다. 치료사는 내담자의 맞은편에 앉아 내담자의 활동을 객관적으로 관찰하고 기록한다. 내담자가 느끼는 것, 생각, 경험을 표현하도록 격려해주며 '반영해 주는 거울'로서 내담자를 지지한다. 자유연상 및 질문과 응답하기 단계는 내담자가 창조한 모래상자의 세계를 치료사와 함께 공유하는 시간으로, 질문과 함께 여러 가지 치료적인 개입이 이루어지며, 내담자의 경험을 깊고 넓어지게 하여 내담자의 무의식 자료를 의식수준으로 통합하는 것을 가능하게 해준다. 내담자와 치료사는 현재의 문제를 다루고 치료하며 무의식의 내면과 외부의 삶을 연결 짓도록 도와 삶에 적용시킬 수 있는 방법들을 탐색한다. 사진찍고 허물기 단계에서는 내담자의 치료회기를 기록하기 위해 내담자의 모래상자 장면을 사진으로 남긴 후 모래상자를 치우고 정리하는 과정을 거친다.

일반적으로 모래상자치료는 내담자에게 모래상자를 사용하려는 의도와 목적에 따라 내담자에게 적합한 모래상자치료 진행과정이 안내되고 그 방향성을 갖게 된다. 모래상자치료가 가치와 의미를 가지기 위해서 치료사는 모래상자치료 이론과 치료과정에 대한 깊은 이해를 길러야 한다.

본 장에서는 모래상자치료 한 회기를 진행하는데 사용할 수 있는 지침으로 모래상자 치료과정에서 각 단계가 어떻게 전개되는지 자세하게 살펴보고자 한다. 여기에 제시된 예는 치료사가 치료를 진행하는데 활용할 수 있는 방법으로 내담자의 반응에 따라 다양하게 적용할 수 있다.

1단계: 모래상자 세계 만들기

:: 내담자에게 모래상자치료
　　소개하기

　　　　　　　　모래상자치료는 개인의 내적인 과정이며 내담자에게는 특별한 경험이다. 치료사는 정해진 방법과 절차를 따르기보다 내담자의 상황과 요구에 따라 적절하게 소개하며 진행하는 것이 효과적이다. 치료사와 내담자가 치료적인 신뢰관계가 형성되었을 때 치료사는 회기 초반에 모래상자를 만들어보도록 제안할 수 있다. Boik과 Goodwin[2000]은 치료사가 모래상자를 만들어보도록 권유할 수 있는 가장 공통적인 상황을 다음과 같다고 하였다. 치료과정이 막혔을 때, 감정과 생각을 말로 표현할 수 없을 때, 감정이 막혔을 때, 이해할 수 없는 통렬한 꿈을 꿨을 때, 혼란스러울 때, 결정하지 못할 때, 해결해야 할 어려운 문제가 있을 때, 직면하여 해결해야 할 외상이 있을 경우로 보고 있다. 내담자에게 모래상자 작업을 제안할 때에는 내담자에게 유익한 사항을 반복해서 말하거나 긍정적인 기대를 갖게 하는 것이 도움이 된다. 단 내담자가 원할 경우 모래상자치료가 진행되어야 하며, 내담자가 원하

193

지 않을 때에는 억지로 강요하지 않아야 한다.

모래상자치료는 일반적으로 치료사가 내담자에게 모래상자를 소개하는 순간부터 시작된다. 내담자마다 심리적인 발달과정이 개인에 따라 다르게 나타날 수 있어 내담자가 모래상자 치료실을 들어가는 순간부터 시작되기도 하고, 모래상자를 보거나 소품을 관찰하는 순간부터 시작되기도 한다. 모래상자는 우주이며 세계를 상징하는 것으로 개인의 정신과 신체를 모두 내포하며 내담자의 무의식과 의식을 표현하게 한다. 모래상자는 의식과 무의식을 연결 짓는 중요한 통로의 역할을 하며김경희·이희자, 2005, 내담자가 치료실에서 모래상자를 보는 순간이나 소품을 보는 순간 무의식과의 접촉이 이루어질 수 있다.

내담자가 모래상자를 경험할 준비가 되어 있을 때 모래상자와 소품 및 진행절차에 대해 구체적으로 소개한다. 먼저 치료사는 내담자에게 여러 종류의 모래가 담긴 모래상자를 보여주고 모래를 만져보도록 한다. 만일 내담자가 모래를 만지기 꺼려할 경우 치료사가 모래를 만지고 움직이는 것을 보여준 후 내담자와 함께 모래를 만져보며 느낌을 물어보거나 연상작업을 하는 과정을 통해 내담자가 모래에 적응할 수 있도록 도와줄 수 있다.

모래는 창조적인 퇴행을 불러일으킨다Weinrib, 2004. 내담자가 모래상자 안에 자신의 손을 넣어 모래와 접촉하는 순간 자연스럽게 어린 시절의 경험으로 퇴행한다. 언어를 습득하기 이전 단계인 전언어단계로 가서 무의식과의 접촉을 시도하여 무의식이 활성화 될 가능성이 있다. 모래는 창조되기 전 무형의 상태로 돌아갈 수 있게 해주며 파괴된 이미지를 가려주고 덮어주는 역할을 한다Domenico, 1996. 모래는 정신적인 상처가 있던 그 시점으로 내담자를 가게 하여 그 곳에서부터 내적인 성장을 시작하게 하는 자율적인 치유능력을 가지고 있다Homeyer & Sweeney, 2011. 김경희2005

는 무의식에는 파괴적인 힘이라든지 부정적인 내용도 존재하지만 오히려 인간의 창조활동의 원천이며 무의식과의 접촉을 지속시킴으로써 인간의 개성화 과정을 촉진시킨다고 하였다.

모래를 움직여 상자의 바닥에 파란색이 보이면 모래상자를 꾸미면서 물연못, 강이나 바다이나 하늘로 표현될 수 있음을 설명한다. 치료사는 젖은 모래로 어떠한 형태를 만들 수 있다는 것을 보여준다. 옆에 마련된 물이 담긴 병최대한 500㎖를 넘지 않아야 한다을 보여주고 내담자가 원할 경우 모래상자에 물을 부어 모래를 적시도록 할 수 있다는 것을 알려준다. 내담자에게 젖은 모래를 만져보게 하거나 물을 부어보도록 허용할 수 있다. 내담자에게 마른 모래나 젖은 모래를 사용할 수 있다고 말해준다.

> "(모래를 헤쳐 상자의 바닥이 보이게 한다) 모래상자의 바닥은 파란색이에요. 무엇이 연상되시나요? 모래상자의 바닥을 이용하여 강이나 바다, 하늘을 만들 수 있어요. 모래를 조금씩 움직여보세요. 만약 물을 사용하기를 원한다면 옆에 있는 물병의 물을 부어 어떤 모양을 만들 수도 있어요. (두 개의 모래상자로 시범을 보인다) 젖은 모래와 마른 모래 어떤 것을 사용해도 좋습니다."

치료실에 비치된 소품들은 쉽게 찾을 수 있도록 범주별로 배치되어 있음을 알려준다. 내담자의 속도에 따라 서두르지 않고 천천히 소품을 감상한다. 다양한 소품들을 보여주며 내담자가 꺼내 만져보게 하고, 내담자가 원하는 대로 소품들을 사용하여 모래상자를 꾸미거나 원하는 모양으로 표현할 수 있음을 알려준다. 각 소품의 용도는 정해진 것이 아닌 내담자가 부여하는 의미에 따라 자신만의 방식으로 쓸 수 있음을 설명한다. 소품을 관찰하는 내담자가 원하는 것을 찾지 못해 치료사에게 도움을 요청할 때에는 소품의 위치를 가르쳐 줄 수 있다. 만약 내담자가 원하는 소품이 없을 경우에는 점토나 종이를 활용하여 즉석에서 만들어 사용할 수도 있으며, 대체물을 제공하여 상징화시킬 수도 있다. 내담자가 상담실에 있는 것 외에 특별한 것을 찾을 때에는 가능한 치료사가 구입해 놓을 수 있도록 한다. 내담자가 어떤 것이든 만들 수 있고 언제든지 만든 것을 바꿀 수 있다고 설명한다. 아무것도 사용하지 않아도 되고 단 몇 개의 소품만으로 모래상자를 꾸밀 수도 있다는 등 내담자가 원하는 대로 할 수 있다고 말해준다.

> "(소품들을 가리키며) 여기 소품들이 있습니다. 이것들을 찬찬히 살펴본 후에 관심을 끄는 것이나 좋아하는 것, 당신에게 '말을 거는 것'을 선택하여 모래 위에 놓으세요. 그런 다음 원하는 만큼 소품들을 추가하세요. 깊이 생각하지 않고 소품을 가져오는 것이 때로는 문제를 해결할 수 있는 통찰을 가져다 줄 수 있습니다. 좋아하거나 멋진 소품을 가져올 수도 있고, 싫거나 두려운 마음이 드는 소품을 가져올 수도 있어요. 모래상자에서는 옳거나 그른 것은 없답니다. 소품들은 단지 우리 마음속 언어로 표현되지 못하는 어떤 것들을 상징적으로 나타내는 것입니다. 만약 원하는 것을 찾지 못하면 도움을 요청하세요. 어디에 있는지 알려줄 수도 있고 직접 만들어 사용할 수도 있습니다. … 모래와 소품들을 사용해서 무엇이든지 원하는 대로 만들어보세요. 어떤 그림이나 장면을 만들 수 있고 모래상자에 대해 어떤 이야기든지 할 수 있습니다. 떠오르는 것은 무엇이든지 할 수 있지요. 여기에 당신의 세상을 만들어보세요. 하나의 장면을 만들어보아도 좋습니다."

일반적으로 치료사와 내담자는 서로 마주보며 앉는다. 치료사는 내담자의 반대편에 앉아 내담자 세계의 뒷모습을 볼 수 있다De Domenico, 1988. 이러한 위치에서는 내담자와 치료사 사이에서의 의사전달이 내담자에게서 모래상자를 지나 치료사에게 오고, 다시 치료사에게 모래상자를 지나 내담자로 가는 방식으로 이루어지기 때문에 치료사와 내담자간의 에너지 흐름을 촉진시키며 친밀감과 교류를 높여줄 수 있다Boik & Goodwin, 2000. 그러나 치료실 공간 때문에 이렇게 앉지 못할 경우에는 내담자와 90~150㎝ 정도 떨어져 모래상자 측면에 앉을 수 있다. 이런 위치는 대부분의 내담자에게 편안함을 준다.

내담자의 모래상자가 완성되면 치료사와 내담자가 함께 모래상자를 살펴보며 이야기를 나눌 것임을 알려준다. 더불어 내담자가 모래상자 작업을 하는 동안 내담자의 진행과정에 대한 이해와 치료에 도움이 되는 것을 고려해 내담자의 활동을 기록하며 그림을 그리고 사진을 찍을 수 있음을 설명한다.

> "당신이 모래상자를 꾸미는 동안 저는 조용히 앉아 당신이 하는 것을 기록할 것입니다. 중간에 모양을 바꿀 수도 있으며, 상자 안에서 소품을 치우거나 추가해도 좋습니다. 모래상자를 꾸미는 작업이 끝나면 저에게 알려주세요. 당신과 함께 모래상자를 살펴보며 모래상자를 꾸미는 동안에 어떤 연상이 있었는지 이야기를 나누어볼 거예요. 그때 저는 당신의 이야기를 받아 적고 사진을 찍을 것입니다. 혹시 지금 모래상자 작업을 하고 싶으신가요, 아니면 나중에 할까요?"

물론 위에서 제시한 방법들이 모든 것에 적용되는 포괄적인 방법이라고는 할 수 없다. 내담자에게 모래상자를 소개할 때 치료사에게 가장 맞는 것, 가장 편안함을 느끼는 방법들을 사용할 것을 권유한다. 모래상자에 대한 치료사의 주관적인 경험은 내담자에게 모래상자치료를 소개하고 진행하는데 유용하며 내담자 개개인의 모래상자를 이해하는데 많은 도움이 된다김경희·이희자, 2005.

:: 모래상자 세계
   만들기

먼저 내담자가 상담실에 들어왔을 때의 태도를 관찰하고 편안한 분위기를 만들어준다. 내담자는 자신이 원하는 편안한 자리를 선택해서 앉는다. 치료사와 내담자는 한 주간 경험하였던 일상적인 이야기나 특별한 내용의 이야기 혹은 날씨 등의 가벼운 대화를 나눈다. 잠시 동안 침묵으로 긴장을 풀고 모래상자를 경험할 준비가 되면 치료사는 모래상자 작업을 권한다. 내담자에 따라 바로 소품을 탐색하고 시작하는 경우도 있다.

모래상자치료에서 장면 만들기　　모래상자치료에서 장면을 만드는 단계는 대략 15~30분 정도 소요되며 내담자는 자신이 원하는 소품을 선택하여 모래상자에 원하는 장면을 구성한다.

내담자에게 모래상자 치료과정을 다시 한번 간략하게 설명한 후 모래상자와 소품을 고르게 한다. 치료사는 조용히 기다리며 내담자가 필요한 만큼 시간을 준다. 불편해하는 내담자에게는 "서두르지 마시고 충분한 시간을 갖으며 편안하게 생각하셔도 됩니다. 무엇을 해도 좋습니다."라고 조용히 격려해줄 수 있다.

만약 내담자가 모래상자 장면을 만들 때 계속 서 있으면 일단 내담자에게 자리에 앉으라고 권유한다. 이는 치료사가 내담자에게 편안함을 주는 하나의 소통방법Homeyer & Sweeney, 2011이며, 치료사는 내담자의 맞은편에 앉아 내담자의 활동을 기록한다. 모래상자를 꾸미는 동안 치료사와 함께 상호작용하며 이야기하는 내담자가 있다. 이때에 치료사는 어떤 식으로든 내담자에게 영향을 줄 해석, 평가, 생각이나 질문은 하지 않고 반영만 해야 한다. 그러나 예외적인 경우로 내성적이고 위축된 내담자가 말하면서 긴장이 풀린다면 내담자의 긴장을 풀고 이완할 수 있게 돕는 것이 치료의 목적이 되기 때문에 치료사는 내담자가 대화하는 것을 도와줄 수 있다. 내담자에 따라 치료사에게 함께 만들자고 말하거나 모래상자 장면을 꾸미지 않고 모래를 손으로 만지기만 하면서 이야기를 시작하는 내담자도 있다. 이와 같은 경우 무엇보다도 중요한 것은 모래상자 치료의 목적은 치료에 있으며, 모래상자를 꾸미는 그 자체는 아니라는 것이다. 치료사는 모래상자를 사용하려는 의도와 목적을 분명이 알아야 하며 이에 대해 자유롭게 판단하여 대처해 나가면 된다.

모래상자에서 장면을 만드는 동안의 치료사의 태도　　모래상자치료에서 치료사는 내담자가 모래상자치료를 시작할 수 있도록 소개하고 인도하는 안내자의 역할을 한다. 또한 내담자가 소품을 발견하는데 도움을 주거나 전체 모래상자를 꾸미는 과정에서 공감하며 관찰자로 참여한다김경희·이희자, 2005.

　내담자가 모래상자 안에서 장면을 구성하며 작품을 만드는 과정은 내담자에게는 자신의 가장 깊고 알지 못하는 영역을 치료사에게 맡기는 신성한 작업Turner, 2005으로, 치료사는 가능한 내담자가 모래상자를 꾸미는 순간에 함께 모래상자 꾸미기에 참석하는 마음으로 관찰하면서 존재하여야 한다. 치료사의 관심 있는 자세와 관찰은 내담자로 하여금 자신이 수용되고 보살핌을 받는다는 느낌이 들게 하며, 이는 내담자의 치유과정을 돕는다. 치료사의 참여는 내담자가 자유로움과 안전감을 느끼면서 내면의 변화가 이루어지도록 촉진시킬 수 있다.

　치료사는 내담자에 대한 신뢰와 존중의 태도로 내담자가 자기 치유능력을 발휘할 수 있도록 모자일체성이 작용되는 마음을 갖는다. 내담자가 경험하는 것을 지켜보고 존중해야 하는 역할과 안전하고 보호된 공간을 만들어 안전감을 유지시켜야 할 중요한 책임이 있다Boik & Goodwin, 2000. 김유숙2005은 모래상자치료 작품이 치료사와 내담자의 상호작용의 결과로서 치료사가 어떤 이해를 가지고 지켜보는가에 따라 작품의 질이나 결과가 달라진다고 하였다.

치료사의 관찰　　내담자가 모래상자 장면을 꾸미는 동안 치료사는 반드시 같이 참석해야 하며, 내담자의 허락을 받아 내담자의 활동을 기록하고 치료과정을 객관적으로 관찰한다. 치료사는 내담자가 상호작용이나 도움을 요청하지 않는 한 적극적으로 개입하지 않아야 한다.

　우선 치료사는 내담자가 모래상자에 접근하는 방식과 소품을 고르고 모래상자 장면을 꾸미는 태도를 관찰한다. 모래와 물, 소품을 사용하는지, 뭔가를 향해 움직이고 멀어졌는지를 주목한다. 모래상자를 꾸밀 때 매우 빠르게 하는지, 천천히 생각하며 하는지, 소품으로 장면을 구성하는 것보다 모래로 놀이 하는 것을 더 편안해하는지를 본다. 내담자가 모래와 어떻게 상호작용하는가를 관찰한다. 내담자가 모래 표면을 매끄럽게 만드는데 얼마나 많은 시간을 쓰는지, 모래를 이리저리 움직이며 영역을 만드는지, 잠깐 동안만 모래를 만지거나 모래를 만지지 않기 위해 조심하는지를 살펴본다. 모래가 이동되는 방향과 분리되어 모래상자의 파란 바닥이 들어나는지를 주목한다. 이러한 것들은 내담자가 토대를 만들고 중심을 잡는 행동일 수 있다.

　다음으로 치료사는 내담자가 선택한 소품의 특성에 주목한다. 소품의 질감이나 색, 크기를 관찰한다. 소품을 선택하고 놓는 순서와 방식, 소품의 수를 파악한다. 다양한 색상, 크기, 질감의 소품들은 내담자가 의식하는 대상 또는 무의식적 소망과 순간의 경험들을 상징하는 다양한 주제로 사용된다. 내담자가 관심을 갖거나 싫어하는 소품, 선택하고 만졌으나 모래상자 위에 놓지 않는 소품이 무엇인지 살펴본다. 내담자는 때때로 소품을 과감히 놓거나 머뭇거리며 조심스럽게 놓는다. 상자에 놓았던 소품을 다른 위치로 이동시키거나 상자 밖으로 빼 버리기도 한다. 이때 내담자의 태도를 주목한다. 소품의 놓인 방향을 관찰한다. 다른 대상으로부터 소품의 뚜렷한 분리가 나타나는지, 둘이나 셋 등의 무리를 같은 부류로 모아 놓는지 반대의 부류로 함께 놓는지를 본다. 소품이 다른 소품을 향해 있는지 아닌지, 소품을 모래 속에 깊이 세우거나 눕혀 놓는지, 위에 있는지, 아래에 있는지, 파묻혀 있거나 감춰져 있는지, 한 곳에 있는지 등을 살펴본다. 또한 모래상자에서의 공간사용이나 공간 안에서의 피겨의 배치도 관찰한다. 공간에 나타난 이미지는 무의식적인 활동을 나타내며 배치된 피겨는 내담자의 관점에 대한 중요한 표시를 보여준다. 모래상자의 한 부분이 비어있는지, 소품과 상자의 영역이 나뉘어 있는지, 모래나 소품이 기하학적으로 놓여있는지 등 모래로 모양을 만드는 것과 피겨의 배열에서 형태의 질과 지배적인 것이 무엇인지 관찰한다. 마지막으로 소품의 이름을 붙이는데 사용한 내담자의 언어와 내담자가 모래상자 세계를 만들 때의 얼굴 표정, 몸의 에너지, 한숨 짓는 것 등 비언어적인 표현에 주목한다.

　모래상자에 세계를 꾸미는 것은 내담자에게는 자신을 드러내는 작업이며 깊은 경험이기 때문에 모래상자 장면을 구성하면서 내담자가 하는 모든 것은 내담자의 내면세계의 표현으로 중요한 의미가 있다. 객관적인 관찰과정을 통해 치료사는 내담자에 대한 중요한 정보를 얻을 수 있으며, 관찰하며 얻은 정보는 내담자를 치료하는데 토대가 된다.

회기의 기록　　　기록은 내담자의 여정을 보여주는 지도가 된다. 치료사는 내담자의 세계가 어떻게 만들어내는지 기억하기 위해 내담자가 모래상자를 꾸미는 동안에 내담자의 활동을 관찰하며 기록한다. 기록을 하면 기억하기도 쉽고 장면구성의 순서와 변화를 주시할 수 있다. 치료사가 모래상자 치료과정의 관찰내용을 기록하는 것은 시간이 흐른 뒤에도 내담자의 모래상자 이미지를 구체화하여 내담자의 변화과정을 검토할 수 있으며, 내담자를 보다 잘 이해할 수 있게 되고 내담자를 좀 더 돕기 위한 것이다. 기록을 하려면 꼭 내담자의 허락을 받아야 하며 기록을 하는 이유를 설명하고 기록하는 자료는 비밀이 보장됨을 알려야 한다.

내담자가 모래상자 장면을 구성하는 동안 일어나는 일을 치료자가 자세하게 관찰할지라도 그 모든 것을 전부 기록할 수는 없다. 한 회기를 기록하는 가장 완벽한 방법은 비디오 촬영이다. Domenico[1988]는 처음으로 모래상자치료를 비디오로 남기는 방법을 제안하였다. 비디오는 모래상자 치료과정에서 변화한 것, 표현한 통찰, 언어적이거나 비언어적인 행동 등 회기의 모든 세부과정이 기록되고 필요할 때마다 비디오 테이프의 전체나 특정 부분을 되돌려 볼 수 있는 장점이 있다. 그러나 비용이 많이 들고 전체적인 치료과정을 재검토하는 불편함이 있으며 시간이 많이 걸린다는 단점이 있다.

모래상자 치료과정의 세부적인 기록이 필요하다면 상세하게 적어보기를 권한다. 기록을 할 때에는 특정 관찰 내용을 일어난 순서대로 기록하는 것이 좋다. 기록은 기록용지를 사용하여 내담자가 선택한 소품을 차례로 기록하며 내담자가 만드는 모래상자를 단순한 선과 기호를 통해 그림을 그린다. 이때 소품의 진행방향 등을 화살표로 표시한다. 기록을 할 때에는 다음의 사항을 고려하여 기록한다.

치료사는 내담자의 모래상자에 소품들이 놓여지는 순서와 모래와 물의 움직임들을 기록한다. 내담자가 고른 모래의 입자와 색깔, 그리고 상자의 형태를 기록한다. 또한 모래를 어디서 어떻게 옮겼는지, 내담자가 물을 사용하는지, 사용한다면 얼마나 많이 사용하는지를 기록한다. 내담자가 선택한 소품은 선택한 순서에 따라 기록한다. 처음에 선택한 소품은 중요하므로 반드시 기록한다. 선택된 소품들은 물론 내담자가 만지거나 바꾼 것을 모두 포함하며, 선택하였으나 상자 안에 놓지 않고 모래상자 옆에 둔 소품이 있다면 그것 또한 기록한다. 소품의 방향이 어디를 향하고 있는지를 함께 기록한다. 소품이 내담자를 향해 있는지, 좌나 우를 향하고 있는지 등의 요소는 내담자의 무의식을 이해하는 좋은 자료가 된다. 내담자가 반복적으로 건드리거나 여러 회기에 걸쳐 반복적으로 나타나는 소품 등은 내담자에게 특별한 의미있는 것일 수 있다. 이와 함께 내담자가 모래 속에 묻는 것, 소품들을 배치함에 있어 어떤 상징적인 표현이 나타나고 있는지 등을 함께 기록한다. 모래상자에서의 공간적인 배치도 상징적 의미를 지니고 있으며, 내적 흐름을 보여주는 것이므로 치료사는 면밀히 기록한다. 모래상자의 각 영역들이 분리 또는 연결되어 있는가를 기록한다. 모래상자를 꾸미는 내담자의 태도, 언어, 행동 및 정서 표현 등도 기록되어야 한다. 작업 중간 내담자가 머뭇거리는 순간이 있거나 지연되는 부분이 있다면 어떤 부분에서 내담자의 반응이 나타났는지 기록해 둔다. 모래상자를 정리하는 과정에서 무엇을 처음으로 제거했는지, 그리고 어떻게 파괴시키는지 등의 과정과 태도 등을 기록한다. 또한 내담자의 치료과정 및 역전이 탐색을 위해 치료자가 느끼는 감정과 생각들을 기록한다.

치료사의 관찰을 통해 내담자는 자신의 활동을 지지받고 있다는 느낌을 가지게 되며 내적인 경험을 활동으로 나타내도록 자극을 받게 된다. 치료사는 내담자의 모든 활동이 중요함을 인식하고 내담자의 사고와 감정 및 무의식의 흐름을 올바로 이해하기 위해 내담자의 작업을 사실적이고 있는 그대로 기록한다. 이를 통해 치료사는 내담자를 보다 깊이 이해할 수 있게 되며 내담자로 하여금 안정된 환경에서 깊이 있고 자유로운 탐색작업을 할 수 있도록 돕는 역할을 하게 된다. 그러나 가장 중요한 것은 기록에 몰두하여 내담자의 욕구를 파악하지 못하거나 내담자의 정신세계를 이해하지 못하는 잘못을 범하지 않도록 주의해야 한다.

다음에 제시한 표는 회기를 기록하기 위해 한국모래상자치료학회에서 사용하는 기록양식이다. 치료사 개인의 필요에 맞게 편리하고 유용한 방법으로 응용해서 사용하기를 권한다.

〈회기기록지〉

내 담 자		날 짜		모래상자	오른쪽	모래상태	

상담사

내담자

1			16		
2			17		
3			18		
4			19		
5			20		
6			21		
7			22		
8			23		
9			24		
10			25		
11			26		
12			27		
13			28		
14			29		
15			30		

:: 자유연상과
   감상

　　　　　　　내담자가 모래상자를 완성하고 나면 내담자
는 자신이 창조한 모래상자를 감상한다. 내담자는 자신이 만든 모래상자
세계를 깊게 체험하고 경험한다. 치료사는 내담자가 자신이 만든 세계에
충분히 동화하도록 조용히 앉아있고, 내담자가 그 세계에 몰입하도록 격
려한다. 이 과정에서 내담자는 스스로 자신의 내면을 바라보게 되어 전
체적인 윤곽을 잡아 나갈 수 있게 된다. 모래상자를 만들고 그것을 경험
해 보는 것은 내담자에게 의미 있고 값진 일이다. 치료사는 내담자가 창
조한 모든 세계를 존중하고 소중히 다뤄야 한다. 어쩌면 내담자의 모래
상자가 치료사에게는 이해하지 못할 수도 있고, 평범하거나 단순한 것일
수도 있다. 그러나 치료사는 아무런 평가를 하지 않는다. 단지 치료사가
할 일은 내담자와 내담자가 만드는 것을 무조건적으로 존중하는 것이다.
치료사는 내담자의 작품을 반영해주는 거울로서 내담자를 지지한다.

　치료사는 어떠한 질문이나 제안을 하지 않는다. 치료사의 반응이나
설명은 치료사가 내담자의 말을 듣고 주목한다는 것을 알리는 것이어야
하며, 내담자가 치료사의 존재를 확인하고 싶어할 때만 언어적인 반응을
한다. 만약 내담자가 자신이 만든 모래상자 세계를 감상하면서 정서적이
고 비언어적인 반응을 보이면 치료사는 내담자가 보여주는 신체언어에
대한 반영적 반응만을 해 준다.

　내담자가 자신의 모래상자 세계를 감상할 때 치료사는 내담자의 비언
어적인 반응을 관찰한다. 내담자가 특정한 소품을 볼 때 감정의 변화가

있는지, 내담자의 시선이 멈춘 곳과 어떤 소품이 어떤 정서를 일으키는 지 살펴본다. 빠르게 살짝 보거나 의도적으로 피하는 곳이 있는지 살핀다. 한숨을 쉬거나 미소 짓거나 깊이 숨 쉬는 곳이 있는지 살펴본다. 이러한 내담자의 비언어적인 반응은 내담자에 대한 정보를 주고, 이런 정보는 치료적인 의미가 있다Boik & Goodwin, 2000.

한편 내담자는 자신이 만든 세계를 충분히 경험하면서 모래상자의 어떤 것에 반응할 수 있다. 이런 반응은 내담자 내면에서 어떠한 움직임을 일으켜 자신이 만든 세계 안에서 소품을 움직이게 한다. 이때 내담자는 종종 소품의 위치를 바꾸고 소품을 치우거나 추가한다. 만일 내담자가 자신이 창조한 세계를 바꾸면 바뀐 세계를 음미하도록 한다. 그리고 모래상자 세계의 변형과 함께 일어나는 내담자의 변화에 주목한다.

:: 작품세계 이야기, 질문과 응답

내담자가 모래상자를 완성하고 나면 치료사는 내담자에게 동의를 얻어 내담자 쪽으로 건너가 내담자의 방향에서 보여지는 모래상자를 경험한다. 내담자는 자신이 만든 모래상자의 장면을 치료사와 공유한다. 치료사는 내담자의 관점에서 새로운 시각을 경험하게 된다.

먼저 치료사는 내담자가 완성한 전체적인 모래상자를 시각적으로 관찰하고, 모래상자에서 느껴지는 정서적인 내용과 반응을 확인한다. 내담자의 모래상자를 4등분으로 나누어 각 영역에서 진행되고 있는 일들과 여성적인 측면이나 남성적인 측면 등을 파악한다. 모래상자에 있는 소품들이 서로 어떤 관계를 맺고 있으며 무엇이 있는지 파악한다. 이때 치료사는 모래상자의 일반적인 의미에 대한 통찰력을 가질 수 있다. 그러나 가장 중요한 것은 내담자에 의해서 부여된 의미이다. 치료사는 내담자의 모래상자를 있는 그대로 존중해야 한다.

내담자의 내적인 과정을 탐색하고 무의식의 내면과 외부의 삶을 연결 짓도록 도와주는 치료적인 작업에서 치료사의 과제는 질문을 얼마나 능숙하게 하는가와 모래상자 장면 안에서 내담자가 의사소통을 경험하도록 지원하는 것이다Homeyer & Sweeney, 2011. 내담자는 치료사에게 자신의 모래상자 위에 펼쳐진 소품의 의미를 알려주고 모래상자 장면의 내용을 이야기한다. 그러나 내담자가 자발적으로 자신이 만든 모래상자에 대해 설명하지 않는다면 치료사는 모래상자의 장면에서 의미있는 소품을 떠올리게 할 수 있다. 내담자가 자신이 꾸민 모래상자의 의미를 묻고 해석하기를 원한다면 내담자에게 어떤 의미가 있는지 물어본다. 더불어 치료사는 다음과 같은 질문을 통해 내담자가 자신의 작품을 이야기하면서 스스로 표현한 것의 의미를 발견해 갈 수 있도록 한다.

다음의 질문은 일정한 순서로 이루어진 것이 아니며 내담자의 반응에 따라 융통성있게 적용될 수 있다.

"이 장면의 제목은 무엇일까요?" "주제는 뭐라고 하면 좋을까요?"   모래상자에 펼쳐진 내용에 대한 주제는 내담자가 세상과 어떻게 소통하고 있는지 또는 자신에 대한 관점이 어떠한지를 탐색하고 통찰할 수 있게 하는 장면이나 세상을 나타낸다. 대개 아주 조용한 내담자도 모래상자에 제목을 붙일 수는 있다.

"모래상자의 장면에 대해 이야기해주세요"   내담자가 모래상자에 대해 전체적으로 말할 수 있도록 한다. 만약에 내담자가 주저하거나 저항

한다면, '그저 생각나는 대로 이야기를 만들어보세요.'라고 격려할 수 있다. 되도록 자유롭게 말하도록 해야 하며, 내담자가 설명하는 것에 대해 개방적인 태도를 취한다. 치료사는 내담자가 이야기를 마치면 무엇을 했는지에 대해 짧은 요약어로 반영해 준다.

"이 장면에서 무슨 일이 일어났는지 좀 더 자세하게 말해 보겠어요?"
치료사는 가능한 모래상자를 4등분으로 나누어 새로운 영역으로 눈을 돌리기 전에 한 영역을 충분히 다루도록 한다. 내담자가 각 장면을 설명할 때 좀 더 구체적으로 표현하도록 돕는다. 각 장면을 표현하고 함께 이야기 나누면서 내담자는 상징적인 소품의 의미를 스스로 해석해 가기도 한다. 이때에는 의미를 명료화하기 위한 혹은 추가적인 정보를 얻기 위한 질문을 하는 것이 적절하다.

"이 소품은 무엇을 하고 있나요?"   모래상자의 모든 장면들이 한 번씩 다루어지고 난 후에는 다음 단계로 넘어가서 특별한 소품들에 대해 질문하게 된다. 내담자들은 일반적으로 모래상자 각각의 장면에서 그들이 왜 소품들을 선택하게 되었는지에 대해 설명하곤 한다. 치료사는 내담자가 본 것처럼 볼 수 있도록 조용히 주의 깊게 듣는다.
　치료사는 모래상자를 앞에서 볼 때와 내담자가 모래상자를 만들 때는 보지 못한 소품예를 들어 큰 물체 뒤에 숨겨놓은 소품에 주목한다. 다른 소품들에 비해 드러나는 소품의 크기가 크거나 작거나, 다르거나 가까운 소품들을 주의 깊게 살펴보며 내담자에게 질문을 시작할 수 있다.
　"여기 이 소품이 있네요." 또는 "이 소품은 무엇을 하고 있나요?" "이 소품을 볼 때 어떤 경험이나 감정이 느껴지나요?" "이 소품의 나이나 성별은 무엇이죠?" 등 개개의 소품에 대해 이러한 질문을 다양하게 적용할 수 있다. 내담자가 언급하지 않는 소품의 성별은 말하지 않거나 소품의 일반적인 명칭을 지칭하기보다는 "그 앞에 있는 이 사람은 누구인가요?" "그 여자는 지금 거기에서 무엇을 느낄까요?"와 같이 대명사를 이용한 질문을 하여 내담자가 자신이 표현한 소품들의 의미를 충분히 경험하고 느끼며 생각해낼 수 있도록 한다.

소품에 대해 이야기할 때에는 내담자가 말한 것, 내담자의 언어를 사용하는 것이 중요하다. 종종 내담자가 소품의 이름을 말하기 전에 소품의 이름을 잘못 지어 내담자가 의도한 것과 다른 의미를 전할 수 있기 때문에 소품에 대한 정보가 중요하면 내담자에게 직접 묻는다. 내담자의 언어를 사용하는 것뿐 아니라 내담자의 말투나 해석을 사용하는 것도 중요하다. 어떤 소품예를 들어 뱀은 내담자에게 치료사와는 다른 것을 의미할 수 있다. 그러한 소품에 대해 비언어적이라도 치료사의 느낌을 전하지 않아야 한다.

여러 치료나 문헌들 가운데 소품들을 상징적으로 의미화하는 경향이 있다. 치료사는 내담자의 특별한 소품에 원형적이거나 문화적이거나 일반적인 의미를 부여하지 않도록 주의해야 한다. 특정 피겨에 관한 상징적인 과정은 단순히 한 가지만을 의미할 정도로 협소하지 않으며Turner, 2009, 치료사가 내담자의 소품에 부여한 의미는 치료자의 의미가 투사될 가능성이 높기 때문이다. 또한 모래상자 과정 중에 소품에 대해 지적하고 싶을 때에는 손으로 건드리지 않도록 주의해야 한다.

"당신이 이 장면에 있나요?"   어떤 소품이 내담자를 재현한 것인지 물어본다. "당신이 여기에 있나요?" "당신을 나타내는 그 소품이 모래상자 안에 있나요?"라고 질문하는 것이 좋으며, 만약 내담자가 이에 대해서 어떠한 말도 하지 않는다면 치료사는 어떤 소품이 내담자를 대표하는지 생각해 보아야 한다.

"여기서 가장 강력한 힘을 갖고 있는 게 무엇일까요?" 내담자의 선택을 제한하지 않기 위해 '누구'라는 대신에 '무엇'이라는 단어를 사용한다. 혼란감과 상처로 인해 힘들어하는 내담자에게 통제감의 부족은 특히 정서적으로 큰 영향을 미친다. 모래상자치료는 은유를 통하여 내담자가 그 전에는 다룰 수 없었던 것들을 다룰 수 있는 이점이 있다. 모래상자의 표현과정에서 내면의 것들을 의식화하게 된다. 모래상자치료를 통해 내담자는 모래상자라는 제한된 공간 안에서 안정감을 느끼며 스스로를 제한하고 통제하여 조절할 수 있게 된다. 내담자의 이러한 투사적이면서 표현 가능한 매체를 사용할 수 있는 능력은 내담자가 과거 생활경험 속에서 잃어버린 통제력을 다시 회복시켜 문제를 나타내는 행동적인 측면이나 감정적인 증상들을 사라지게 한다Homeyer & Sweeney, 2011.

"이것소품은 다른 것에게 무슨 말을 할 수 있을까요?" 치료사가 내담자를 존중하고 수용하며 내담자가 만든 세계에 어떤 변화를 줄 수 있게 하고, 내담자가 행동으로 옮기려 할 때에는 어떤 접근이든 진전이 있다. 내담자가 효과적으로 자기 탐색과 함께 깊은 경험을 하고 정신을 드러내게 함으로써 치유를 촉진하는 다양한 절차와 방식을 사용한다. 이와 같은 치료적인 개입에는 다양한 모델이 있다. 게슈탈트, 심리극, 상상, 미술치료, 인지 재구조화와 신체 각성, 해결중심기법 등의 기술이 도움을 준다. 치료사는 친숙하고 숙련된 기술과 이론적인 접근을 통해 그 순간에 치료가 될 만한 전략을 선택한다.

예를 들어 게슈탈트의 두 의자 기법을 적용하여 인물이나 소품이 서로 이야기를 하게 할 수 있다. 모래상자에서 두 사람 또는 다른 상징간에 해결되지 않는 문제가 있으면 이 인물소품들이 서로 이야기하게 하는 것이 도움이 된다. "이 부엉이는 코끼리에게 뭐라고 말하고 싶어 하나요?"라고 질문하거나 "만일 부엉이가 말을 할 수 있다면 코끼리에게 뭐라고 할까요?"와 같이 내담자가 가장하게 하는 것이 좋다.

내담자가 모래상자에 놓는 인물이나 사물이 강한 감정을 보인다고 할 때가 있다. 이는 내담자가 강한 감정을 경험하는 것으로 크게 숨을 내쉬거나 한숨을 쉬기도 하고 눈물을 흘리며 신체의 일부를 만지는 행동으로 나타날 수 있다. 이런 경우에는 내담자의 주의를 모래상자에서 자신의 신체로 가게 한다. 이것은 신체의 자각과 신체, 정신과 정서의 통합을 촉진한다. "신체의 어느 부분에서 이 정서를 느끼십니까?" "당신의 손이 가슴에 있네요. 무슨 일이신가요?"라고 묻는다. 내담자의 초점을 모래상자에서 내담자의 신체로 옮겨 정서를 깊게 경험하게 하기 위해 몸을 움직이거나 심리극을 하는 것이 도움이 된다. 내담자가 느끼는 감정은 그 순간 매우 중요하다. 만약 내담자가 분노를 느끼고 있다면 그것 또한 전체성과 행복으로 이끄는 역할을 하는 것으로 수용하며 인정하여야 한다. 내담자가 꾸미는 이야기는 그 내용이 긍정적인가 부정적인가를 떠나 그것으로 무엇을 할 수 있으며 내담자가 도전에 직면할 수 있는지, 어떻게 하면 내담자가 그 길을 찾아내도록 돕고 그것을 촉진시킬 수 있는지를 생각하는 것이 중요하다.

"도움을 줄 수 있는 사람이나 사물을 가져오시겠어요?" 내담자가 배치한 인물이나 사물은 종종 도움이 필요한 경우가 있다. 자아존중감이 낮거나 우울하거나 불안하거나 위기에 처한 내담자의 경우가 그렇다. 이런 내담자는 모래상자에서 상징적인 이미지를 통해 자기 내면과 외부에서 도움을 찾을 필요가 있다. "도와줄 사람이나 사물이 모래상자에 있나요?" "도움을 줄 수 있는 사람을 가져오시겠어요?" "어떤 소품이 혼란을 줄여줄까요?"라고 제시하는 것이 적절하며, 모래상자의 인물이나 사물을 도와줄 어떤 사람이나 사물이 있다고 알려주는 것이 효과적이다.

"이 소품이 모래상자 위에 놓이거나 위치가 바뀔 때 무슨 변화가 있었죠?"
Boik와 Goodwin[2000]은 모래상자에서의 전이는 치료자와 내담자 사이가 아니라 창조된 세계와 내담자간에 일어난다고 하였다. 이는 내담자가 모래상자에서 자신과 직면한다는 말이다. 모래상자에서 상징으로 객관화되는 것은 내담자의 정신과 자아의 내용이다. 따라서 내담자를 직면시켜야 하는 것은 치료자가 아닌 모래상자와 그 내용들이다.

"당신이 이 소품을 이동시킬 때 어떠했죠?"라고 말하기 보다는 "이 소품이 모래상자에서 위치가 바뀔 때 무슨 변화가 있었죠?"라고 말한다. 치료사가 모래상자에 초점을 두면 내담자가 충분히 분리하여 생각하고 자신이 두려워하는 위협을 줄일 수 있게 해 주는 중립성을 제공한다. 즉 내담자로부터 모래상자로 초점을 옮기기 때문에 내담자는 좀 더 자유롭게 대화할 수 있게 된다[Homeyer & Sweeney, 2011].

"모래상자에서 일어난 일이 현재 삶에서 진행되는 것과 비슷합니까?"
모래상자는 내담자의 내면과 현실 세계에서 일어나는 것을 나타낸다. 모래상자 위에 내담자의 무의식과 의식적인 부분들이 표현된다. 모래상자의 모든 부분을 완전히 알게 된 다음 치료사는 "당신은 오늘 어떤 느낌이 듭니까?" "이 모래상자가 당신에게, 그리고 현실에 대해 무엇을 말해 주고 있나요?"와 같은 질문을 통해 내담자가 전체적인 과정을 이해하도록 한다. 만일 내담자가 반복적으로 사용하는 소품이나 주제의 의미에 대해 혼란스러워하면 내담자에게 소품의 의미를 상징이나 신화 사전에서 찾아보라고 권유할 수 있다. 치료사는 내담자가 모래상자의 내용을 현실에서의 문제와 연결짓게 하며, 회기진행동안 내담자가 새롭게 깨달은 에너지나 새로운 통찰, 무의식에서 가져온 것을 건설적으로 사용하게 해 줄 수 있다. 치료사는 내담자가 상담실을 떠나기 전에 현실로 전환하는 것을 도울 수 있는 질문이나 언급을 한다. 질문을 할 때에는 그 회기에서 나온 것을 반영한다.

내담자는 모래상자를 완성하고 감상을 충분히 한 후 자신의 작품에 대해 치료사와 이야기를 나눈다. 과정이 끝난 후 치료사와 내담자는 서로 위치를 바꿔 감상하는 시간을 갖는다. 대략 20~25분 정도 충분한 관찰과 함께 나누는 시간을 가진 후 치료사는 내담자에게 모래상자를 사진으로 찍을 것임을 알려준다.

3단계: 사진찍고 허물기

∷ 사진찍기

사진은 모래상자 치료과정의 구체적인 이미지로, 모래상자가 치워진 후라도 내담자에게 가장 의미있는 것을 표현하여 내담자의 눈을 통해 만든 세계를 볼 수 있다. 사진의 기록은 치료과정을 시각적인 형태로 보게 하여 내담자의 치료 진행과정을 검토하려는 치료사에게 매우 귀중한 자료가 되며, 치료종결을 결정하거나 치료 진행과정을 평가할 때 사용되기도 한다.

일반적으로 치료사는 내담자의 치료회기를 기록하기 위해 다양한 사

진을 필요로 한다. 즉석사진Polaroid은 쉽게 찍을 수 있고 회기 진행과정에
손쉽게 부착할 수 있는 장점이 있다. 내담자가 모래상자치료를 진행하는
과정과 현재 어떤 단계를 진행하고 있는지를 알 수 있게 해준다. 디지털
카메라는 사진을 프린트해서 가질 수도 있고 디스크나 컴퓨터에 저장할
수도 있다. 현대의 디지털 시대에서는 더욱 선명하고 깨끗한 이미지들이
사용가능하며 사진을 출력하거나 이미지를 회기 진행양식에 넣을 수도
있다. 슬라이드는 치료사가 내담자를 회고하고 싶을 때 사용되는 것으로
사진의 흐름을 파악하여 내담자에 대한 많은 정보를 얻을 수 있다. 비디
오는 내담자의 치료과정을 포함한 모든 과정이 기록된다. 비디오 녹화를
하면서 치료시간 동안에 치료사가 내담자에게 집중하고 있음을 내담자
는 느낄 수 있으며 치료자 자신도 자신이 내담자의 모래상자 꾸미기에
집중하고 있음을 통해 내담자에 대한 이해를 높일 수 있다. 모래상자치
료 회기에 대한 비디오 녹화는 훈련과 지속적인 슈퍼비전 과정에 도움
이 될 수 있다.

치료사는 내담자가 모래상자작품을 꾸민 다음에 사진으로 작품을 남
긴다. 치료회기가 시작되기 전에 파일로 되어있는 사진을 재빨리 보는
것은 회기 중 치료사의 정신이 내담자와 만나게 하도록 준비시키는 데
도움이 된다. 내담자에 따라 작품을 만들고 사진으로 남기기 전에 바로
다른 작품을 구성하는 경우가 있다. 치료사가 그 과정을 찍으려고 할 경
우에 치료과정을 방해할 수 있다. 내담자의 작업 과정을 사진찍기 원한
다면 내담자에게 먼저 의사를 물어보거나 동의를 구해야 한다. 내담자가
사진을 찍지 않으려고 하면, 내담자가 떠난 후 모래상자 세계의 작품을
재현하여 사진을 찍을 수 있다. 단 사진을 찍으라는 허락을 받지 못했을
경우 내담자에게 사진을 보이지 않아야 한다.

사진은 내담자가 작품을 만든 방향에서 찍고 그 반대방향에서도 찍는

다. 세부적으로 내담자에게 가장 의미있는 부분을 선택하도록 하거나 모래상자에 복잡하고 감춰진 상이 있거나 커다란 힘이 느껴지는 부분이 있으면 그곳을 더 찍는다. 각각의 회기별로 3, 4장의 사진을 저장한다. 사진을 찍을 때에는 전체적인 배치를 중요시하고자 하면 모래상자 바로 위쪽에서 찍는 것이 좋지만, 전체의 '느낌'을 알기 위해서는 위쪽에서 비스듬히 촬영하는 것이 좋을 경우가 많다. 그러나 사진에게만 의존하면 뒤쪽에 있는 물체가 희미하거나 어떤 것의 뒤에 있는 것은 보이지 않게 된다. 따라서 작품의 성질에 따라 각도를 바꾸거나 스케치나 간단한 그림을 그려 그에 대한 설명을 병행해도 좋다.

모래상자치료의 작품은 가능한 한 시리즈로 연결하여 보는 것이 좋다. 치료과정에서 얻은 연속된 사진들을 '슬라이드쇼치료사의 컴퓨터 모니터나 노트북을 이용하여 볼 수 있다'를 통해 살펴봄으로써 모래상자 치료과정을 되돌아 볼 수 있다. 일련의 과정에 나타난 회고적 작품을 보는 것은 가치가 있다. 이러한 과정을 통해 치료가 진행되는 동안 내담자의 변화과정과 내담자에 대한 통찰력을 키울 수 있으며, 이는 내담자가 보여준 모래상자치료의 긴 여정을 요약하고 종결하는 하나의 수단이자 종결의 준비도를 평가할 때 사용할 수 있는 방법이 될 수 있다.

∷ 모래상자 허물기

사진찍기가 끝난 후 치료사는 내담자에게 가장 먼저 치우고 싶은 소품이 무엇인지 선택하게 하여 내담자가 직접 모래상자에서 빼내어 선반에 가져다 놓도록 한다. 내담자가 처음 치운 소품은 그에게 중요한 의미를 지니며, 이는 치료사가 탐색할 만한 추가적인 정보를 준다.

만약 내담자가 모래상자에 꾸민 소품을 치우고 싶어 하지 않으면, 치료사는 내담자가 치료실을 떠난 후에 모래상자를 정리하도록 한다. 단 내담자가 있는데서 모래상자를 치우는 것은 그동안 내담자가 해 온 과정을 뒤엎는 것으로, 내담자에게는 파괴적일 수 있기 때문에 주의한다. 치료사가 상자를 치울 때에는 경험을 숙고하고 기록하는데 충분한 시간을 가진다. 그러나 모래상자를 허무는 과정 또한 내담자에게는 의미 있는 과정이 될 수 있으므로 내담자가 처음 몇 개를 정리하고 나머지는 치료사와 내담자가 함께 정리하는 것이 효과적일 수 있다김경희·이희자, 2005.

소품을 치울 때는 다른 내담자가 쉽게 찾을 수 있도록 소품을 질서있게 범주별로 정돈한다. 소품을 피겨장의 적절한 위치에 놓은 후 모래상자 안에 묻힌 재료들이 없는지 살펴본다. 모래의 표면을 평평하게 고르고 적당한 수준으로 모래를 채운 후 모래상자와 소품들이 제자리에 있는지 확인해본 후 회기 기록용지에 남은 과정을 표시하고 기록하여 경험을 숙고해본다.

모래상자와 소품을 정리하는 과정은 실제적으로 치료실 환경을 깨끗하게 정돈하면서 물리적인 에너지로 가득 찬 공간을 중립적으로 되돌리기 위한 치료사의 의식적인 행동이다. 치료사 역시 자신을 비우고 정화하고 재정비하여 균형잡힌 자세로 다음 내담자를 맞이해야 한다.

07 | 모래상자치료의 회기 내 진행과정

- 김경희·이희자(2005). 모래상자놀이치료. 양서원.
- 김유숙·야마나카 야스히로(2005). 모래놀이치료의 본질. 학지사.
- Boik. B. L., & Goodwin, E. A.(2000). *Sandplay: A Step-by-step manual for syc-hotherapies of diverse orientations.* 이진숙·심희옥·한유진 역(2012). 모래놀이치료-심리상담사를 위한 지침서. 학지사.
- De Domenico, G. S.(1988). *Sand tray world play: A comprehensive guide to the use of sandtray play in therapeutic transformational settings.* Vision Quest Into Reality, 1946 Clemens Rd, Oakland, CA.
- Homeyer. L. E. & Sweeney, D. S.(2011). 정경숙·우주영·정미나 역(2014). 모래상자치료 임상지침서. 학지사.
- Turner, B. A.(2005). *The handbook of sandplay therapy.* 김태련·강우선·김도연·김은정·김현정·박랑규·방희정·신무자·신민섭·이계원·이규미·이정숙·이종숙·장은지·조숙자 역. 모래놀이치료핸드북. 학지사.
- Weinrib, E. L.(2004). *Images of the self: The Sandplay Therapy Process.* Tomenos Press.

08

모래상자치료사의 역할과 태도

한국모래상자치료학회
Korea Sandtray Therapy Association

제8장

모래상자치료사의 역할과 태도

모래상자치료에서 가장 중요한 사람은 내담자이고 다음으로 중요한 사람은 치료사이다. 치료사의 내면세계가 어떻게 내담자에게 영향을 줄 수 있는지에 대한 구체적인 치료사의 역할을 살펴볼 것이다. 먼저 모래상자치료사의 역할과 태도에 대한 Carl Rogers의 인간중심치료의 관점에 대해서 알아보고, 다음으로 모래상자치료에서의 치료사의 역할을 제시할 것이다. 또한 치료과정에서 나타나는 전이와 역전이의 과정에 대하여 살펴보고자 한다.

1. 모래상자치료사의 역할

모래상자치료에서 치료사의 역할은 치료사

자신의 존재방식과 태도에 바탕을 둔 Rogers의 인간중심이론에 뿌리를 둔다. 인간중심치료는 이론이나 기법보다 치료사 자신이 변화의 도구가 되어 치료적 분위기를 만들어 내담자 성장에 도움을 준다. 이러한 치료적 분위기는 내담자 자신을 돌아보고 스스로를 탐색하는 데 필요한 자유를 경험하도록 돕는다. 그러려면 치료사는 내담자와의 관계에서 선입견에서 벗어나 진실하고 순간순간의 경험을 바탕으로 내담자의 내면세계로 들어갈 수 있어야 한다김경희·이희자, 2005, p.171. 내담자의 경직된 방어와 지각을 풀어내고 잘 기능하게 하려면 치료사의 태도가 어떠해야 하는지 Rogers의 이론을 통하여 살펴보고자 한다.

:: Carl Rogers의
   인간중심치료

인본주의 심리학의 대표적인 학자인 Carl Rogers 1902~1987는 반세기 동안 발전시킨 자신의 이론을 보여주는 삶을 살았다. Rogers는 심리치료에서 인본주의 운동을 시작하고 발전시킨 공로를 세계적으로 인정받았다. 그의 근본적인 생각은 성장과 변화의 도구로써 내담자와 치료사의 관계에 대한 핵심적인 역할은 여러 다른 이론적 접근에 받아들여져 광범위한 영향을 미쳤다천성문 외 역, 2017. Rogers는 성격과 심리치료에 관한 종합적인 이론을 만들었으며, 개인의 장점과 자원에 초점을 둔 심리치료이론을 개발하기 위해 노력했다.

치료적 접근의 기초를 마련한 모든 선구자들 중에 Rogers는 상담이론과 실제의 방향을 혁명적으로 전환시킨 가장 영향력 있는 인물이다. Rogers의 기본 전제는 사람에 대한 믿음이다. 사람은 본질적으로 진실하며, 치료사의 지시적인 개입이 없어도 자신의 문제를 스스로 해결할 수 있는 막대한 잠재력을 가지고 있다. 또한 특별한 종류의 상담 관계를 갖게 되면 자기 주도적인 성장을 이룰 수 있다는 것이다. 처음부터 Rogers는 상담과정의 성과에 있어 가장 중요한 결정 요소로서 치료사의 태도와 개인적 특성, 내담자-치료사 관계의 질을 강조했다. 그는 일관되게 이론과 기법에 대한 치료사의 지식은 부차적인 것이라고 여겼다. 내담자의 자기치유 능력에 대한 이런 믿음은 치료사의 기법을 변화의 가장 중요한 요소로 보는 많은 이론들과 대비된다. 분명히 Rogers는 건설적인 자기 변화의 가장 중요한 요소로 내담자를 중심에 둔 이론을 제안함으로써 심리치료 분야에 혁명을 일으켰다.

보자르스, 짐링, 타우쉬Bozarth, Zimring, & Tausch, 2002는 60년간의 인간중심치료에 대한 연구를 요약한 내용을 재정리하였다. 인간중심 치료적 접근은 치료사보다는 내담자가 치료의 방향과 목표를 결정했고 치료사의 역할은 내담자가 감정을 명료화하도록 돕는 것이다. 비지시적 상담의 이런 모습은 자기이해의 확대와 내담자 자신의 자기 탐색의 증가, 자기개념의 향상 등과 연관된다. 이러한 접근은 감정의 명료화에서 내담자의 살아있는 경험에 초점을 두었다. 인간중심치료가 발전하면서 성공적인 상담을 위한 필요충분조건으로 여겨지는 핵심적 조건은 상담자의 태도, 즉 내담자의 세계에 대한 공감적 이해와 내담자에 대한 비판단적 자세로 의사소통하는 능력이 치료사의 진솔성과 함께 성공적인 치료 성과의 기초가 된다는 것이 밝혀졌다. 성공적인 심리치료의 주요 자원은 내담자다. 내담자의 참조 체계에 치료사가 주의를 기울이면 내담자가 내적, 외적 자원을 더 잘 활용하게 된다.

인본주의 철학의 비전은 도토리가 적절한 환경이 주어지면 참나무로서의 자기실현을 향해 자연적으로 힘을 받아 '자동적으로' 자란다는 비유에 잘 나타나 있다. 인간중심접근이 기초하고 있는 인본주의 철학은 성장을 이끌어내는 분위기를 만들어내는 태도와 행동으로 표현된다. Carl Rogers에 따르면 이런 철학으로 살게 되면 사람들이 자신의 능력을 개발하게 되고 다른 사람들의 건설적인 변화를 촉진하게 된다. 개인은 힘을 얻게 되고 그들은 이 힘을 개인적, 사회적 변혁을 위해 사용하게 된다는 것이다.

인간중심치료의 인간관　　　내담자의 성장을 촉진하는 조건이 주어지면 건설적인 방향으로 앞을 향해 나갈 수 있다. 이러한 내담자의 능력에 대한 기본적인 바탕은 신뢰감이다. 만약 개인의 마음속에 깊이 들어갈 수 있다면 그곳에서 신뢰할 수 있는 긍정적인 중심을 발견할 것임을 Carl Rogers는 자신의 전문적 경험을 통해 알게 되었다^{천성문 외 역, 2017, p.204}. 로저스는 인본주의 철학을 고수하면서 사람은 신뢰할 수 있고, 자원이 풍부하며, 자기이해와 자기주도 능력이 있으며, 건설적인 변화가 가능하며, 효과적이고 생산적인 사람을 살 수 있다고 강하게 주장하였다. 치료사가 자신의 진실성, 지지, 돌봄, 비판단적 이해를 경험하고 의사소통할 수 있을 때 내담자의 의미 있는 변화가 일어날 수 있다.

Rogers는 다음과 같은 세 가지 특성이 개인이 자신의 잠재력을 실현하도록 앞으로 나가게 하는 성장 촉진적인 환경을 만든다고 주장했다.

① 일치성: 진솔성과 진실성
② 무조건적 긍정적 존중: 수용과 돌봄
③ 공감적 이해: 타인의 주관적 세계를 깊이 이해하는 능력

Rogers에 의하면 치료사가 이런 태도를 가지고 의사소통하면 내담자의 방어가 약해지고 자신과 자신의 세계에 대해 개방적인 태도를 갖게

되어 친사회적이고 건설적인 방향으로 행동하게 된다. 인간중심접근은 가장 잘 아는 권위자로서의 치료사 역할 및 치료사의 전문성에 의존하는 수동적 내담자 역할을 거부한다. 상담 및 치료는 내담자의 자각능력 및 태도와 행동에서 자기 주도적으로 변화하는 능력에 기초하고 있다. 인간중심접근은 내담자가 다른 사람들과 함께하면서 내담자 스스로의 자원을 사용하는 능력을 강조한다. 내담자는 건설적인 방향으로 전진할 수 있으며, 성장을 방해하는 자신의 내부와 외부에서 오는 장애물을 성공적으로 다룰 수 있다. 자기자각과 자기반성을 증진하게 되면 내담자는 선택하는 법을 배운다. 인본주의 치료사들은 내담자가 자신의 내적 경험에 대한 전문가라는 탐구지향접근discovery-oriented approach을 강조하며, 내담자들이 온전하고 진정한 삶을 사는 변화를 이루도록 지지하고, 이러한 삶은 계속적인 노력이 필요하다는 것을 알도록 격려한다.

인간중심 치료사의 기능과 역할　　인간중심 치료사의 역할은 그들의 존재방식과 태도에 있다. 치료사의 태도가 내담자의 성격 변화를 촉진한다. 기본적으로 치료사는 인간 대 인간 수준에서 내담자를 격려함으로써 자신을 변화의 도구로 사용한다. 심리치료의 인간적 요소를 검토해 보면 인간적 영역이 이론과 기법보다 더 강력한 치료 효과의 결정 요인이라는 결론이다. 치료사의 태도와 내담자의 내적 자원에 대한 믿음이 성장을 위한 치료적 분위기를 형성한다.

　인간중심이론에서는 치료사의 기능은 내담자와 함께 있고, 내담자가 접근할 수 있는 상태에 있으며, 내담자의 즉각적인 경험에 집중하는 것이라고 본다. 우선 치료사는 내담자와의 관계에서 진실하기 위해 노력해야 한다. 진솔하고 수용하며 공감적인 태도를 보임으로써 치료사는 변화의 촉매가 된다. 내담자를 사전에 진단된 유형으로 보는 것이 아니라 순간순간의 경험에 기초하여 내담자를 만나고 그들의 세계에 들어간다. 치료사의 진실한 돌봄과 존중, 수용과 지지, 이해를 통해 내담자는 자신의 방어와 경직된 인식을 느슨하게 하고 더 높은 개인적 기능 수준으로 올라가게 된다. 이런 치료사의 태도가 주어질 때 내담자는 지금까지 자각되지 않았거나 부인되었던 자신의 삶을 탐색하기 위해 필요한 자유를 갖게 된다.

인간중심치료에서 내담자의 경험　　　치료적 변화는 상담에서 내담자가 자신의 경험과 치료사의 기본적 자세를 어떻게 인식하는지에 달려있다. 내담자는 치료사가 자기탐색을 할 수 있는 분위기를 만들면 자신의 경험, 신념, 행동, 세계관 등 경험 전체를 탐색할 기회를 갖는다. 내담자는 대체적으로 다음과 같은 경험을 한다천성문 외 역, 2017, p.204.

　내담자는 불일치를 경험한다. 자기인식과 실제 경험간에 차이가 있는 상태에서 상담자에게 온다. 예를 들어, 중학생인 현이가 자신은 친구들과 잘 어울리고 싶지만 친구가 없어서 점심을 혼자 먹는 상황에 있다. 현이는 자신을 보는 자기인식과 이상적인 자기인식간의 차이는 불안과 개인적 취약성을 유발하고 치료를 받아야겠다는 동기를 제공한다. 현이가 변화의 가능성을 찾으려면 자신에게 문제가 존재한다는 점을 인식해야 한다. 그러니까 최소한 현재의 심리적 적응이 불편하다는 점을 인식해야 하는 것이다.

　내담자가 상담을 찾는 이유는 기본적인 무력감이나 힘이 없으며 결정을 내리거나 자신의 삶을 효과적으로 이끌 수 없는 무능력일 것이다. 그들은 치료사의 안내를 통해 '길'을 찾고자 한다. 그러나 인간 중심 틀에서 내담자는 곧 그들이 관계에서 스스로를 책임질 수 있으며, 자기를 더 이해하기 위해 그 관계를 이용해서 더 자유스러워질 수 있다는 것을 배우게 된다.

상담이 진행되면서 내담자는 광범위한 신념과 감정을 탐색할 수 있게 된다. 그들은 인정하기에는 너무 부정적이라고 보아왔고 이미 자신의 자기구조에 포함된 자신의 두려움, 불안, 죄책감, 부끄러움, 미움, 분노, 그 밖의 감정들을 표현하게 된다. 상담이나 치료를 통해 사람들은 갈등하고 혼돈스런 감정을 덜 왜곡하고 더 수용하며 통합하게 된다. 그들은 자신 안에 숨겨진 측면들을 점점 더 발견하게 된다. 내담자는 이해와 수용을 받는다고 느끼면서 덜 방어적이며 자신의 경험을 열어 보여준다. 이들은 더 안전하고 덜 취약하다고 느끼기 때문에 현실을 알아차리고 다른 사람들을 더 명료하게 인식하며, 다른 사람을 더 잘 이해하고 받아들이게 된다. 치료받는 사람은 자신을 있는 그대로 보게 되고, 더 유연하고 창의적으로 행동한다. 이들은 타인의 기대를 충족시키는 것에 덜 관심을 갖게 되어 자신에게 진실한 방식으로 행동하기 시작한다. 이들은 대답을 찾기 위해 자기 외부를 바라보기보다는 자신의 삶을 스스로 주도한다. 그들은 현재 순간의 경험에 더 접촉하고, 과거에 덜 매이고 덜 지배를 받으며, 자유롭게 결정하고, 자신의 삶을 꾸리는데 있어 자신을 더 신뢰하는 방향으로 움직인다. 치료에서의 경험은 심리적 감옥에 이들을 묶어두었던 자기가 만든 쇠사슬을 벗어던지는 것과 같다. 더 많은 자유를 가지고 내담자들은 심리적으로 더 성숙하고 자기실현을 더 잘하게 된다.

인간중심치료에서 내담자는 자신의 가치 성장을 창조하는 적극적인 자기 치유자라는 전제에 기초하고 있다. 치료관계는 내담자의 자기치유 능력이 활성화되는 지지적인 구조를 제공한다. 내담자가 가장 가치 있게 여기는 것은 이해받고 수용받는 것이다. 이는 감정과 행동과 경험을 탐색할 안전한 장을 형성한다. 또한 내담자는 새롭게 시도하는 행동에 대한 지지를 가치 있게 생각한다.

인간중심치료에서 치료사와 내담자의 관계　　　Rogers[1957]에 의하면 관계의 질에 근거하여 '치료적 성격 변화의 필요충분조건'의 가설을 세웠다. 만약 내가 누군가와의 관계에서 특정 유형의 관계를 제공한다면 그 누군가는 그 관계를 성장과 변화를 위해 사용할 능력이 자신 안에 있다는 것을 발견할 것이며, 개인적 발달이 일어날 것이라는 것이다. Rogers[1967]는 더 나아가 "중요한 긍정적 변화는 관계 밖에서는 일어나지 않는다."는 가설을 제시했다. Rogers의 가설은 수년간의 전문적 경험에 기초해서 만들어졌으며, 지금까지 기본적으로 변화하지 않고 유지되고 있다. 다음은 치료사와 내담자의 관계에서의 기본적인 Rogers의 가설이다[천성문 외 역, 2017, p.207].

① 두 사람이 심리적 접촉 상태에 있다.
② 내담자라고 불리는 첫째 사람이 불일치 상태에 있고 취약하거나 불안을 경험하고 있다.
③ 치료사라고 불리는 두 번째 사람은 관계에서 일치하고 내담자는 이 일치를 인식한다.
④ 치료사는 내담자에 대한 무조건적인 긍정적 존중을 경험한다.
⑤ 치료사는 내담자의 내적 참조 체계에 대한 공감적인 이해 경험에 대하여 내담자에게 의사소통하기 위해 노력한다.
⑥ 치료사의 공감적 이해와 무조건적인 긍정적 존중이 내담자에게 어느 정도 전달된다.

Rogers는 다른 조건은 필요하지 않다고 가정하였다. 핵심 치료적 조건therapeutic core conditions이 일정 기간 동안 존재하면 건설적인 성격 변화는 일어날 것이다. 핵심 조건은 내담자 유형에 따라 변하지 않는다. 이 조건은 심리 치료적 변화가 일어나기 위한 필요충분조건이다.

Rogers의 관점에서 보면 내담자와 치료사의 관계는 평등하다. 치료사는 자신의 지식을 비밀로 하거나 치료과정을 신비화하려고 하지 않는다. 내담자에게 일어나는 변화과정은 상당히 평등한 관계의 질에 의존한다. 치료사가 수용적으로 내담자를 경청하는 것을 내담자가 경험하면서 내담자는 점차적으로 스스로를 수용적으로 듣는 방법을 배운다. 치료사가 내담자를 돌보고 내담자가 지금까지 감추어지고 부정적으로 여겨졌던 것조차 귀하게 여기는 것을 경험하면서 내담자는 자신의 가치와 중요성을 발견하게 된다.

이 인본주의적 접근의 특징은 존재의 방법way of being과 함께하는 여행shared journey인 것이다. 치료사와 내담자가 자신의 인간성을 드러내고 성장 경험에 동참하는 것을 의미한다. 치료사는 이 여행에서 안내자가 된다. 이는 보통 치료사가 내담자보다 심리적 경험이 더 있기 때문이다. 치료사는 자신의 인생 경험을 넓히려고 노력해왔고, 자신의 자기지식을 심화시키기 위해 필요한 것을 기꺼이 하려고 한다.

인간중심 치료사의 핵심 조건   Rogers는 자신의 이론이 매우 도발적이고 급진적이라는 점을 인정했다. 그의 주장은 다른 치료사들이 효과적인 심리치료를 위해 필요하다고 여겼던 많은 조건들을 불필요하다고 했기 때문에 많은 논쟁을 불러일으켰다. 그러나 점차 많은 치료학파에서 진솔성, 무조건적인 긍정적 존중과 정확한 공감적 이해라 할 수 있는 치료사의 핵심 조건들을 심리 치료적 변화를 촉진시키는 필수적 조건으로 받아들였다. 이 핵심 조건은 치료사의 함께하는 자세와 더불어 학습을 위한 안전한 환경을 조성하는 것에 전체적으로 작동한다천성문 외 역. 2017. p.208. 이제 이 핵심 조건이 어떻게 상담 관계의 부분이 되는지를 자세히 살펴볼 것이다.

▶ 일치 또는 진솔성　　　　일치 또는 진솔성congruence은 치료사가 진실하다는 의미이다. 치료사가 상담 시간 동안 진실하고 통합되어 있으며 참되다는 것이다. 그들은 거짓된 겉치레가 없고, 자신의 내적 경험과 외적 표현이 같고, 내담자에게 치료사가 느끼는 현재의 감정과 사고와 반응, 태도 등을 솔직하게 표현할 수 있다. 이 의사소통은 치료사 편에서 사려 깊은 성찰과 깊이 고려한 판단과 함께 이루어진다.

진정성을 통해 치료사는 더 진실함을 위해 분투하는 인간의 모형이 된다. 진솔하면 필연적으로 분노, 좌절, 선호, 관심, 고통 등을 포함한 광범위한 감정을 표현하게 된다. 그렇다고 치료사가 자신의 모든 반응을 강박적으로 이야기해야 한다는 것은 아니다. 자기개방은 적합하고 때맞게 이루어져야 하며 건설적인 치료적 의도를 지녀야 한다. 치료사가 진실하고자 지나치게 노력하면 실수하기도 한다. 개인적인 내용을 진솔하게 표현하지 않고 단지 내담자에게 좋을 것이라는 이유만으로 이야기하는 것은 부조화를 초래할 수 있다. 인간중심치료에서는 치료사에 대해서 느끼는 것과 다르게 행동하면 치료를 해서는 안 된다고 강조한다. 만일 치료사가 내담자를 싫어하고 인정하지 않으면서 겉으로만 수용하는 척한다면 치료는 실패할 것이다. 치료사가 내담자에게서 나타나는 욕구에 맞추면서 그에게 가장 도움이 되는 방식으로 반응해야 한다고 강조한다. 치료사가 이것을 염두에 두면 대부분 올바른 치료적 결정을 할 수 있다.

Rogers의 진솔성 개념은 온전히 자기실현을 한 치료사만이 효과적인 치료가 가능하다는 뜻은 아니다. 치료사도 사람이기 때문에 온전한 진정성을 갖기를 기대할 수 없다. 진솔성은 매우 진솔한 수준부터 매우 진솔하지 않은 수준까지 연속선상에 있다. 이것은 세 특징에 모두 해당된다.

▶ 무조건적인 긍정적 존중과 수용　　　　치료사가 의사소통해야 할 두 번째 태도는 내담자를 한 인간으로 깊고 진실하게 돌보는 것이다. 내담자에

대한 무조건적인 긍정적 존중unconditional positive regard은 공감적 확인을 통해 가장 잘 이루어질 수 있다. 돌봄은 비소유적이며, 내담자의 감정과 생각과 행동을 좋거나 나쁘다고 평가하거나 판단하지 않는 것이다. 치료사는 어떤 조건도 달지 않고 내담자를 귀하게 여기고 따뜻하게 받아들인다. 이러한 태도는 치료사가 내담자를 있는 그대로 수용한다는 태도이다. 치료사는 내담자를 있는 그대로 가치 있게 여기며 내담자가 자신만의 감정과 경험을 가질 자유가 있다는 것을 치료사 자신의 행동을 통해 전달하는 것이다.

Rogers[1977]에 의하면 비소유적인 방법으로 내담자에게 주어지는 돌봄과 격려와 수용, 그리고 내담자를 귀하게 여길수록 치료에서의 성공 가능성은 크다. 또한 Rogers는 치료사가 항상 수용과 무조건적인 돌봄을 진실하게 느낄 수 없다고 명시하였다. 그러나 치료사가 내담자를 존중하지 않거나 노골적으로 싫어하거나 혐오한다면 치료 작업은 성공할 수 없다. 만약 치료사의 돌봄이 사랑받고 칭찬받고 싶은 자신의 욕구에서 비롯된 것이라면 내담자의 건설적인 변화는 이루어질 수 없다. 이 긍정적 존중의 개념은 치료사의 이론적 입장과 관계없이 중요한 의미를 갖는다.

▶ 정확한 공감적 이해　　　치료사의 중요한 과제 중 하나는 치료 회기 동안 매 순간의 상호작용에 나타나는 내담자의 경험과 감정을 있는 그대로 민감하고 정확하게 이해하는 것이다. 치료사는 내담자의 주관적 경험, 특히 '지금 여기'에서의 경험을 알아차리려고 노력한다. 그렇게 하는 목적은 내담자가 자신에게 더 가까이 다가가서 더 깊고 집중적으로 느끼게 해서 그들 속에 있는 불일치를 인식하고 해결하도록 하는 것이다.

공감empathy은 내담자 곁에서 내담자에 대해 깊은 주관적 이해를 갖는 것이다. 공감은 동감이나 내담자에게 미안함을 느끼는 것이 아니다. 치료사가 내담자의 감정과 유사한 자신의 경험을 이야기하는 방법으로 내담자의 주관적 세계를 다루는 경우도 있다. 그러나 치료사는 자신과 내담자를 분리할 수 있어야 한다. Rogers는 치료사가 자신의 분리된 정체성을 잃지 않고 내담자를 보고 느끼는 대로 내담자의 사적인 세계를 파악할 수 있을 때 긍정적인 변화가 가능하다고 강조하였다.

공감, 특히 정서에 초점을 둔 공감의 효과는 다음과 같다Cain, 2010/천성문 외 역, 2017, p.210.

① 자신의 경험에 주의를 기울이고 가치를 부여한다.
② 자신의 경험을 인지적, 신체적으로 진행시킨다.
③ 이전 경험을 다른 각도에서 바라볼 수 있다.
④ 자신의 선택과 행동을 더 확신하게 한다.

정확한 공감은 인간중심접근의 핵심이며 효과적인 상담의 필수요소이다. 명확한 공감적 이해accurate empathic understanding란 치료사가 내담자의 감정을 마치 자기 것처럼 느끼면서도 자신을 잃지 않는 것이다. 이는 내담자가 종종 의식 가장자리에 있는 의미를 표현하는 것을 치료사가 파악해내는 것이다. 내담자가 치료사의 공감을 경험하는지를 알아내는 가장 좋은 방법은 내담자로부터 피드백을 받는 것이다.

충분한 공감은 내담자의 경험의 의미와 감정을 모두 다룬다. 이는 내담자 자신이 된다는 것이 어떤 것인지를 파악하는 것이다. 치료적 공감에서 치료사의 공감이 치료에서 내담자가 보이는 변화의 가장 강력한 예측 요인이라 할 수 있다. 공감은 모든 상담 모형에서 성공적인 상담의 핵심요소이다.

내담자가 치료사로부터 이해받았다고 생각하는 것은 상담 성과와 밀접하게 관련된다. 공감적인 치료사는 내담자의 경험의 의미를 발견하고, 내담자의 전반적인 목표를 이해하며, 내담자에 맞추어 반응하려고 노력한다. 효과적인 공감은 내담자에 대한 진정한 돌봄에 기초한다.

인간중심 치료의 적용   Rogers가 초기에 강조한 것은 내담자의 세계를 파악해서 그 이해를 반영하는 것이었지만 그의 초점이 절대적인 비지시적인 입장으로부터 전환되어 치료사와 내담자의 관계를 강조하였다. Rogers는 내담자와 함께하는 치료사의 관계 태도와 근본적인 방식이 변화 과정의 핵심을 이룬다고 주장하였다. Rogers가 상담 및 치료 분야에 한 큰 공헌 중의 하나는 기법 구사보다는 상담 관계의 질이 내담자의 성장을 이끄는 가장 중요한 요소라는 생각을 제시한 것이다. 내담자와 강한 관계를 형성할 수 있는 상담자의 능력이 성공적인 상담 성과를 결정하는 가장 핵심적인 요인이다.

인간중심치료에서 기본적인 기법이란 없다. 내담자와 '함께 있고' 그들의 인식과 감정의 세계에 깊이 들어가는 것만으로도 변화의 과정을 충분히 촉진시킬 수 있다. 인간중심 치료사라고 해도 제안 기법을 금지하지는 않는다. 다만 어떻게 제안을 하는지가 중요하다. 어떤 내담자는 지시가 있을 때 잘하는 반면 어떤 내담자는 비지시적인 분위기에서 더 잘한다. 내담자의 진전에 핵심적인 것은 치료사의 함께함presence이다. 이는 내담자가 표현한 걱정에 대해서뿐만 아니라 내담자에게 완전히 집중하며 몰입해 있는 상태이다. 경청과 수용과 존중 그리고 이해와 반응 등의 질과 기술은 치료사의 진실한 표현이어야 한다. 기법은 진지하고 조심스럽게 이루어져야 하는 것이다.

치료사가 자신의 반응을 이야기하고, 돌보는 방식으로 내담자를 직면하고, 상담과정에 더 적극적이고 온전하게 참여할 여지가 많아졌다. 즉시성, 또는 내담자와 치료사 사이에 일어나는 일을 언급하는 것은 매우 가치 있는 것으로 여겨진다. 진솔성에 집중하게 되면 치료사가 자신의 성격에 맞는 유연하고 통합적인 방법을 사용하게 되고 내담자별로 적합한 상담 관계를 맺을 수 있는 더 큰 유연성을 갖게 된다.

이상으로 인간중심치료에 대한 요약과 평가는 다음과 같다. 인간중심치료는 자기성장을 향한 내적 추구를 상정하는 인간 본성에 대한 철학을 기반으로 하고 있다. 인간 본성에 관한 Rogers의 관점은 현상학적이다. 즉 우리는 현실에 대한 우리의 지각에 따라 우리를 구조화한다. 우리는 지각한 현실에서 우리를 실현하려고 노력한다.

Rogers의 이론은 내담자는 자신에게 스트레스를 주는 자기 생활의 요인을 알 수 있다는 전제를 근거로 삼고 있다. 내담자는 자기지시와 건설적인 개인 변화 능력을 지니고 있다. 진솔한 상담자가 불안하고 불일치하는 내담자와 심리적 접촉을 하면 변화가 일어난다. 치료사는 내담자가 진솔하고 수용적이며 이해받는다고 인식하는 관계를 만들어야 한다. 치료적 상담은 평등한 개인 대 개인의 관계에 기초해서 내담자가 방어를 벗어버리고 그동안 부인하거나 왜곡해온 측면을 수용하고 통합하도록 하는 안전하고 수용적인 환경에서 이루어진다. 인간중심접근은 내담자와 치료사간의 개인적 관계를 강조한다. 여기에서 치료사의 태도가 지식, 이론, 기법보다 중요하다. 관계의 맥락에서 내담자는 자신의 성장 가능성을 촉발시켜서 점차 자신이 될 수 있는 사람이 되어간다. 아주 많은 연구가 상담 및 치료의 효과와 성과에서 심리치료의 인간적인 요소인 내담자의 요인과 치료사의 효과, 치료적 동맹이 상담의 모형인 기법보다 훨씬 더 중요하다는 점을 지지한다Elkins, 2016/천성문 외 역, 2017, p.226.

이 접근은 상담의 방향에 대한 일차적 책임을 내담자에게 둔다. 상담 맥락에서 개인은 스스로 결정할 기회를 가지면서 자신의 내적 능력을 경험하게 된다. 그 전제는 내담자만큼 그를 아는 사람이 없다는 것이다.

즉 내담자는 자신의 삶에서 전문가이다. 상담의 일반적 목표는 경험에 더 개방적이 되고, 자기신뢰를 구축하며, 내적 평가 자원을 개발하고, 기꺼이 지속적으로 성장하는 것이다. 내담자에게 특정 목표가 제시되지 않으며, 내담자가 자신의 가치와 목표를 선택한다. 최근에는 이 이론을 적용하면서 초창기보다 치료사의 적극적인 참여를 강조한다. 이제 치료사가 상담 관계에 인간으로서 온전히 관여하는 것을 권장한다. 상담에서 일어나는 일에 적합하다면 치료사가 자신의 반응과 감정을 표현하는 것을 많이 허용한다. 인간중심 치료사는 내담자와의 관계에서 존재하는 지속적인 감정에 투명해지기 위해 노력한다. 각 내담자에게 가장 잘 맞게 적응하고 동화되는 것은 상담자의 몫이나 상담과정에서 방법을 유연하게 적용하는 것이 필요하다.

내담자들이 자신만의 길을 찾도록 진정으로 지지하는 것 또한 이 접근을 사용하는 치료사들에게 주어진 도전이다. 치료사들은 가끔 내담자가 스스로 자신의 상담 목표를 정하는 데 어려움을 겪는다. 내담자가 자신의 길을 찾는 것에 대해 말로는 좋다고 할 수 있지만 특히 치료사가 바라지 않는 선택을 내담자가 할 때 내담자에 대한 상당한 존중과 치료사의 신념이 필요하다. 다른 어떤 특성보다도 치료사의 진솔성이 상담 관계의 힘을 결정한다. 치료사가 자신만의 고유한 정체성과 방식을 수동적이고 비지시적 방식으로 감춘다면 내담자에게 강력한 영향을 미치기 어렵다. 치료사가 진솔하게 진짜 자신이 되는 것이 이 접근에서는 매우 중요하기 때문에 이 접근으로 상담하는 사람은 자연스럽게 이렇게 할 수 있어야 하며 내담자에게 진실하게 반응하는 방법을 가지고 있어야 한다. 만약 그렇게 하지 않으면 인간중심치료는 단조롭고 도전이 없으며 비효과적인 접근으로 전락할 것이다.

:: 모래상자치료에서의
   치료사의 역할

모래상자치료에서 치료사의 역할은 공감적 수용이다. 그러므로 치료사 자신의 존재방식과 태도가 중요하다. 모래상자치료사는 모래상자치료에서 내담자의 심층수준matriarchical level의 퇴행을 격려한다. 또한 Kalff[1989]에 의하면 모자일체성을 강조하여 치료사의 역할을 설명하였다. 다음은 김경희·이희자[2005]가 『모래상자놀이치료』에서 제안하고 있는 모래상자치료에서의 치료사의 역할을 재정리하였다.

모래상자치료사는 지시하지 않는다   치료사는 모래상자에 내담자가 원하는 것이 무엇이든지 창조하도록 격려한다. 먼저 치료사는 아동이 '모래상자와 소품을 사용하여 마음가는대로 무엇이든 만들 수 있다.'고 말해준다. 내담자는 모래만 가지고 놀 수도 있으며, 조각, 그림, 풍경 등 마음대로 선택하여 그리거나 만들 수 있다. 이때 치료사는 강요나 지시를 내리지 않으며 허용적인 태도를 취하는 것이 바람직하다. 치료사는 내담자가 작품을 만드는 과정을 음미하고 즐기는 분위기를 갖는다. 내담 아동에 따라서는 "선생님도 같이 만들어요."라거나, 손으로 모래를 만지면서 작품을 만들지 않고 이야기를 시작하는 아동도 있다. 이런 경우 모래상자치료의 목적은 작품을 만드는 것에 있지 않고 치료에 있다. 치료사가 내담자의 작품에만 집착하면 치료 상황이 혼미상태에 빠지기 쉬우므로 치료적 입장에서 자유롭게 판단하여 대처하는 것이 좋다. 치료사는 내담자 스스로가 영적, 심리적, 정서적 그리고 물리적으로 안전함을 느낄 수 있도록 자유롭고 보호받을 수 있는 환경을 제공해야 한다[정경숙. 우주영. 정미나 역, 2014].

모래상자치료사는 내담자의 행동과 반응을 관찰하고 내담자의 마음을 따라간다   모래상자치료사는 내담자와 약간의 거리를 두고 조용히 앉아 내담자의 행동과 반응을 관찰하고 그림으로 나타나는 내담자의 마음을 따라간다. 치료사는 가능한 한 적은 언어로 듣고 관찰하며, 공감적·인지적으로 참여한다. 가능한 질문을 적게 하고, 작품을 꾸미는 과정에도 관심을 기울여야 한다. 모래상자를 꾸밀 때 아동의 움직임과 표정도 민감한 관찰이 요구된다. 치료사는 내담자의 연구를 위해 그림 속의 소품을 확인하여 윤곽을 그려둔다. 내담자가 모래상자의 그림을 보고 내담자의 개인적인 기억을 말하는 경우 내담자의 현재 관심사에 대해 이야기하도록 안내할 수 있다. 때때로 그림에 대하여 반응을 보인 다음이라 하여도 내담자는 자신의 소품이나 장면에 대한 반응을 자유롭게 변화시킬 수 있다. 치료사가 아동에게 자유롭고 보호받는 장면을 제공하는 것이 무엇보다 중요하다. 신경증이나 분열증 아동이 모래상자를 작업하는 과정에서 지나치게 거칠어지면 중지시킨다. 모래상자치료에서 자아의 한계를 넘어선 표현은 증상을 악화시킬 수 있으므로 치료적 역효과를 나타낼 수 있다.

치료사는 어떤 정보를 제공하거나 직면이나 작품에 대한 연상을 강요하지 않는다   모래상자치료를 통하여 아동의 작품에 대한 해석은 치료사에게 매우 주의해야 할 부분이다. 왜냐하면 아동을 이해하는 과정에서 잘못된 추론으로 실제 아동의 본질적 치유과정이 방해될 수 있기 때문이다. 해석은 가치판단을 포함하거나 내담자에게 추론할 수 있도록 암시하지 않아야 한다. 연상에 대한 강요는 대뇌활동을 격려할 수 있지만 그것이 가장 자발적일 작용일 때를 제외하고는 바람직하지 않다. 연상에 대한 강요는 대뇌의 언어적 토의나 치료사의 기대에 반응하도록 할 수 있다. 모래상자의 작품이 완성되고 난 후에 치료사는 내담자에게 작품에 대해 이야기해 달라고 요구할 수 있다. 작품과 관련된 질문을 할 수도 있고, 장면에 대해 연상되는 것과 내담자에 대한 논평을 끌어낼 수도 있다. 모래상자에 암시된 문제에 대해서 이야기할 수도 있다. 치료사는 융학파의 상징학symbology에 비추어서 원형적 확대archetypal amplification를 바탕으로 장면을 평가한다. 모래상자치료 도구나 소품에 대한 상징을 알아야 하지만 너무 얽매이면 오류를 범하기 쉽다. 각각의 소품이 내담자의 개개인에게 갖는 의미가 중요하다.

치료사는 내담자의 완성된 작품을 회기별로 3, 4장의 사진으로 저장한다
사진은 내담자가 만든 방향과 반대 방향, 세부적으로 내담자가 원하는 소품이나 장면을 구체적으로 담는다. 사진은 연속물의 결과로서 내담자의 자아가 충분히 통합될 만큼 강해졌을 때, 혹은 내담자의 동의가 있을 때 치료사는 내담자에 대한 사진을 계획할 수 있다. 이때 치료사는 설명을 확장하고 해석을 해줄 수도 있으며 문제에 대해 답을 할 수도 있다. 또한 치료사는 거의 말이 필요하지 않게 된다. 왜냐하면 사진 자체가 내담자에 대해 직접적으로 말해주고 있으며 내담자의 발달과정을 그림으로 보여주고 있기 때문이다. 그런 의미에서 모래상자 치료과정은 연장된 꿈과 같거나 그 자체를 벗겨낼 필요가 있는 적극적인 상상력과 같은 것이 된다.

모래상자치료에서 해석은 과정이 끝날 때까지 제공하지 않으며 사진도 보여주지 않는다   왜냐하면 치료사의 생각은 그림의 의미를 발산하는 빛을 분석적으로 모아서 얻어지는 것과 마찬가지로 분석적 활동 안에서 모래그림으로부터 모아진 통찰을 이용해야 하기 때문이다. 그러므로 회고적인 사진을 보는 것이 다양한 가치를 지닌다. 그것은 무의식을 보다 구체적으로 경험하게 하는데 도움이 되며, 변화에 대한 강화로 작용하고 변화를 반복하게 한다. 모래상자치료의 그림은 결코 내담자의 존재에서 분리되어 해석될 수 없다. 내담자의 작품은 무언가 새로운 것을 전개하려는 내담자의 마음속에 있는 것들이 나타난 흔적이다. 때때로 그들은 이전에 자신의 마음속에 있던 그림을 다음 그림 장면에 그리기 위해 계획을 세울 수도 있다. 그러므로 모래상자의 작품은 가능한 한 시리즈로 연결하여 작품이 어떻게 변화하고 관련되는가를 주목하여 보는 것이 좋다.

모래상자치료사는 불명확한 물음에 준비된 답을 발견할 수 있도록 훈련을 쌓아야 한다　왜냐하면 모래상자치료사는 내담자에 대한 직접적인 피드백으로 내담자 자신의 의견을 수정하게 하거나 모래상자 그림에 대한 내담자 자신의 감상과정과 결과를 직접적으로 교환하지 않기 때문이다. 따라서 모래상자치료사는 내담자가 만든 작품에 대하여 언제 소품을 수정하였는지, 그리고 언제 모래상자 만들기를 거부할 필요가 있는지를 단기가설에 의해 어떻게 확장하고 해석하며 평가할 것인가를 명백하게 이해할 수 있어야 한다. 모래상자치료사는 상징학에 관한 폭넓은 지식을 갖추는 것을 권한다. 그러나 상징에 대한 특별한 해석과정보다 더 중요한 것은 치료사와 내담자 사이의 관계이다. 물론 내담자에 대한 치료사의 생각은 피할 수 없는 것이며, 그림은 원형적이고 진단적인 문제에 관해서 올바른 일반적인 방향을 가지고 있기 때문에 치료사는 내담자의 실제 생활과 태도와 행동에 대해 치료사 자신이 추론한 가설이나 해석에 대해 엄격하게 조사할 필요가 있다. 한편 거기에는 치료사 자신의 원형적인 마술의 환상여행이 나타날 수도 있는 위험이 있다. 내담자의 무미건조한 생활 혹은 정신 모두에 대해 조금도 관계가 없거나 거의 가지고 있지 않은 지적인 초보게임이 될 수 있는 위험에 빠지지 않도록 치료사는 조심해야 한다.

2. 모래상자치료에서의 전이와 역전이

치료사들은 내담자와의 치료과정에서 나타나는 전이와 역전이를 경험하면서 상담을 발전시켜 나간다. 치료과정의 문제점을 이해하고 이를 수용하고 변화하는 치료사들은 내담자의 문제를 발전의 방향으로 진행시키지만 반대로 저항함으로써 퇴행의 방향으로 진행시키는 경향이 있다. 본 장에서는 모래상자 치료과정에 나타나는 전이와 역전이의 영향을 살펴보고자 한다.

:: 전이

전이 관계는 정신분석적 접근의 핵심이다. 내담자와 치료사의 관계는 전이과정으로 개념화할 수 있다. 전이란 내담자가 과거에 중요한 타인에게 느꼈던 감정이나 환상을 무의식적으로 치료사에게 전이시켜 이동시킨 것을 말한다. 전이를 통하여 내담자가 과거의 관계에서 미해결된 문제를 인지하고 풀 수 있도록 하는 것이다. 치료과정이 진행되면서 어린 시절의 억압된 정서나 갈등이 깊은 무의식으로부터 의식으로 떠오르기 시작하여 정서적인 퇴행이 일어난다. 내담자의 이러한 감정들은 신뢰와 불신, 사랑과 증오, 의존과 독립, 자율감과 죄책감, 수치심 등의 갈등으로부터 생겨날 수 있다. 전이는 내담자의 긍정적이거나 부정적인 감정과 관련이 되는 생애 초기의 갈등을 상기하고, 그것을 현재로 가져와서 재경험하면서 치료사에게 돌릴 때 일어난다.

전이에는 긍정적인 전이의 형태와 부정적인 전이의 형태로 나누어 볼 수 있다. 긍정적 전이는 내담자가 치료사에 대해 느끼는 감정이 이상화하여 숭배하고 특별히 좋아하는 것을 의미한다. 반면에 부정적 전이는 내담자가 치료사에 대하여 별다른 이유 없이 싫어하고 무서워하는 등의 감정을 느끼는 것을 뜻한다. 두 가지 형태의 전이 모두 해결되지 않은 아동기의 갈등이 재현되고 있는 것으로 본다김춘경 외, 2010. 예를 들면 그들은 어린 시절 애정이 없는 아버지로부터 해결하지 못했던 감정을 치료사에게로 전이 시킬 수 있다. 치료사를 만난 첫인상부터 내담자가 느낌이 그저 아무런 이유 없이 "그 치료사 인상이 너무 따뜻하고 좋아." 또는 "왠지 두렵고 권위적인 느낌이야."라고 한다면 처음 본 치료사의 인상이 무의식에 억압된 느낌으로 인해 내 앞의 치료사가 마치 과거에 경험한 대상이 주던 느낌처럼 반응하게 된다는 것이다. 이런 현상은 의식하기 어려울 뿐 아니라 인간관계에서 자주 이러한 선입견으로 행동하기 쉽다는 것이다이만홍·황지연, 2007. 이렇게 전이는 정서적으로 중요한 타인과의 관계에서 핵심적으로 늘 존재하고 있는 감정반응인 것이다.

① 치료사는 효과적인 치료를 위해 전이관계를 훈습하도록 해야 한다. 훈습과정은 무의식적으로 사용하는 자신의 방어기제를 알아차리고 탐색하는 것이며 여러 무의식적인 자료에 대한 탐색이 필요하다. 탐색의 대상이 되는 것은 거의 인생 초기의 어린 시절이 될 것이다. 훈습에서는 해석을 되풀이하고 어떠한 형태의 저항을 하고 있는지를 탐색함으로써 가능해진다. 훈습의 과정을 거치고 나면 오래된 무의식적인 행동패턴을 벗어나 자신의 인생을 새로운 각도에서 바라볼 수 있게 된다. 훈습과정에서 현재 경험을 새롭게 이해하기 위해 치료시간 중에 원자료들을 끊임없이 탐색한다. 그렇게 되면 내담자들은 삶 속에 빈번하게 나타나는 여러 갈등이나 무의식적인 방어기제를 알아차릴 수 있게 된다. 심리적으로 독립하려면 내담자가 자신의 무의식을 알아차리고, 부모로부터의 유

아적 욕구에서 비롯된 행동 패턴에서 자유로울 수 있어야 한다는 가정이다. 치료사는 이러한 내담자의 욕구적 단계를 치료과정에서 훈습하도록 해야 한다. 그렇게 하지 않게 되면 내담자는 주변의 모든 사람으로부터 완전한 수용과 사랑을 구하는 유아적인 욕구를 전이시킬 수 있는 가능성이 높다.

② 치료사와의 관계에서 전이의 훈습을 많이 하였다 하더라도 완전한 유아적인 갈등을 해결하는 것은 어렵다. 어린 시기의 감춰진 동기는 내담자와 치료사의 치료관계를 통해서 나타난다. 전이관계가 점차 강해지는 과정은 시간이 든다. 또한 전이관계를 이해하고 이를 해결하는 치료과정에서 훈습은 긴 시간이 필요하다. 그렇지만 오랜 기간의 치료에도 유아기나 아동기의 욕구나 상처는 완벽하게 사라지지 않는 것은 분명하다. 우리는 전 생애를 통해 타인이 충족시켜 주기를 바라는 비현실적인 요구와 타인에게 투사하는 비합리적인 감정과 싸워야 할지도 모른다. 그렇기 때문에 우리 각자는 무의식적으로 많은 사람에게 전이를 일으킬 수 있다. 또한 우리의 직접적인 경험은 언제나 지금 모습을 만들어가는 핵심이 된다는 것을 치료사는 기억할 필요가 있다.

③ 강한 전이는 내담자가 치료사를 향하여 직접적으로 공격하거나 실제적인 폭력을 행사하는가 하면, 연애감정을 표명하기도 한다. 치료사 개인에 대하여 직접적으로 강한 감정을 표출시킬 때에 전이가 횡적으로 작용하는 것이다. 강한 전이는 다른 사람의 눈에 띄기 쉽고 치료사에게도 자기만족을 준다. 치료사는 전이의 강도에 주의를 빼앗겨 전이가 갖는 깊이의 차원을 놓치지 않아야 한다. 치료사가 내담자에게 직접 향하는 것이 아니라 스스로의 무의식을 향하여 깊어지면, 이러한 순간에 내담자의 무의식과 만나서 자기실현이 활성화되어 갈 것이다. 어떤 이미지를 통해 무의식이 의식으로 메시지를 전달해주며 그것은 많은 심적 에

너지를 갖게 한다. 차원이 깊어질수록 심적 에너지의 양은 커지며 거기에 감동이 따르는 것이 특징이라 할 수 있다. 깊은 전이관계의 경우 무의식의 내용이 활성화되어 무의식 층에서 작용하는 에너지를 다룰 수 있는 변용과정의 힘을 치료사가 가지고 있지 않을 때 큰 문제가 생긴다. 전이는 급격하게 강한 전이로 변하여 치료사가 참아내지 못하여 치료관계가 파괴될 수 있다.

④ 치료사의 역할은 내담자의 전이를 이해하고 어떻게 다루느냐에 달려 있다. 내담자로 하여금 전이되는 감정의 실제와 환상 사이를 구별할 수 있도록 도와주며, 이러한 전이분석을 통해 왜곡된 관계를 재정립하도록 돕는다. 즉 치료사의 분석을 통해 전이감정이 해소되면 내담자는 과거의 영향으로부터 벗어나게 되고 보다 정서적으로 성숙한 상태에 도달할 수 있다김춘경 외, 2010. 전이를 유도하고 해석하는 것은 치료사의 주된 업무 중 하나이다. 전이는 치료사를 향하는 내담자의 모든 투사를 의미한다. 실제로 치료현장에서 내담자의 전이가 일어나게 되면 내담자는 치료사의 대한 왜곡된 지각으로 엉뚱한 상황과 부적절한 행동패턴을 체험하게 될 수 있다. 즉 이전에 관계양상이 활성화되는 성향으로 많은 옛 체험들이 과거에 지나간 것이 아니라 심리치료사라는 한 인간과의 실제 관계에서 다시 생생해진다노안영, 2005.

:: 역전이

　　　　　　　　　　역전이countertransference는 치료사가 내담자에 대한 감정feeling이다. 또한 치료사의 내담자에 대한 반응reaction인 것이다. 치료사의 치료 상황에서 정서적 반응이 현실적이고 합리적인 반응과 치료사 자신의 내적 갈등에서 비롯된 반응으로 구분해 볼 수 있다. 예를 들면, 내담자가 치료실의 소품을 마구 다룰 때 화가 나는 것은 당연할 반응일 것이다. 그러나 내담자가 폭력적인 감정을 꾸미는 장면에서 분노를 느낀다면 이는 적절하지 못한 반응으로 역전이 문제가 있음을 알리는 신호이다. 치료사의 역전이 현상은 종종 일어날 수 있는 매우 자연스러운 현상일 수 있다. 이처럼 치료과정 중에 여러 요인들에 의해 역전이 현상이 나타나는 것은 치료사가 모든 측면에서 완벽할 순 없기 때문에 어쩌면 지극히 자연스러운 현상이라 할 수 있다.

예를 들어서 "부모님이 졸업식 날 학교에 찾아왔는데 구질구질한 옷차림으로 학교에 와서 너무 창피했어요. 어떻게 그런 옷차림으로 졸업식에 올 수가 있죠?"라고 이야기하는 내담자에게 "바쁘신 와중에 ○○를 축하하러 와주신 부모님한테 어떻게 그런 말을 할 수 있어?"이 사례에서의 치료사의 반응은 무의식적인 역전이가 작동한 것이다. 치료사의 어린 시절과 비슷한 상황에서 부모님께 무례하게 행했던 자신의 모습이 떠올라 치료사의 부모님에 대한 죄송한 감정적 반응으로 볼 수 있다.

이처럼 내담자로부터 불러일으켜진 어린 시절 어떤 강렬한 감정이 치료사를 지배하게 되면 내담자의 이야기를 경청하고 내담자의 감정을 공감하는데 어려움을 겪게 되는데 이러한 현상을 역전이라고 하는 것이다 이만홍·황지연. 2007.

프로이트의 역전이에 대한 견해   치료사로부터 내담자에 대한 역전이가 내담자의 치료에 바람직하지 않다고 하였다. 프로이트는 내담자가 치료사에게 분석 중에 마음에 들지 않는 감정을 보이는 현상은 내담자의 억압된 감정이나 유아기 체험이 전이되어 오는 것이라고 하였다. 프로이트[1912]에 의하면 전이가 자유연상의 흐름을 방해하는 것으로 생각한 것처럼 역전이도 치료사가 내담자를 이해하는 흐름을 방해한다고 생각하였다. 이런 관점에서 치료사의 마음을 하나의 도구로 생각하고, 역전이는 분석상황에서 방해가 된다고 여긴 것이다. 즉 역전이는 분석치료에서 유용한 도구가 아니라 장애물이라는 것이 프로이트의 생각이었다. 프로이트1912는 역전이가 치료사의 심리적 맹점blind spot에 의한 분석 작업의 방해를 재차 강조하면서 이에 대한 해결책을 제시하였다. 이는 자기분석이나 교육분석을 통한 '정신분석적 정화psychoanalytic purification'과정을 거치게 되면 전이와 역전이에 관련된 문제는 해결된다는 것이다. 그러나 정화가 가능하다는 초기의 낙관적인 생각은 이후 임상경험을 통해 너무나 힘들다는 것을 알게 된 후, 전이가 위험할 수 있다는 관점에서 분석 상황에서 필수 불가결한 것이라는 입장으로 바뀌었으나 역전이의 경우는 치료에 방해가 된다는 견해를 고수하였다. 따라서 치료사는 스스로 5년마다 재분석을 받아, 내담자에 의해 노출되기 쉬운 자신의 욕구나 충동을 통제해야 한다고 주장하였다Freud, 1937.

융의 역전이에 대한 견해　　　무의식에 대한 긍정적인 견해를 가진 융은 치료가 깊어짐에 따라 치료사는 내담자의 개성화 과정에 동참하여 적극적인 역전이 자세로 무의식의 안내를 받아 유지한다고 하였다. 1960년대 이후로 프로이트 학파에서도 역전이의 유효성을 점차 인정하는 태도가 강해지고 있다. 내담자가 시간과 장소에서 격렬하게 틀을 넘어선다거나 내담자의 강한 전이로 인한 공격성이나 동정심이 표현되는 모래상자치료의 진행은 무의미하다고 본다. 융에 의하면 역전이가 치료에 있어서 무익하기 보다는 유효하다고 하였다. 치료가 깊어짐에 따라 치료사는 내담자와 더불어 무의식에는 파괴적인 힘이나 부정적인 측면도 존재하나 이는 오히려 인간의 창조적인 활동의 근간이 되며, 무의식과의 만남을 유지할 때 인간의 자기실현과 개성화 과정을 향하여 나아갈 수 있다고 생각한다. 그러므로 융의 개성화 과정은 모래상자치료의 본질이라 할 수 있다. 이는 자기발전의 과정으로서 먼저 치료사 스스로가 자신의 그림자를 알아차리고 수용하고 경험하기 시작할 때 내담자의 개성화 과정을 안내할 수 있을 것이다.

역전이에 관한 여러 정신분석학자들의 두 가지 관점　　　역전이에 관한 여러 정신분석학자들의 두 가지 관점은 전통적 접근classical approach과 전체적 접근totalistic approach이 있다. 전통적 접근classical approach에서 보는 역전이란 치료사 자신의 해결되지 않은 신경증적 갈등에서 일어난 무의식적이고 병적인 현상이다. 이것은 치료 상황에 부정적인 영향을 미치게 되기 때문에 극복되어야 할 과제로 본다. 반면에 전체적 접근totalistic approach에서 역전이란 치료사가 내담자에게 보이는 모든 반응으로서 내담자의 치료에 매우 유용한 도구라는 입장이다. 샌들러Sandler et al., 1973는 역전이를 '저항이나 맹점으로 이끌리지 않는 치료사의 감정반응으로서, 내담자가 전달하고 싶은 의미를 치료사 자신이 파악하여, 내담자로 하여금 통찰을 얻도록 도와주는 것까지를 포함하였다.

상호주체성 이론에서의 치료사의 역할　　　1970년대 말부터 치료 상황에서 필연적으로 발생하는 치료사와 내담자 사이의 '상호주체적인 역동적 감정교류'를 중시하는 상호주체성 이론intersubjectivity theory이 등장하여 다른 관점을 주장하여 새로운 논쟁이 제기되고 있다. 상호주체성 이론가intersubjectivist들은 정신분석 상황이 내담자와 치료사가 서로 새롭게 창조하는 과정에서 그 상호주체성의 공간field 내에서 치료사와 내담자의 두 주체가 주체성의 문제되는 측면들을 함께 탐험한다고 주장한다. 즉 전이와 역전이의 상호작용cotransference이 분석의 상호주체적 장을 구성한다고 얘기한다. 이러한 상호주체적 장은 치료사와 내담자, 양자의 감정적 가용성에 의해 가능해진다. 이 안에서 내담자는 새롭게 발달할 기회를 가지게 된다. 상호주체성이라는 것은 관찰자와 관찰대상 관계에서 함께해야만 하는 상호작용에 따르는 민감성sensitivity을 지속하는 태도라고 말한다. 이는 상대의 경험 속으로 들어가 우리 자신을 잠기게 한다기보다 우리가 상대를 상호주체적 공감에서 합류한다고 여긴다. 비록 분석은 내담자를 위한 것이지만 임상적 주고받음clinical exchange이든, 이해의 측면이든 내담자와 치료사의 감정적 역사와 심리적 조직은 똑같이 중요하다는 것이다. 그러나 내담자의 감정적 가용성의 확대 여부는 치료사의 내담자에 대한 공감능력에 달려있기 때문에 치료사의 자질이 매우 중요하다고 주장한다.

대상관계이론과 대인관계 정신분석이론에서의 치료사의 역할   1930년대부터 1940년대에 발달한 대상관계이론object relations theory과 대인관계 정신분석interpersonal psychoanalysis이론 및 임상실제 연구결과에 기초하여 치료사가 내담자에 대한 느낌이나 연상을 잘 이용하면 내담자 내면의 의미나 정신역동을 알게 된다는 광의의 역전이 개념이 등장하였다. Melanie Klein과 영국학파 대상관계이론가들의 공헌은 역전이에 대한 개념을 전통적 접근론에서 벗어나 전체적 접근 쪽으로 방향을 돌렸다는 점이다. 다시 말해, 내담자에 대하여 치료사가 느낄 수 있는 모든 감정들을 내담자의 치료에 활용할 수 있다는 것이다. 이는 앞으로 역전이에 대한 개념의 이론적 기틀을 제공하였다. Sullivan과 Fromm 등에 의해 미국을 중심으로 전개된 대인관계 정신분석이론은 분석상황에서 치료사는 참여적 관찰자participant observer가 될 수 있어야 한다는 것이다. 이에 치료사가 내담자에게 느끼고 경험하는 것은 내담자-치료사 관계를 말해준다는 지적이다. 또한 Sullivan 등은 정신병을 앓고 있는 내담자의 치료경험을 통하여 이들은 치료사에게 강한 감정을 불러 일으키고 신체언어를 통한 소통이 많기 때문에 치료사는 자연스럽게 정서적인 참여자affective participator의 역할을 하도록 만든다는 것이다. 치료사가 그러한 정서 반응을 잘 다루면 내담자를 이해하는 데 도움이 된다는 사실을 지적하였다.

치료사와 내담자 관계 내의 역전이 문제　　치료사와 내담자의 관계 내에서 나타나는 역전이는 반드시 살펴보아야 한다. 그런데 치료사가 자신이 역전이를 알 수 있다면 문제될 것은 없지만, 치료사가 알아차리지 못하면 이는 심각한 문제가 된다. 그렇게 되면 치료사는 자신도 모르는 사이에 자신의 인생 초기에 경험한 결핍된 욕구를 해결하기 위하여 내담자를 수단으로 이용할 수도 있다는 것이다. 특별히 초보 치료사들은 이러한 오류를 범하기 쉬우므로 역전이 문제에 유의해야 한다. 따라서 효과적인 치료를 위해 모래상자 치료사는 정기적인 슈퍼비전을 받아나가야 하고 이를 통해 자신의 역전이 감정을 이해하고 치료 장면에서 나타날 수 있는 역전이 감정을 예상함으로써 적절히 치료 장면에 활용해 나가야 한다이만홍·황지연, 2007.

이동식의 '도 정신치료'에서의 치료사의 역할　　모래상자 장면을 꾸미는 상황에서 강조되는 Kalff의 모자일체성은 치료사의 마음 상태가 고스란히 내담자의 모래상자에 표현되고 있는 역전이 현상이 일어나기 쉽다. 그러므로 치료사는 자신의 심리적 문제를 분석 받을 필요가 있다. 치료사가 자신의 내적 갈등을 해결하지 않은 상태에서 문제를 가지고 내담자와의 치료적 관계가 이루어지면 내담자가 꾸미는 모래상자의 대부분이 치료사의 심리적 내면을 나타내기 쉽다고 하였다. 이동식은 도 정신치료에서 치료사의 역할을 다음과 같이 비유하였다.

"내담자는 존재가 위협받는 얼어붙은 대지에 살고 있다. 얼어붙은 땅
에 봄이 오면 모든 생물들이 다시 살아나듯이 치료사는 내담자에게
봄을 가져다줌으로써 치료한다."

그리고 치료사의 자세는 '치료하려는 의도 없이 무상무념의 상태로서
치료해야 한다.'고 가르친다. 이러한 가르침은 내담자의 고통에 대한 치
료사의 최고의 공감적 응답이라 할 수 있는 仁과 사랑, 자비심 등이 치
유의 요인이 된다. 그러한 공감적 응답을 위한 치료사의 마음가짐을 표
현한 것으로 보인다강석현, 1991. 치료사는 마음을 투명하게 비웠을 때, 최
대의 공감이 가능해진다. 다시 말해 자만심이나 적개심이 없는 상태이
며, 치료사가 정심正心, purification of mind으로서 외부적인 투사가 없는 상태이
다. 이러한 정심의 상태는 현실을 있는 그대로 보는 것을 방해하는 장애
요소들을 걷어내어야 한다오동원, 2003.

이상으로 모래상자치료에서의 전이와 역전이에 대한 내용을 정리하면,
모래상자치료는 치료사와 내담자간의 인간관계가 존재하고 시행하는 과
정이라 할 수 있다. 그러므로 치료사의 역할은 치료사와 내담자 사이에
자주 발생하는 전이와 역전이를 통찰적 시각으로 살펴보아야 한다는 것이
다. 융에 의하면 모래상자치료에서는 무의식이 자아가 배제된 억압된 심
리적 내용만이 아닌 자기self라고 하는 마음의 중심에서 일어나는 작용과
심리적인 내용까지 포함한다는 것이다. 그러한 자기의 작용이 자아에 의
해 파악되어 모래상자에 표현되고 그러한 방법을 알아차리게 되면 내담자
는 자기실현의 방향으로 자연스럽게 치유된다는 것이다. 모래상자치료의
본질은 내담자 자신이 모래상자 치료과정에 자기실현을 표현하고 그것에
의해 저절로 나아가게 되는 데 있으며, 치료사의 사명은 이러한 모래상자
치료의 본질이 퇴색하지 않고 새롭게 되살아나도록 보호해 주는 것이다.

- 강석현(1991). 정신치료 실패경험, 역전이 사례들. 『대화』. 3(1), 5-11.
- 김경희·이희자(2005). 모래상자 놀이치료. 양서원.
- 김춘경·이수연·이윤주 외 2명(2010). 상담의 이론과 실제. 학지사..
- 오동원(2003). 역전이의 역사적 이해. 역전이의 이론과 실제. 한국정신치료학회.
- 이만홍·황지연(2007). 역동심리치료와 영적탐구. 학지사.
- Freud, S.(1912). Recommendation to Physicians Practicing Psychoanalysis. *S. E.* 12, 111-120. London: Hogarth Press.
- Freud, S.(1937). Analysis Terminable and InTerminable. *S. E.* 23, 209-253. London: Hogarth Press.
- Kalff, D.(1989). *Sandplay*. Boston, MA: Sigo.
- Linda E. Homeyer & Daniel S. Sweeney(2014). 현장임상전문가를 위한 모래상자치료 임상지침서. 정경숙·우주영·정미나 공역. 학지사.
- Gerald Corey 저·천성문 외 역(2017). 심리상담과 치료의 이론과 실제. 학지사.

09

모래상자치료의 적용

한국모래상자치료학회
Korea Sandtray Therapy Association

제9장

모래상자치료의 적용

        모래상자치료는 모래상자가 갖는 의사소통 도구로서의 가치를 인정하면서 상담자의 엄격한 규칙이나 해석을 강조하지 않고 지향하는 이론에 관계없이 상담매체로 사용할 수 있다(송영혜, 2011). 이러한 모래상자치료는 개인의 영역 이외에도 가족, 집단, 학교장면에서 적용할 수 있는데 본 장에서는 가족모래상자치료, 집단모래상자치료, 학교모래상자치료에 대하여 다음과 같이 소개하고자 한다.

1. 가족모래상자치료

:: 가족모래상자치료의
   이해

            가족은 사회의 가장 기본적 단위로서 서로
의존하며, 서로의 발달과 안정, 보호에 책임이 있다. 가족은 혈연으로
인한 관계나 입양을 통한 관계 모두를 포함한다. 가족은 역사가 있으며,
현재와 미래가 있다Turner & West, 1998. 가족의 역사에는 세대간 전수되어지
는 특성들이 포함되며 가족 구성원 상호간의 관계인 가족관계는 가족구
성원간의 권리와 의미의 관계이기도 하다. 따라서 가족관계는 가사분담
이나, 권리의무관계 및 일상생활의 모든 행위를 포함하는 가족행동의 총
체이며, 상호작용의 역동과정이다정현숙·유계숙, 2001.

 가족의 상호작용은 가족구성원들의 관계를 강화시키기도 하고 약화시
키기도 하는 가장 중요한 매개체로서 가족의 핵심적 기능을 수행하는
가족체계를 구성하고, 이를 유지하며, 변화시키는 역할을 한다최순옥, 2005.
이러한 가족의 상호작용이 역기능적일 때 개인은 왜곡된 정보와 갈등으
로 고통을 겪게 될 수 있다. 역기능적인 정서체계를 갖고 있는 가족은
미분화된 가족자아에 융합이 심한 상태로 정서나 사고기능이 약해져서
역기능적인 삼각관계를 형성하게 되어 가족 안에서 정서적으로 고착된
형태를 나타낼 수 있다. 이러한 특성은 가족관계의 갈등을 가져올 수 있
으므로 이것을 해결하기 위해 가족치료를 실시할 수 하는데 가족치료는
가족을 하나의 상담 체계로 보며 그 체계 속의 상호작용의 양상을 살핌
으로써 개인의 역기능적 행동을 파악하고 변화를 유도하는 것이라고 볼
수 있다. 가족치료에서는 개인의 문제를 그 개인의 내적인 문제로서만이

아니라 둘러싼 전체로서의 가족이라는 맥락 속에서 이해하여 개인과 가족 전체 사이에 존재하는 고정된 상호작용의 양상을 변화시키려고 노력한다오미성, 2007.

건강한 가족관계가 되려면 가족구성원 각자 자율적이고 독립적으로 기능하면서 필요하면 서로를 위해 협력하고 지지하는 관계가 되어야 한다. 그러나 경직되거나 밀착된 경계의 가족체계에서는 개인의 부적응 행동을 일으키게 되는 원인이 되거나 아동이 가족에 대한 지나친 소속감을 가지고 있어 자율적이거나 독립적으로 행동하지 못하며, 경직된 경계의 경우 아동은 가족의 보호기능이 저하되어 서로간에 무관심해지기 때문에 가족 외부에서 정서적 지지를 구하게 되고 아동이 비행을 일으킬 수 있다김유숙, 2006. 이러한 가족의 상호작용은 가족구성원들의 관계를 강화시키기도 하고 약화시키기도 하는 가장 중요한 매개체로서 가족의 핵심적 기능을 수행하는 가족체계를 구성하고, 이를 유지하며, 변화시키는 역할을 하므로 가족의 응집성 및 적응성과 긴밀한 관계를 갖게 되는데 가족 응집성은 가족간의 상호 의존성 또는 정서적 유대를 나타내는 개념으로 가족간의 상호작용 과정 및 결과를 결정짓는 1차적 기능이다Glavin & Brommel, 1986/최순옥, 2005 재인용.

응집성의 수준은 높거나 낮아서는 안 되고 중간수준일 때 가족구성원들의 독립과 연결간의 균형을 이룰 수 있다. 가족의 응집성과 적응성은 의사소통을 통해 변화와 유지를 할 수 있게 되므로 효율적인 의사소통이 중요하다.

의사소통에는 언어적인 소통 외에도 얼굴표정과 목소리의 높낮이, 태도 등 비언어적인 소통을 포함하고 있으며, 대인관계 속에서 긍정적인 의사소통 방식을 요구하게 되는데 미분화된 가족구성원들은 역기능적인 의사소통 방식을 사용함으로써 가족간의 상호작용이 어렵게 된다. 그러하다면 반대로 건강한 가족이 갖추어야 할 요소로는 균형 잡힌 응집성과 적응성, 그리고 긍정적인 의사소통이라고 할 수 있다. 이러한 요소들이 적절하게 유지되어야 하지만 역기능적인 가족에서는 무의식적인 상태에서 과도하거나 약한 응집성으로 인해 가족구조가 흔들리게 된다.

가족구조는 여러 단계를 거치며 발달을 하고 있는데 가족구성원들이 변화하는 외부환경에 탄력적으로 적응하기 위해 가족구조를 변화시켜 간다. 그러나 역기능적인 가족에서는 변화된 환경에 대처하지 못하는 경직된 상태를 보이며 갈등이 악순환 된다.

가족의 하위체계의 구성원인 부부, 부모－자녀, 형제 등 모든 가족구성원은 여러 개의 하위체계 안에서 많은 역할과 다양한 기능을 수행하며 가족구조의 구성요소가 된다. 각자는 유연한 적응력으로 고유의 역할과 기능을 수행할 때 건강함을 유지할 수 있는데Minuchin, 1974 가족모래상자치료는 흔들리는 가족구조를 감각적으로 확인할 수 있어서 변화되는 환경에 맞는 가족구조가 유연하게 변화, 성장할 수 있다. 또한 가족구성원의 관계적 측면을 알 수 있고 구성원들의 정서적 상태를 표현할 수 있는 도구가 될 수 있다.

가족구성원들의 관계에서 상호작용이 부족하거나 의사소통이 원활하지 않을 때 모래상자치료에서 모래상자는 가족구성원들의 안전한 의사소통을 할 수 있는 공간이자 통로의 역할을 하며 사용되는 소품은 구성원들의 상징적인 언어로서 언어적 의사소통에 어려움을 갖고 있는 내담자에게 안전하게 심리적 상태를 표현할 수 있게 도울 수 있다. 또한 가족관계에서는 유동적이고 협력적인 상태를 요구할 때가 많은데 가족모래상자치료는 변화하는 가족구성원의 상태를 살필 수 있어 적재적소에 역할을 다할 수 있도록 도울 뿐만 아니라 가족관계 내에서 자신의 모습을 객관적으로 살펴볼 수 있는 기회를 얻을 수 있고 관계 형성에 역동성을 부여할 수 있게 되며 의사소통과 관계 기술의 패턴을 변화시킬 수 있다.

　건강한 가족이 되기 위해서 가족모래상자치료사는 첫째, 가족구성원들간의 긍정적인 측면을 활용할 수 있도록 촉진시켜주어야 한다. 그러기 위해서 구성원들의 내면과 만날 수 있는 기회를 제공하고 창조성을 회복하도록 하는데 치료사는 존재감을 드러내지 않으면서 구성원들 각자와 내면으로의 여행에 동반자가 되어야 한다. 둘째, 가족에게 닥친 어려운 문제를 개별적인 문제로 보지 않고 가족구성원 전체가 도전해서 해결해야 할 과제로서 인식할 수 있도록 가족모래상자치료사는 가족 공동의 상자꾸미기를 통해 공동체 의식이 향상될 수 있게 한다. 셋째, 개방적인 의사소통을 할 수 있도록 촉진해야 한다. 무엇보다 위기에 대처하고 문제를 해결하기 위해서는 적극적이고 개방적인 의사소통이 도움이 된다. 그러므로 폐쇄적이어서 의사소통에 익숙하지 않은 가족구성원들에게는 모래상자치료의 간접적이고 상징적인 자기표현이 안전감을 느끼게 해주고 원활한 의사소통을 할 수 있게 촉진할 수 있으므로 적극적인 의사소통 훈련이 가능하게 된다. 넷째, 변화되는 외부환경에 유연하게 대처할 수 있는 탄력성을 회복하도록 촉진한다. 가족의 주기에 따라 구조가 자연스럽게 변화되고 그에 맞게 적응하려면 객관적으로 가족의 구조를 관찰하고 그에 상응하는 적응력을 키워야 하므로 모래상자에 나타나는 가족구성원들의 상태를 관찰하여 공감하고 수용할 수 있도록 한다.

:: 가족모래상자치료의
목적 및 방법

가족모래상자치료는 가족 전체를 한 단위의

치료 대상으로 보는 치료로서 가족구성원들의 내면과 만나 창조성을 회복하도록 돕고 가족 공동체의식을 향상시켜 문제해결력을 높여준다. 또한 적극적이고 긍정적인 의사소통을 할 수 있도록 모래상자를 통해 안전한 장소를 제공해주며 유동적이면서 변화하는 외부환경에 탄력적으로 적응할 수 있도록 공감하고 수용할 수 있도록 하는데 그 의의가 있다.

가족모래상자치료의 목적은 첫째, 가족구성원들이 병리적 방어기제보다 가족모래상자치료를 통해 적응능력을 향상시켜 가족구성원과 대인관계 사이의 역기능적인 요소를 줄여나갈 수 있어야 한다. 둘째, 궁극적으로 행동상의 변화보다는 가족 전체가 좀 더 만족스럽게 각자의 역할과 기능을 수행하도록 하여 가족구성원과 가족 전체가 성장하도록 하는 것이다. 셋째, 가족의 분화를 촉진하여 가족 자아를 성장시키고 가족구성원들 각자가 독립적인 태도를 갖추게 할 뿐 아니라 문제해결을 원만히 수행하도록 한다.

가족모래상자치료를 실시하기 위해서 초기에는 구성원들에게 개별모래상자를 꾸미도록 하고 모래상자에 투사된 내면의 모습을 바라보게 한다. 구성원들은 처음 접하는 장면에서 방어를 하기도 하지만 스스로 수용하려는 태도를 점점 갖추게 된다. 그리고 구성원들에게 자신의 세계를 소개하는 시간을 갖게 되는데 개별모래상자에 표현한 자신의 세상과 가족구성원 각각의 세계를 바라보고 서로 이야기하면서 그동안 알지 못했던 면들을 알 수 있는 기회가 된다. 그 이후에는 가족의 공동상자 꾸미기를 실시함으로써 조심스럽게 영역의 공유라는 과제와 직면하게 된다. 역기능적인 가족구성원들은 고집스럽게 자신들의 영역을 고수하려는 특성이 있는데 이러한 면이 모래상자에 표현되고 이것을 해결하려는 태도들이 나타나기 시작한다. 이러한 과정은 처음에는 개인모래상자치료에서와 같이 혼란스럽고 일관되지 않은 세계가 등장하였다가 자신만의 세계를 고수하는 대극이 나타나게 된다. 이 단계에서 가족구성원들은 공동의 모래상자에 연결을 하려는 여러 형태의 시도가 등장하며 자연스럽게 영역을 공유하려는 태도들이 나타나게 된다. 모래상자 꾸미기를 통해 직면하는 공동의 상자 속에 그동안 언어로 표현되지 못했던 자신만의 세상을 나타내어 가족구성원들에게 표현할 수 있고 가족구성원들의 내적인 문제들이 나타나면서 지금까지 의식하지 못하고 반복되었던 문제들을 발견하고 이로써 가족구성원들은 새로운 관점에서 가족의 관계를 조망할 수 있게 되며 공감과 수용 능력이 향상되고 정서적 지지가 가능해진다.

다음은 가족의 하위체계로서 부부, 부모－자녀, 형제 하위체계에 대한 모래상자치료의 적용을 살펴보고자 한다.

부부모래상자치료   부부관계는 가족관계에서 핵심적 역할을 하기 때문에 원만하고 만족스러운 부부관계는 가족의 안정성에 필수 불가결한 요소이다. 그러므로 건강한 가족이 되기 위해서 부부의 상호작용은 중요한 영역이다. 부부가 상호작용하는 영역은 광범위하고 다양하지만 결혼과 더불어 새로운 부부관계를 형성하는 데 기초가 되는 요소는 역할과 경계의 설정, 의사소통, 친밀감을 들 수 있다. 부부관계에는 원가족과의 유대감이 영향을 미치게 되는데 부부의 경계를 구축함으로써 건강한 부부관계를 유지할 수 있게 되므로 부부가 중심이 되어 원가족과의 상호작용적인 관계를 유지하는 것이 중요하다정현숙·유계숙, 2001. 이러한 부부 중심의 경계를 구축하기 위해서는 원활한 의사소통이 기초가 되어야 한다.

건강한 부부관계는 긍정적인 의사소통과 관계가 깊다. 부부사이에 의사소통이 원활하면 서로의 감정을 표현하고 전달하는 것에 어려움이 없기 때문에 공감과 수용이 자연스럽게 이루어지지만 그렇지 못한 경우에 부부관계는 공감과 수용이 이루어지지 않음으로써 갈등을 겪게 될 가능성이 크다. 이러한 문제들을 해결하기 위해 부부간의 의사소통을 촉진시키며 상호이해를 증진시켜야 한다. 더불어 친밀감의 증진 또한 부부관계의 질을 설명할 수 있는 요소가 된다. 부부 친밀감은 상호 지지적이고 수용적인 태도와 함께 적절한 수준의 자기표현이 필요하다. 부부는 친밀감이 높으면 배우자로부터 배려받고 있다는 느낌을 받고 자신의 가치를 확인할 수 있게 되어 서로의 생각과 감정을 공유할 수 있게 된다. 그러나 원가족과의 미분화로 인해 경계가 모호해지고 이로써 겪게 되는 비현실적 기대나 부부간의 대화부족이 갈등의 원인이 될 수 있다.

부부모래상자치료는 의사소통을 증진시키기 위한 도구로써 활용할 수 있다. 두 사람 사이에 거리감을 두거나 정서적 표현이 어려운 부부에게 의사소통을 자유롭게 할 수 있도록 돕고 모래상자에 소품을 이용해서 두 사람의 정서를 투사하게 되고 상징을 통해 서로를 이해할 수 있어서 덜 위협적이고 보호적일 수 있다. 이로써 부부는 자신이 몰랐던 배우자의 정서에 대해 공감하게 되고 배우자의 원가족으로부터 메시지를 알아차려 수용적인 태도를 갖게 되며 부부갈등을 해결할 수 있게 된다.

부부갈등은 각자 서로 다른 환경에서 다르게 성장하여 가치관과 인식의 차이를 보일 수 있는데 가치관의 차이를 좁히지 못하게 되면 부정적인 상호작용을 하게 되고 이로써 겪게 되는 부부갈등은 가족생활 전반에 위협을 주게 되어 다른 가족구성원들의 고통으로 이어지게 된다.

부부갈등을 해결하기 위한 다양한 치료법 중에서 부부모래상자치료는 각자의 내면세계를 자유롭게 표현하면서 억압되었던 정서를 안정적으로 유도할 수 있다. 안정된 정서를 회복한 각자는 배우자에 대해 관대해지고 여유를 갖게 된다. 이렇게 얻게 된 안정감을 통해 자아가 강화되어 심리적 독립이 가능해지게 된다. 심리적 독립을 한 각자는 배우자의 세계에 대해 공감력이 향상되고 수용적 태도를 갖게 되면서 부부관계에서 일어나는 갈등을 순조롭게 해결할 수 있게 된다. 이때 부부모래상자치료 장면에서 전제되어야 할 것은 '보호된 자유로운 공간'이라는 환경이다. 보호된 공간에서 자유로운 표현은 각자의 성장뿐만 아니라 성숙한 부부관계를 만들어갈 수 있도록 촉진시켜주는 요소가 된다. 부부모래상자치료는 관계에 대한 조망에 초점을 맞추어 모래상자에 상징적으로 등장하는 배우자의 세계를 경험하게 되고 이로써 배우자를 이해하고 원활한 부부관계를 유지할 수 있게 된다.

부부간의 의사소통을 촉진할 수 있는 부부모래상자치료는 부부의 상호작용에 초점을 맞추어 진행되어야 하고 모래상자치료사는 치료실에서 일어나고 있는 모든 것들을 공감하고 수용하며 드러내지 않으면서도 함께 하는 존재로서 내담자의 언어적, 비언어적 행위에 대해 주의 깊은 경청이 필요하다. 부부모래상자치료는 각자가 아니라 부부를 한 쌍의 내담자로 봐야 한다. 이것은 모래상자치료가 진행되었을 때 부부의 상호작용에서 나타날 수 있는 삼각관계의 위험에 빠지지 않을 수 있는 방법으로서 부부모래상자치료에서 삼각관계란 두 사람 사이에서 불편한 사람이 제3자를 끌어들여서 긴장을 완화시키려는 것이라고 Bowen은 말하고 있다. 그러므로 치료사는 내담자와의 전이와 역전이 관계에 주의를 기울여야 한다.

치료사는 가족모래상자치료를 위해 자신의 가족으로부터 분화되는 것이 부부 내담자와의 정서적 삼각화를 예방하는 가장 좋은 방법이다. 치료사 자신의 가족을 철저히 검토하는 과정에서 부부 내담자의 불안을 감소시키고 평상심을 확보할 수 있으며, 자신의 가족에서 문제유형을 어떻게 유지해 왔는지에 대한 이해와 확신은 부부 내담자의 가족체계를 파악하고, 변화 계획에 대해 부부 내담자에게 충분한 시간을 줄 수 있는 인내심을 갖게 한다.

부부모래상자치료의 특징을 살펴보면 다음과 같다Boik & Goodwin, 2000.

첫째, 부부의 각자는 둘이 형성한 새로운 체계의 부분과 원가족의 부분이 공존하고 있으며, 각자는 관계를 맺을 때 원가족으로부터 어떤 것을 가져온다는 것을 고려하는 것이 매우 중요하다. 원가족 문제를 살펴보고 알아차릴 수 있을 때 배우자에 대한 객관적 지각이 용이하게 되며 스스로 객관적으로 관계를 맺을 수 있다. 각자는 모래상자에 나타난 표현을 통해 본래의 자신을 알게 되고 그러한 자신을 설명하면서 배우자가 원가족으로부터 가지고 온 오래된 습성들을 알아차릴 수 있게 된다.

둘째, 개별 모래상자를 통해 배우자가 모래상자에서 어떻게 나타나는지 알게 되고 이해하면서 서로 다른 특성과 장점을 가지고 있다는 것을 알게 된다. 이로써 협력관계로서 부부관계가 형성되며, 서로의 성장과 발전에 기여할 수 있다. 그러나 부부 갈등의 원인은 자신의 생각만을 주장할 때 발생하기 때문에 모래상자치료를 통해 서로의 차이점을 수용하고 의견을 조율할 수 있게 하며 갈등을 해결하기에 앞서 건강한 부부관계를 유지할 수 있게 해준다.

셋째, 부부관계에서 사람들은 서로 다른 요구들을 하게 되는데 이러한 것들은 의식화되지 못한 채 습관적으로 요구하게 되고 충족이 되지 않기 때문에 좌절하고 무의식적으로 상처를 주고 또한 받게 된다. 그러나 모래상자치료에서는 배우자의 요구를 객관적으로 알고 행동하기 때문에 배우자의 요구가 충족될 확률이 높다.

부모-자녀모래상자치료　　가정에서 자녀는 부모를 통해 환경에 대한 적응력을 키우며 학습을 시작한다. 부모와 맺게 되는 관계를 통해 자기를 인식하게 되고 이어서 사회적 역할을 배워나가는 것이다. 이때 부모의 적절한 양육은 자녀로 하여금 안정된 환경에서 바깥 세상을 탐색하며 행동과 가치관을 형성하는데 긍정적인 영향을 미치게 된다. 그러므로 부모는 자녀의 삶에 지대한 영향력을 미치는 존재로서 부모와의 관계가 중요한 것이다.

부모－자녀관계의 질은 양육태도에 의해서 결정되는데 부모의 양육태도는 자녀를 양육함에 있어서 부모가 나타내는 태도로서 가정 내에서 자녀의 성격, 태도, 행동, 가치체계 등의 형성에 영향을 미치는 부모의 태도를 말하며, 부모의 관찰 가능한 행동과 자녀의 인식, 행동, 태도에 관한 부모의 반응형태로 표현되는 것이다. 개개인의 태도나 인성이 각기 다를 수 있는 것은 부모가 성장해온 환경이 다르기 때문이다. 그러므로 부모의 양육태도에 따라 자녀의 여러 발달적 측면에 지대한 영향을 미치게 된다. 그러나 부모의 역기능적인 양육태도는 자녀들의 애착관계에 부정적으로 작용하면서 부모를 신뢰하지 못하게 된다. 신뢰감이 부족한 자녀들은 대인관계 기술이 미숙할 수밖에 없으므로 사회적응력이 취약하게 된다.

부모－자녀관계에서 갈등을 겪는 원인으로는 첫째, 의견의 불일치가 있다. 자신의 의견이 수용되지 않을 때 자녀들은 부모에 대한 부정적인 정서가 드러나 갈등을 겪을 수 있다. 둘째, 부모의 권위적인 태도에 압박감을 느끼게 될 때도 그렇다. 셋째, 부모의 과도한 기대감이 자녀로 하여금 부담과 위축을 느끼게 하면서 부모와의 관계가 원활하지 못하게 된다. 따라서 부모－자녀관계는 신뢰감을 바탕으로 상호작용을 하였을 때 건강한 관계라고 할 수 있다 그러므로 상호작용에 기초가 되는 신뢰로운 의사소통과 긍정적인 유대감 형성은 부모－자녀관계를 유지하고 변화시킬 수 있는 조건이 될 수 있다. 이러한 조건들이 갖추어지지 않았을 때 문제가 있는 관계로 보고 부모－자녀관계를 변화시키기 위해 부모－자녀모래상자치료가 적합하다고 볼 수 있다.

　　부모－자녀모래상자치료는 앞서 부부모래상자치료에서와 같이 의사소통을 촉진시키고 긍정적인 상호작용으로 친밀한 유대감을 형성할 수 있는 기회를 제공할 수 있으므로 문제행동을 보이는 자녀의 행동수정이나, 사회성 향상을 위한 훈련 등 부정적인 양육태도에서 빚어진 문제행동들을 변화시킬 수 있다.

　　부모－자녀모래상자치료에서 부모는 자녀의 모래상자에 표현된 정서를 확인하여 부모 자신의 부정적인 양육태도를 변화킬 수 있고 부모 자신도 원가족으로부터 왜곡된 양육으로 경직된 태도를 갖게 됨을 알아차릴 수 있다. 부모와 자녀 각각의 개별모래상자를 통해 자신들의 세계를 경험하고 재배열하면서 변화를 시도할 수 있게 된다.

　　부모－자녀모래상자치료를 실시할 때 치료사는 관찰을 통해 모래상자를 두고 나타나는 파괴적 동맹관계를 중재할 수 있도록 몇 가지 질문을 할 수 있다. 누가 먼저 모래상자를 시작하였고 마무리를 하였는지, 그리고 누가 부정적이고 적대적인 메시지를 사용하였는지와 같은 질문을 통해 가족구성원들은 자신들의 상호작용을 객관적으로 알아차릴 수 있게 된다. 더불어 고려해야 할 사항으로 자녀의 발달적 수준을 살펴야 한다. 연령이 어린 자녀들에게도 발달적 수준에 맞게 실시되어야 가족구성원 모두가 동등하게 모래상자치료를 이용할 수 있기 때문이다. 그러므로 가족모래상자치료에서 부모－자녀 대상을 위해 치료사는 아동발달과 가족관계 및 가족생활주기, 부모－자녀모래상자치료의 진행과정에 대한 전문적인 지식을 숙지하고 책임감 있는 태도로 임해야 한다.

형제모래상자치료　　　　형제관계는 한 부모를 사이에 두고 서열이 존재하는 관계로서 한 개인의 성장에 있어서 형제간의 상호작용은 서로의 발달에 영향을 미치게 된다. 형제관계는 때론 부족한 부분을 얻으려고도 하지만 서로가 영향을 주고 받는 관계적 의미를 갖고 있어서 서열이 있는 관계지만 부모－자녀관계처럼 수직적이지 않고 수평적인 관계라고 볼 수 있다.

형제관계에서 많은 부모들은 형제간 우애를 기대한다. 그러나 한 부모를 둔 형제들은 부모의 더 많은 사랑과 자원을 얻기 위해 경쟁을 하게 되는데 이로써 갈등이 빈번하게 발생하게 된다. 그러므로 부모가 해결하고 싶어 하는 문제 중 우선순위로서 자녀간의 갈등을 들 수 있다.

형제관계는 혈연으로 묶여져 있는 따뜻함과 경쟁이 공존하는 애정적·갈등적 관계라 할 수 있다. 형제관계 내에서 갈등은 너무나 빈번하여 갈등이 있는 것이 당연한 것으로 인식되어진다. 형제간의 갈등은 어쩌면 숙명과도 같이 평생을 같이 해야 할 요소가 되는데 중요한 것은 갈등의 유무가 아니라 갈등의 효과적인 해결이 중요한 요소가 된다.

형제갈등은 형제 개인의 정체성을 가져올 뿐 아니라 다양한 사회적인 기술을 학습할 수 있는 학습의 장을 형제들에게 마련해주는 의의를 가지고 있다. 형제갈등의 발생자체가 부정적이거나 긍정적인 것이 아니며 형제가 갈등을 해결하기 위해 사용하는 갈등해결전략이 형제갈등의 부정적, 긍정적 가치를 결정한다고 할 수 있다. 그러므로 형제들이 어떠한 전략을 사용하여 갈등을 해결하는지 갈등이 해결되는 과정을 살펴보는 것이 중요하다박소라, 2001. 이러한 형제갈등의 해결방법으로 의사소통기술은 형제의 갈등을 해결하는데 중요한 영향을 미치며 형제의 대립이나 갈등을 해소하고 긴장완화에 중요한 요소가 된다권태은, 2005.

형제간의 역할은 첫째, 놀이친구로서 형제는 함께 지내면서 놀 수 있는 시간이 많고 서로의 필요성을 인식하면서 강한 애착을 느끼고, 미래의 사회적 상호작용에 대한 준비를 하게 된다. 놀이를 통해 각자의 경험을 반영하고 해석하며 의미 있는 나름대로의 관계를 형성하기도 한다. 협동심과 지적 기술을 개발하는데, 형제간의 놀이는 학습적이다. 둘째, 학습자로서 서로 가르치고 배우는 과정을 거친다. 셋째, 외부의 공격이나 위협으로부터 보호하려고 하고 넷째, 서로 경쟁자로서도 치열한 과정을 겪는다^{박현숙, 2003}.

　형제모래상자치료에서 치료사는 동맹자와 경쟁자 사이를 줄다리기 하는 형제관계의 특성을 알고 적절한 중재를 할 수 있어야 하므로 전문적 훈련을 받아야 한다. 모래상자치료 장면에서 흔히 일어나는 형제간의 상호작용에서 치료사를 자신이 유리한 쪽으로 끌고 가려는 면들이 종종 나타나게 된다. 이럴 때 치료사는 부부나 부모－자녀 대상처럼 형제도 한 단위의 내담자로 인식하여 중립적인 자세를 유지할 수 있을 때 치료적 효과가 있다. 치료사는 형제관계의 특성을 고려해서 서로의 놀이친구이면서 학습자, 그리고 보호자로서 역할을 할 수 있도록 바람직한 의사소통을 통해 상호작용을 촉진해야 한다. 형제간 상호작용에서 필수적인 의사소통기술은 사회성 향상과 더불어 대인관계 향상에도 도움이 되므로 모래상자치료에서 상대의 말에 경청하고 반영하기를 연습하도록 한다면 긍정적인 형제관계를 유지할 수 있다.

2. 집단모래상자치료

:: 집단모래상자치료의
　　이해

　　　　　　　　　집단상담은 상담의 '집단적' 접근방법이다.
1 : 1의 개인적 상담이 아닌 7, 8명 정도 여러 사람을 동시에 상담하는
것으로 집단의 내담자들이 상담자의 인도 아래 개인 문제를 토로하는
형태라고 할 수 있다이장호·정남운·조성호, 2005.

　　집단상담은 심리적 치료와 문제의 예방을 위해서도 실시할 수 있고
일반적으로 개인의 치료와 생활지도와 같은 면들 뿐만 아니라 직업적,
사회적 맥락을 가지고 있다. 그리고 집단은 의식적인 사고, 느낌, 행동
등을 강조하는 대인관계과정을 포함하고 있다Corey, 1991.

　　집단상담을 통해 집단원들은 자기에 대한 이해가 증가되고 개인적인
성장에의 자신감을 갖을 수 있다. 그리고 발달과제를 해결해 나가는데
필요한 사회적 기술과 대인관계 능력을 발전시킬 수 있으며 의사소통
능력이 향상되어 대인관계가 원활해지고 자신의 구체적인 행동목표를
설정함으로써 생산적인 실천과정을 촉진시킬 수 있다이장호·강숙정, 2011.

　　효율적인 집단상담을 하기 위해서는 집단역동에 관한 기본적 사실을
이해해야 한다. 집단역동은 집단이 형성되는 단계에서부터 작용하며, 집
단으로서 존재하는 한 그 집단 안에서 끊임없이 변화하게 된다. 따라서,
집단역동을 이해하기 위해서는 집단의 형성 및 발달단계로부터 집단의
상호작용과정에 이르기까지 전반적인 이해가 필요하다. 집단역동은 집
단구성원간의 상호작용 과정으로 물리적 환경과 인적 환경, 사회적 환경
이 포함되는데 집단상담을 실시할 공간과 배치는 물리적 환경에 포함되

고 집단의 크기나 성격 등은 인적 환경에, 그리고 집단의 응집력과 역할 지도력 등은 사회적 환경에 포함된다_{윤관현·이장호·최송미, 2006}. 이러한 집단상 담의 특성에 모래상자치료 기법을 적용한 것을 집단모래상자치료라고 할 수 있다. 집단구성원들이 상호작용하는 집단의 장場은 모래상자가 되 며 집단구성원들의 의사소통은 소품으로 표현하는 모래상자 세계가 될 수 있으므로 집단모래상자치료는 집단구성원들에게 모래상자라는 도구를 이용하여 안전한 환경을 제공해주고 그 안에서 각자의 솔직하고 존중하 는 의사표현이 자유롭게 이루어질 수 있게 하는 것이라고 볼 수 있다.

집단모래상자치료는 집단을 통해 공동체에 대한 인식을 갖게 되고 자 신과 타인의 차이점을 인식하게 됨으로써 이타심이 생겨나게 된다. 모래 상자를 꾸미는 과정에서 긍정적인 상호작용을 경험할 수 있으며 상대방 에게 자신이 만든 모래세계를 소개하고 모래상자를 만드는 동안의 감정 이나 느낌을 상대방에게 전달하게 되면서 자연스러운 의사소통의 기회 를 갖는다이정자, 2007.

집단모래상자치료가 개인모래상자치료와 다른 점은 집단구성원들의 세계를 인식하여 공유할 수 있고 관계 속에 자신을 객관적으로 지각할 수 있으며 집단구성원들과의 상호작용을 통해 의사소통이 촉진된다. 이 러한 면을 통해 타인의 관점을 이해함으로써 공감적 관계가 유지되고 사회적 적응력이 높아질 수 있다. 또한 치료과정에서 직접적으로 다른 사람들로부터 도움을 받을 수 있을 뿐만 아니라 다른 사람을 도와주는 경험을 할 수 있다.

집단모래상자치료는 타인이 자신을 어떻게 보는지 알 필요가 있을 경 우와 사회적 기술이 부족하여 적응력이 취약하고 친밀한 유대감을 필요 로 하는 내담자에게 개인모래상자치료보다 유용하다.

집단모래상자치료에서 치료사는 안전하고 지지적인 환경을 제공하며 무조건적인 수용이 필수적이다. 그리고 집단을 구성할 때 집단구성원들의 발달 연령을 고려해야 한다. 어린 아동을 대상으로 하는 집단일 경우에는 일반적인 집단에 비해 적은 인원인 2~3명이 적합하다. 어린 아동의 집단에서는 개인놀이와 협동놀이를 병행하는 형태가 종종 등장할 수 있으므로 집단모래상자치료사는 이를 숙지하고 진행해야 하고 집단모래상자치료를 진행함에 있어 개인치료에 비해 많은 인원이 움직이기 때문에 구성원들의 인원에 적합한 공간적 여유가 요구된다. 또한 집단모래상자 치료과정에서 사용되는 소품의 양은 집단구성원의 수에 따라 증감을 하지 않아도 되며 이는 제한된 자원을 공유하고 공동으로 관리함으로써 공동체 의식을 향상시킬 수 있도록 함이다. 더불어 집단구성원의 감정을 이해하고 집단구성원 스스로 자각할 수 있도록 유도해야 한다. 더불어 집단 전체에 영향을 주는 집단구성원에 대한 관찰과 함께 상호역동에 민감해야 한다.

집단모래상자치료사는 집단구성원들간의 상호작용을 촉진시키고, 집단모래상자에서 배운 것을 실생활에서 행동으로 옮길 수 있도록 도와야 한다. 그러기 위해서 집단구성원들에게 성숙하고 솔직한 태도로 임해야 하며 온전한 상호교류를 할 수 있는 능력을 가지고 있어야 한다. 또한 집단구성원들에게 스스로 문제 해결을 할 수 있다는 자신감을 심어주는 동기부여를 해주어야 한다.

Domenico[1999]는 집단구성원들이 집단모래상자 활동에서 서로의 상자를 보면서 다른 구성원들의 '세상'에 존경을 보이며, 서로의 세상을 '방문'하기를 좋아한다고 하였다. 또한 집단구성원들의 갈등을 해결하는 것을 도왔으며, 다른 구성원들의 이야기를 경청하는데 이러한 집단 경험이 도움이 되었다고 하였다. 또한 구성원간에 상호작용하는 새로운 방법을 익혀 나갈 수 있다고 하였다. 이렇듯 집단모래상자 치료과정에서 집단구성원들은 자신들의 세상을 위해서 서로 의견을 나누고 소품을 찾아 주거나 보다 나은 세상을 꾸미기 위해 방법을 모색하는 모습이 나타나기도 한다.

∷ 집단모래상자치료의
목적 및 방법

집단모래상자치료는 안전하고 보호적인 모래상자를 통해 집단구성원들의 개인적인 문제들을 상호작용 속에서 일어나는 집단 역동으로 해결하는 과정이다.

집단모래상자치료는 집단구성원의 자발적인 참여 속에 자신의 문제를 의식하게 되고 집단 내에서 도움을 주고받는 과정 속에서 변화가 이루어진다.

집단모래상자 치료과정에서 집단구성원간에 상호작용은 상징적으로 표현되는 세상 속에서 자연스럽게 이루어지면서 감정의 표현 및 정화 등 다양한 경험의 기회를 제공해주고 때로는 분노와 적대감을 표출할 수 있는 기회로 제공될 수도 있다. 이러한 자연스러운 상호작용은 집단구성원들의 억압된 정서가 해소되고 자연스러운 대화 속에서 의사소통 기술을 익힐 수 있게 된다. 그리하여 자신들이 원하는 감정의 표현이 완벽하지 않아도 모래상자에 나타나는 상징으로써 충분히 심리적인 여유를 갖게 되며 말과 행동이 편안하고 자연스러워진다.

집단모래상자치료에서 집단구성원들은 타인으로부터 공감을 받아 자기 이해와 자기개방 및 타인존중감이 증가되어 서로가 다름을 인정할 수 있고 대인관계가 성공적일 수 있다. 따라서 집단모래상자치료는 집단구성원들의 바람직한 의사소통이 가능해지면서 대인관계 기술이 향상되어 사회적 자아 개념이 강화된다고 볼 수 있다.

집단모래상자치료는 개별모래상자와 공동모래상자를 꾸미는 과정에서 집단구성원들간의 자기이해와 자기수용 및 자기개방과 자기주장을 할 수 있도록 촉진할 수 있다. 개별모래상자에서는 자신의 모습을 표현하여 자기이해를 돕고 공동모래상자에서는 영역을 공유하고 연결을 시도하는 연습 속에서 협동심을 키워나갈 수 있다. 따라서 집단모래상자치료에서 개별모래상자와 공동모래상자를 적절히 사용하였을 때 집단구성원들의 질서 있는 상호작용과 함께 심리적인 여유를 갖게 된다.

개인모래상자치료에서는 일반적으로 비구조화 모래상자치료를 실시하지만 집단모래상자치료에서는 집단구성원들의 특성과 필요에 따라 구조화 모래상자치료를 진행하기도 한다. 집단모래상자치료에서 비구조화 모래상자치료는 집단구성원들의 무의식적 상호작용으로 주제가 정해지고 이야기가 펼쳐지며 무한한 창조적 세계를 경험할 수 있다. 그러나 주제가 정해진 모래상자를 실시하여도 각각의 개성을 발휘해서 표현할 수 있으므로 구조화된 모래상자와 비구조화 모래상자 모두에서 자연스러운 발달과정이 나타나는 것을 알 수 있다. 구조화된 모래상자치료는 집단구성원들의 연령이 어리거나 산만하여 집중이 어려울 경우 주제를 제시해 줌으로써 명확한 치료목표를 설정할 수 있고 집단구성원들의 혼란을 줄여 단기상담에 적합하다. 구조화된 모래상자치료의 주제로는 자기이해와 자기수용, 자기개방 및 타인존중의 제목으로 진행하는 경우가 많은데 집단모래상자에 자신을 표현하고 여러 측면의 자신의 모습을 수용하는 기회를 갖게 됨으로써 타인에 대한 존중감이 향상될 수 있다. 이러한 면은 집단구성원들이 상호작용할 때 자신에 대한 존중감이 높은 경우 긍정적인 자기개방을 할 수 있고 타인을 존중하려는 태도 또한 높게 나타나기 때문이다.

:: 학교모래상자치료의 이해

학교상담은 학생의 성장과 발달을 돕고자 하는 활동이자 학생에게 또래와의 상호작용과 관계발달의 기회를 제공하는 활동이며 학교 교육목표를 반영하여 상담과 생활지도를 한다. 학교상담의 개념이란 학교에서 상담자가 행하는 전문적인 서비스의 내용을 의미하며, 여기서 상담의 개념은 상담자가 내담자를 돕는 치료적 관계나 내담자와의 1:1 관계만을 의미하는 좁은 개념이 아니라 학생, 부모, 교사들을 돕는 광범위한 서비스를 의미한다고 정의하였다Schmidt, 1996.

학교상담의 특성을 다섯 가지 측면에서 살펴보면 다음과 같다연문희·강진령, 2002.

첫째는 자발적인 변화를 유도한다는 점으로, 비지시적이며 인간적인 상담 접근이 이루어져야 한다는 것이다. 다음으로 통합적인 예방지도가 강조되는 측면을 제시하였고 세 번째로 내담 학생의 자발적인 참여가 아닌 호출면담이 이루어지는 경우가 많다는 점을 이야기하였다. 또한 상담자-내담자 관계뿐 아니라 교사-학생, 교사-학부모의 이중관계가 있을 수 있으며, 마지막으로 제한된 시간과 권한의 한계로 인해 대부분의 경우 단기상담이나 단회상담이 적합하므로 상담의 효율성과 체계적인 접근이 중요하다고 하였다. 그 밖의 특성으로 학교상담은 모든 교사가 담당하며 모든 학생이 대상이 될 수 있다. 그리고 학교상담은 예방과 조기발견을 중요시하여 예방적 차원의 상담을 지향하고 발달적 측면을 원조한다. 또한 학생들의 건강이나 학습 등 생활 전반에 대해 이루어지고 있다^{이현아, 2010}. 이러한 학교장면에서 이루어지고 있는 다양한 상담의 특성을 반영해줄 수 있는 도구로서 모래상자치료는 언어와 의사소통에 곤란을 겪는 학생들에게 친구관계와 집중력을 향상시켜줄 수 있고, 모래 상자의 물리적 경계가 집중력과 전체 운동감각에 영향을 주며, 모래의 촉감은 주의력 결핍 학생들에게 유용하게 쓰일 수 있으므로 문제행동을 개선할 수 있어서 효과적이다^{Campbell, 2004}. 또한 학교 환경에서의 학교모 래상자치료가 우울하고, 심한 품행장애를 보이거나 학급에서 행동에 문 제가 있어 학습에 참여할 수 없는 상태에 있는 학생에게 도움이 된다고 보고하고 있어서 학교상담에서 모래상자치료의 효용성은 높다고 할 수 있다^{O'Brien, 2004}.

학교모래상자치료의 대상은 문제를 소유하거나 그렇지 않은 학생 모 두가 포함되며 문제발생 후 후속조치로서의 치료적 매체로 활용될 수 있지만 예방과 조기발견의 도구로 활용하는 것이 보편적이다. 또한 학생 뿐만 아니라 부모를 대상으로 양육태도를 알아볼 수 있는 척도로도 사 용될 수 있어서 효과적인 부모교육이 이루어질 수 있다. 학교모래상자치 료는 발달적 측면을 고려하고 학교생활 전반에 중점을 두고 접근해야 한다. 이것은 학교모래상자치료가 문제를 갖고 있는 소수의 학생뿐만 아 니라 대다수 학생들의 원활한 학교생활을 지원하는 것을 목적으로 하기 때문이다.

학교상담의 유형으로 위기상담, 촉진상담, 예방상담, 발달상담이 있는 데 학교모래상자치료에서 위기상담은 위기에 봉착한 학생의 정서적 안정 을 돕는 것이 최우선되어야 하므로 모래상자에 불안한 감정을 표현할 수 있도록 정서적 배려를 해서 편안함을 느낄 수 있게 하고 현실에 직면할 수 있는 힘을 키워 위기를 극복할 수 있도록 한다. 두 번째 촉진상담은 구조화 모래상자치료를 적용하여 명확한 주제를 제시해서 학생의 부족한 영역을 보충할 수 있도록 한다. 세 번째 예방상담은 문제적 상황에 대한 다양한 정보를 제공하고 이에 대비할 수 있는 상황들을 모래상자에 표현할 수 있도록 집단 상호작용을 촉진하여 혼자서는 어려운 과제를 집단의 힘으로 해결하고 예방할 수 있도록 한다. 마지막으로 발달상담은 문제 학생의 심리적 치료를 위한 모래상자치료뿐만 아니라 건강한 학생들의 성장을 촉진할 수 있는 예방적 모래상자치료도 실시하여야 한다.

학교 장면에서 위기 개입, 치료, 교정을 목적으로 활동을 하는 학교상담자는 상담자일 뿐만 아니라 학교 장면 안에서 생활지도에 중점을 두고 다양한 프로그램을 실시한다는 점에서 교육적 활동을 하는 교육자이기도 하다. 따라서 학교상담자는 '상담자'와 '교육자'의 역할을 모두 수행해야 한다. 위와 같은 내용을 적용한 학교모래상자치료에서 치료사의 역할은 첫째, 학교모래상자치료사는 개인모래상자치료사로서, 집단프로그램 리더로서, 발달촉진자로서, 그리고 위기를 극복할 수 있도록 돕는 코치로서 학교장면에서 요구하는 상담유형을 모두 활용할 수 있는 많은 역할이 요구되기 때문에 다양한 훈련을 받아야 한다. 둘째, 학업과 진로 및 사회성 발달을 촉진할 수 있는 다양한 프로그램을 개발하고 적용시킬 수 있는 전문적 소양이 필요하다. 셋째, 부모, 교사, 전문가와의 연계를 통한 협력관계를 구축하여야 한다. 넷째, 전문가의 사례지도를 통해 객관적인 학생들의 학교생활지도를 관리 평가할 수 있어야 한다.

:: 학교모래상자치료의
목적 및 방법

학교상담은 상담과 생활지도 활동을 통합한

전문적인 상담을 의미하는 것으로서 학생들의 성장과 발달을 촉진하는 일련의 과정이다.

학교 장면에서 상담 및 개입이 이루어져 학교가 학생을 보호하고 있다고 지각하게 함으로써 학생들에게 소속감을 심어주고 학생과 학교가 연계되어 있다는 인식을 갖게 하여 학생들에게 발생할 수 있는 일탈 행위를 예방할 수 있다이현아, 2010. 학교에서 학생들의 심리내적인 문제는 중요한 요소가 되는데 학생들의 가정 내에서 발견할 수 없는 문제는 많은 시간을 보내고 있는 학교 장면에서 부적응의 형태로 나타날 수 있다. 따라서 이러한 문제점을 발견하기 위해서나 미연에 방지하기 위해서라도 학교상담이 절실히 필요하다고 할 수 있다최은숙, 2009.

학교상담에서 학생들의 심리내적인 문제의 처리와 발달을 촉진시키기 위해 모래상자치료의 적용은 이론적 접근에 잘 맞고 학교상담자의 훈련은 모래상자치료사의 무조건적 수용과 공감적 경청이라는 덕목과 일치하기 때문에 학교상담 장면에서 모래상자치료는 학생들의 원활한 학교생활에 도움을 줄 수 있다. 또한 학교모래상자치료는 막힌 에너지를 풀어주고 잠재된 자기치유력을 활성화하는데 도움을 줄 수 있다고 한다Mitchell & Friedman, 1994.

학교모래상자치료는 학생들의 학업, 진로, 인성 및 사회성 발달을 촉진시킬 수 있도록 개인치료나 집단모래상자치료의 형태로 다양하게 진행할 수 있다.

학교모래상자치료는 학생들의 학습과 진로선택 및 사회성 발달을 촉진하기 위해 활용하는 매체로서 집단프로그램 형태로 진행하는 사회성 향상을 위한 학교모래상자치료 프로그램을 소개하면 다음과 같다.

회기	목표	주제	구체적 내용	프로그램 치료요인
1	친밀감 형성	프로그램 소개하기 모래상자 경험하기	• 프로그램에 대한 소개 • 모래상자와 소품 활용에 대한 설명 • 모래를 탐색하고 이완할 수 있도록 충분한 시간 제공 • 주제 없이 마음대로 꾸미기	• 모래에 대한 탐색 • 친밀감 형성 • 신뢰감 형성 및 긴장 완화 • 안전한 공간 제공
2	자기표현	현재의 나 (나는 어떤 모습인가요?)	• 모래의 촉감을 탐색하고, 현재 나의 모습을 모래 위의 장면으로 표현하기 • 모래상자 위의 나의 모습을 탐색하고 실생활과 연결시켜 자연스러운 이야기 나누기 • 집단구성원간에 서로의 모래상자 작품을 감상하고 이해하기	• 안전한 공간 제공 • 자기표현을 통한 자기인식 및 타인인식 강화 • 자기표현을 통한 자기개방 • 자기표현 촉진
3	자기표현	내가 가장 즐겁고 행복했을 때	• 자신이 겪었던 일 중 가장 즐거웠던 일이나 자신이 가장 즐겁고 행복한 일에 대해 모래 위의 장면으로 표현하기 • 모래상자를 탐색하고 실생활과 연결시켜 자연스러운 이야기 나누기 • 집단구성원간에 서로의 모래상자 작품을 감상하고 이해하기	• 안전한 공간 제공 • 긍정적인 경험을 회상하여 감정 표출하기 • 자기표현을 통한 자기인식 • 자연스러운 표현으로 구체적인 자기 내면세계 탐색 • 자기표현 촉진
4	자기표현	내가 가장 어렵거나 힘들었을 때	• 자신이 겪었던 일 중 어려웠던 일이나 자신을 힘들게 하는 일에 대해 모래 위의 장면으로 표현하기 • 모래상자를 탐색하고 실생활과 연결시켜 자연스러운 이야기 나누기 • 집단구성원간에 서로의 모래상자 작품을 감상하고 이해하기	• 안전한 공간 제공 • 부정적인 경험을 회상하여 감정 표출하기 • 자연스러운 표현으로 구체적인 자기 내면세계 탐색 • 자기표현 촉진

회기	목표	주제	구체적 내용	프로그램 치료요인
5	자아통제	다른 사람은 모르는 나의 마음	• 보여지는 나의 모습, 남들이 모르는 나의 모습과 감정에 대해 표현하기 • 모래상자를 탐색하고 실생활과 연결시켜 자연스러운 이야기 나누기 • 자신과 타인의 다른 생각과 감정에 대해 이해하고 반응하기	• 타인과의 갈등해소 및 분노조절 • 타인과 자신의 감정에 대한 인식 • 자신과 타인의 갈등을 자연스럽게 조절할 수 있도록 함
6	자아통제	나와 친구들	• 자신과 친구의 모습을 꾸미기 • 모래상자를 탐색하고 실생활과 연결시켜 자연스러운 이야기나누기 • 친구들과의 관계속에서 내 모습과 친구들에 대해 이해할 수 있도록 하기	• 또래관계를 통한 자기 인식 및 타인인식 • 타인과의 갈등해소 • 자신과 타인의 갈등을 자연스럽게 조절할 수 있도록 함
7	자아통제	우리는 함께!	• 구성원간에 주제를 선정하여 번갈아가며 공동장면을 꾸밀 수 있도록 하기 • 현재 같이하고 있는 집단의 장면을 꾸며 본 후, 장면들을 만들며 떠오른 느낌 나누기 • 집단간의 협력과 화합, 서로간의 수용을 배우고 긍정적인 상호작용을 할 수 있도록 하기	• 또래관계를 통한 자기 인식 및 타인인식 • 타인에 대한 관점 이해 및 관심 • 자신의 갈등을 표현하여 대인관계에 영향 • 타인과의 의견조절
8	협력	우린 참 멋진 친구들이야!	• 함께 하는 집단구성원들을 표현해 볼 수 있도록 하며, 각 집단구성원들에 대한 느낌 및 생각을 나누어 상호작용 할 수 있도록 하기 • 또래들 끼리 알지 못했던 감정에 대해 공감받고, 수용받는 경험을 갖도록 하기	• 긍정적인 상호작용을 경험하고 강화하기(집단구성원간 공감하기, 협력 배우기) • 상호간의 활발한 의사소통을 통한 내적인 관계에 영향

회기	목표	주제	구체적 내용	프로그램 치료요인
9	협력	내가 되고 싶은 나 (미래의 나의 모습)	• 아침에 일어나서 내가 바라고 싶은 나로 변해져 있다고 상상하도록 하기 • 현재와 미래의 나를 연결할 수 있도록 하기 • 나의 소망에 대해 구체적으로 표현해보고, 내가 가진 바람과 또래가 가진 바람이 다를 수 있음을 알며, 서로의 소망에 대해 지지해주기	• 긍정적인 미래상 표현하기 • 집단구성원간의 지지와 격려를 통한 긍정적 상호작용의 촉진
10	마무리	그동안 수고했어!	• 그동안 작업한 모래상자를 떠올리고 사진을 보며 느낌에 대해 생각을 나누어 보기 • 마지막으로 자신이 하고 싶은 주제를 스스로 선택하여 모래 위의 장면에 대해 자유롭게 표현할 수 있도록 하기	• 집단의 소속감으로 인한 협력관계를 경험하여 긍정적 상호작용을 촉진 • 마무리

출처: 김만희(2015)

- 권태은(2005). 모래놀이치료가 형제관계에 미치는 변화 사례연구. 대구대학교 대학원 석사학위논문.
- 김만희(2015). 집단모래상자놀이가 저소득층 아동의 사회적 기술에 미치는 효과. 대구대학교 대학원 석사학위논문.
- 김유숙(2006). 가족상담. 학지사.
- 박소라(2001). 형제갈등의 해결과정과 어머니의 역할. 이화여자대학교 대학원 석사학위논문.
- 박현숙(2003). 가족구성원간의 관계에 대한 지각 연구: 인천광역시 고등학생의 형제자매관계와 부모의 배우자관계를 중심으로. 인학대학교 대학원 석사학위논문.
- 송영혜(2011). 모래상자를 활용한 놀이치료. 한국아동심리재활학회 심화과정 자료집.
- 연문희·강진령(2002). 학교상담: 21세기의 학생생활지도. 학지사.
- 오미성(2007). 정서, 행동장애 유아의 부모에 대한 해결중심 단기가족상담 일 연구. 공주대학교 특수교육대학원 석사학위논문.
- 윤관현·이장호·최송미(2006). 집단상담 원리와 실제. 법문사.
- 이장호·강숙정(2011). (집단지도자와 집단상담 경험자를 위한) 집단상담의 기초: 원리와 실제. 박영사.
- 이장호·정남운·조성호(2005). 상담심리학의 기초. 학지사.
- 이정자(2007). 모래상자놀이를 통한 부모-자녀 간 의사소통 과정 분석. 대구대학교 대학원 박사학위논문.
- 이현아(2010). 학교상담의 도움요소와 불만족 요소에 대한 개념도 연구: 중학생 내담자와 전문상담교사의 인식비교. 연세대학교 대학원 석사학위논문.
- 정현숙·유계숙(2001). 가족관계. 신정.
- 최순옥(2005). 가정폭력피해자가족을 위한 가족치료놀이 프로그램 개발 및 효과. 숙명여자대학교 대학원 박사학위논문.
- 최은숙(2009). 학교상담 활성화 수준에 따른 교사와 학생의 인식비교: 정책연구학교와

일반학교를 중심으로. 한서대학교 대학원 석사학위논문.

- Boik, B. L, & Goodwin, E. A.(2000). *Sandplay Therapy: A Step-by-Step Manual for Psychotherapists of Diverse Orientations*. New York : W. W. Norton & Company.

- Carey, L. J.(1999). 이정숙·고인숙 역(2002). 모래상자놀이-아동치료와 가족치료. 하나 의학사.

- Campbell, Marilyn A.(2004). Value of Sandplay as a Therapeutic Tool for School Guidance Counsellors. *Australian Journal of Guidance and Counselling*. 14(2), 211- 232.

- Corey, G.(1991). 조현춘·조현재·이희백·천성문 역(1999). 집단심리상담의 이론과 실제. 시그마프레스.

- De Domenico, G.(1999). *Group sandtray-worldplay: New dimensions in sandplay therapy*. in D. Sweeney & L. Homeyer (Eds.). *Tne handbook of group play thrapy*. Sanfrancisco, CA: Jossey-Bass.

- Linda E., H. & Daniel, S. S.(2010). 정경숙·우주영·정미나 역(2014). 현장임상전문가를 위한 모래상자치료 임상지침서. 학지사.

- Minuchin, S.(1974). *Families and family therapy*. Cambridge, MA: Harvard University Press.

- Mitchell, R. R., & Friedman, H. S.(1994) *Sandplay past, present & future*. London : Routledge Press.

- O'Brien P., Tunnecliff S.(2004) *The value of using sandplay as a tool for counselling within a school setting : Journal of Psychologists and Counsellors in Schools*. 14(2), Cambridge University Press.

- Schmidt, J. J.(1996). 노안영 역(2000). 학교상담. 학지사.

- Turner, L., & West, R.(1998). *Perspectives on family communication* London : Mayfield Publishing Company.

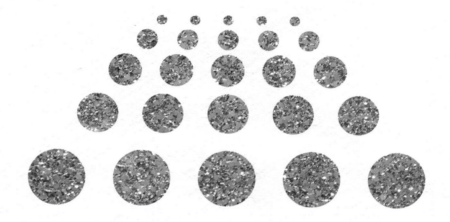

10

모래상자치료의 이야기

한국모래상자치료학회
Korea Sandtray Therapy Association

제10장

모래상자치료의 이야기

1. 모래상자치료에서의 옛이야기

**∷ 원형적인
    옛이야기**

　　　　　　　　우리는 어린시절에 재미있고 흥미진진한 동화에 추억이 있다. 지금도 신발을 볼 때마다 '옛날에 짚신장수가 살았대.'라는 이야기가 떠오르면서 사람은 지혜롭게 살아야 한단다라고 어머니가 들려주셨던 어린시절 이야기가 추억으로 떠오른다. 옛이야기는 예로부터 전승되어 온 것으로 언제, 누가 지었는지 모르고 조상들의 공동 참여와 시간에 따라 다듬어진 것도 있기에 민족의 생활이 되고 민족 이상이 녹아 있어 가치관 및 정서가 포함되어 있다. 옛이야기는 정경이나 성격 묘사가 없고 줄거리 중심이다. 사건 전개는 단순하면서도 명쾌하게

285

10 | 모래상자치료의 이야기

기술되어 있다김미영, 2011. 기록문화와 달리 말로 존재하고 전달되고 전승되는 것도 존재한다. 또한, 상상 위주로 우연의 일치, 천우신조, 불가사의한 인과관계를 기술하거나 추상적인 내용도 있다. 즉 옛이야기의 서두가 '옛날어느 곳에 어떤 사람이 살았다.'로 시작되고 있다. '옛날'은 시간적인 흐름을 나타내고 '어떤 곳'은 장소적인 특성을 나타내면서 과거부터 현재까지 막연한 시간과 장소를 설명하고 있다. 등장인물도 막연하다. 어느 '한 농부', 어느 '혹부리 영감', 어느 '부지런한 총각' 등으로 표현되거나 더 이상 구체적인 표현이나 뚜렷한 표현은 나타나지 않는다. 주제는 권선징악적인 도덕률과 인과응보에 따르는 인과율에 대한 기준이 대부분이며, 어린이는 물론, 청소년이나 성인도 즐길 수 있는 내용도 있다. 즉 옛이야기는 설화, 그 중에서도 민담과 뿌리를 같이 하고 있기 때문이다.

옛이야기는 한국 민속의 현장에서 민담이라는 말로 사용되어 왔다. 단순히 '옛이야기' 또는 '이야기' '전래 이야기' 등으로 불린다. 옛이야기의 동화는 지역전설 이외에 야사들이 포함되었으나 일화나 우화, 우스갯소리, 그리고 성인들 사이의 성性을 소재로 한 이야기외설담도 있다. 민담은 민족문학으로 민중 사이에서 창작되고 민중들의 입과 입으로 전해져서 흐르고 있다. 이같이 작가와 듣는이의 양쪽에 걸친 민중성과 구전성은 민담의 특성이다. 또한, 작가의 민중성은 무명성無名性이 강하다. 민담은 언제 누가 지었는지도 모르게 그저 옛날부터 전해진 이야기이고, 동시에 들은 그대로를 다른 사람에게 전해 주는 이야기이다. 지역성과 시대성, 그리고 전하는 사람의 개성이나 생활환경에 의해서 변하면서 전해지다가도 변화하지 않는 불변성도 동시에 가지고 있다. 이는 우리 곁에서 친근하게 전해지는 이야기, 및 옛이야기로 전해지고 있기 때문이다.

인간의 보편적인 경험들은 인간 내부에 있는 심상으로서 나타나거나 표현되는데, 융은 이를 원형이라 불렀다. 원형이란 인간의 꿈, 환상, 신화 및 예술에서 반복해서 나타나는 우리 조상들의 경험을 대표하는 원시적인 정신적 이미지 혹은 패턴이다. 융은 탄생, 죽음, 권력, 신, 악마, 현세의 어머니 등과 같은 많은 원형들을 구분하였다. 여러 세대를 통해서 전형적이고 계속적으로 반복되어 온 경험만큼이나 많은 원형들이 있다. 원형은 꿈, 신화, 동화, 예술 등에서 나타나는 상징을 통해서만 표현된다Shart, 2016. 그러므로 원형은 인간이 갖는 보편적, 집단적, 선험적인 심상들로 융의 분석심리학에서 성격의 중요한 구성요소이다. 즉 융학파는 신화, 동화, 민담 속에 그려진 원형적 세계를 통해 인간 심층에 내재된 무의식의 원리를 경험하게 한다. 무의식의 원리를 의식에 깨달음으로써 전체 정신이 회복되어 건강한 삶을 살 수 있다는 것이 융학파의 치료원리이다. 이야기를 심리학적으로 이해하는 데는 두 가지 원리가 있다. 첫째는 객관적 해석으로 이야기 속에 등장하는 사건을 현실 속에서 발생한 사건으로 간주하는 방식이다. 동화 속 인물들을 실제 인물로 간주하거나, 현실 대상의 상징적 표현으로 해석한다. 비록 공상적 요소가 있다고 하더라도 그것은 현실에서 실현 가능한 사건의 은유적 혹은 상징적 표현이다. 즉 에덴 설화에 등장하는 아담과 하와를 실제 인물로 간주한다. 이는 이야기가 시간과 공간을 배경으로 하는 역사적 관점에 그 기반을 두고 있다. 둘째, 주관적 해석이다. 이야기 속의 사건을 등장인물 가운데 한 사람의 정신활동으로 간주하는 방식이다. 이것은 이야기가 주인공의 내면세계를 그린 것이라는 전제에서 출발한다. 예를 들어 아담과 하와 이야기를 어느 한 사람의 심리적 경험으로 간주한다. 아담을 중심으로 볼 때, 하와는 아담의 영혼, 즉 아니마의 표상이다. 반대로 하와를 중심으로 보면, 아담은 하와의 내면 아니무스가 된다. 이는 신화나 민담, 혹은 동화 등의 원형적 이야기는 객관적 해석이 모두 유용하다. 왜냐하면 오래된 이야기일수록 인류문화의 보편적 모습을 내포하기 때문이다.

즉 집단무의식에 잠재된 원형의 세계는 신화적 세계를 대변하고 있기 때문이다^{Kast, 1994}.

∷ 모래상자치료와
옛이야기

모래상자치료에서 나타난 옛이야기이다. 모래상자 치료과정에서 내담 아동이 모래상자이야기를 어떻게 이끌어 가는지를 살펴볼 수 있는 사례이다.

바닷속 인어공주　　먼저, 9세 여아의 이야기는 아동의 모래상자이야기에 인어공주 이야기를 소재로 삼아 상자를 꾸민 사례로 볼 수 있다.

〈바닷속 인어공주〉

사람들은 바닷속 깊은 곳에 보물이 있다는 소문을 듣게 된다. 많은 사람들이 큰 배를 준비하고 보물을 찾으러 갔다가 보물을 발견하게 되지만 결국 보물이 보이는 곳에서 결국 모두 죽는다. 죽게 된 이유는 보물이 있는 가까운 곳은 언제나

바닷속 인어공주

아주 무서운 풍랑과 자연재해로 아주 오래전부터 수많은 사람들이 죽었던 그 자리였다. 그동안 자연재해로 인해 난파된 많은 사람들의 뼈가 그곳에 여기 저기 흩어져 있고 이번에도 역시 어김없이 죽게 된

사연이다. 이러한 광경은 인어공주가 항상 목격하게 되지만 보물에만 눈이 어두워 욕심을 부리는 사람들에게 이 부근이 생명을 앗아갈 위험한 곳이라는 것을 얘기해주고 싶지만 인어공주는 말을 할 수 없어서 말 대신에 파도와 세찬 바람으로 대신하여 알려줄 뿐이라고 하였다. 또한 최근에도 보물에 대한 사람들의 욕심과 자연재해 때문에 난파되었지만 남아 있는 사람과 목숨을 잃은 사람 몇 명이 있다. 배안에 있는 사람은 죽었거나 배 밖 깊은 바다로 떨어졌거나 하였다. 그래도 다행히 배의 밖으로 나온 소수 사람들은 수영을 해서 나오거나 수영하다가 결국 죽은 사람도 있다. 이러한 모든 사실을 아는 인어공주는 그저 안타까워 눈물을 흘리고 있다.

숲속 난쟁이들　　　모래상자치료에서 나타난 옛이야기의 두 번째 사례는 백설공주와 난쟁이 이야기를 소재로 모래상자를 꾸민 사례이다. 모래상자 치료과정에서 10세 여아가 꾸민 난쟁이에 관한 이야기를 살펴볼 수 있다.

〈숲속 난쟁이들〉

난쟁이들은 혼자가 아니다. 항상 3명, 4명, 2명 이렇게 다닌다. 그리고 부지런하다. 난쟁이는 바쁘다. 청소하고 빨래하고, 일하고 땅을 파고 나무를 자른다. 난쟁이들은 불쌍한 사람을 돕는다. 특히, 백설공주와 같이 착한 사람을 돕는다. 난쟁이의

숲속 난쟁이들

도움을 받은 백설공주는 안전하고 편안하고 따뜻한 곳인 숲에서 지낸다. 그리고 백설공주와 난쟁이들은 좋은 소식을 기다리고 있다.

:: 모래상자치료와
   판타지동화

　　　　　　　　모래상자치료에서 나타난 임상사례이다. 타이탄 호 침몰과 판타지에 대한 모래상자이야기를 11세 남아는 다음과 같이 진행하였다.

〈타이탄 침몰〉

조용한 바다는 갑자기 폭풍과 함께 사나워지고 눈에 보이지도 않았던 큰 고기들이 다가온다. 배의 책임자 선장은 배의 중심을 잘 잡아보려고 최선을 다하지만 결국 놓치고 만다. 순식간의 물속으로 넘어지더니 구조를 받을 시간도 없이 점점

타이탄 침몰

바다속으로 빨려 들어간다. 모두 죽는다. 구조자가 단 한명도 없다. 그리고 수 천년의 시간은 흐르고 바다속에서 상상의 이야기가 다시 펼쳐진다.

　　판타지Fantas는 "눈에 보이는 것 같은", "상상력, 현실에 나타나지 않는 형태로 바꾸는 일, 힘 또는 결과"를 의미한다. 판타지란 사실성이 아니며 눈에 보이지 않는 것을 보고, 불가능한 일이 가능해지는 것으로 어린이를 위한 이야기가 판타지이다. 판타지의 종류는 상상의 왕국 판타지, 이상한 세계 판타지, 동물 판타지우화와는 차이가 있음, 특이한 인물 판타지, 장난감이나 인형 판타지, 난쟁이나 거인 판타지 등이 있다. 판타지는 어린이의 인지사고의 폭을 넓혀 상상을 통해 현실에서 감응하고 보다 넓게

이해할 수 있다. 판타지의 소재와 상징성은 공간적, 시간적 배경이 다양하고, 인물도 섬세하며 마무리는 열린 결말이 대부분이다. 판타지의 가치는 현실과 대비시킴으로써 사실성이나 실제성을 예리하게 드러내고 아이들이 마음껏 상상하도록 격려하고 추측할 수 있다. 또한, 주인공과 동일시함으로써 심리적 위안을 얻게 되고 상상력을 극대화하는 활동을 한다. 그동안 출간된 판타지 동화는 백만 마리의 고양이, 손 큰 할머니 만두 만들기가 있고, 이상한 나라의 앨리스, 피터팬, 괴물들이 사는 나라, 지구를 굴리는 곰 이야기, 도깨비를 빨아버린 우리 엄마 등이 있다. 의인화를 이용한 판타지로는 바위나라와 아기별, 세상에서 가장 힘센 수탉, 오소리네 집 꽃밭, 나도 아프고 싶어 등이 있으며, 공상 과학 판타지로는 그레이트 마징가, 마라 3호 등이 있다. 판타지의 주인공은 개성과 인물 묘사가 잘 되어 있고 목적 지향적이다. 그리고 좋은 판타지동화는 생활의 보편성에서 실제와 연결되어 있으며, 이야기에서 사건의 논리적 일관성과 전후 관련성이 있다. 판타지의 결말은 항상 행복하게 끝날 필요가 없고 한 가지 이상의 결말에 대한 가능성이 필수이며, 전개가 독창적이고 상상력이 풍부한 것이 특징이다.

2. 모래상자치료에서의 신화

:: 신화

신화는 그 기원이 알려져 있지 않으며, 대부분 전승에 근거한 이야기이다. 신화myth는 그 사회 구성원에게 신성시되는 설화로 신과 신에 관한 이야기, 우주창조, 사회 현상 등 기원과 질서, 또는 조상의 위업을 다룬 영웅신의 이야기가 소재가 된다. 신화는 일상적인 경험이나 자연 법칙을 넘어 신비롭고 초현실적인 내용으로 구성되어 있다. 역사적 현실과는 동떨어져 보이지만, 집단적 혹은 공동체적인 생활에 기반을 둔 종교적 생활이 반영되어 있다. 그러므로, 신화는 신성성과 진실적이며 그 시대, 그 사회 구성원들의 풍습을 일치시키거나 고정시키고, 그것을 공유하는 집단 구성원에게 자부심과 긍지를 갖게 한다.

신화에 대한 연구는 신화학mythology이라 칭하며 특정의 문화적·종교적 전통을 지닌 신화들의 집대성을 의미한다. 신화학에서는 신화의 근거를 확실히 진술하기보다는 함축적으로 제시하고 있다. 현재까지 알려진 신화는 일상적인 인간생활과 거리가 멀고 신이나 초인들의 특정한 사건·조건·행위를 나타내고 있으며, 특수한 사건들은 역사시대와는 전혀 다른 시점의 상황을 다루고 있으며, 우주창조나 선사시대 초기를 그 배경으로 삼는다. 신화는 인간의 행동이나 제도, 우주적 상황의 원형들을 제시해주고 있으며, 신화의 특성은 다른 문학에서도 발견된다. 이처럼, 신화를 설명하는데 원인론적인 이야기는 자연·인간·사회·삶에 대한 기원과 원인을 설명해준다. 즉 옛날이야기는 초자연적인 존재·사건들을 다루지만 신화에서와 같은 권위는 없다. 이에 중세의 무용담과 서사시는 권위와 사실성을 주장하기는 하지만, 특정한 역사적 상황을 반영하고 있다.

지크문트 프로이트는 신화를 상징적 의사소통이라고 하였으며, 이는 문화의 역사에 의해서만 결정되는 것이 아니라 심리학적인 측면에도 기반을 둔다고 하였다. 그러므로 초역사적이고 생물학적인 인간관과 함께 신화를 억압된 관념의 표현으로 보는 견해를 제기하였다. 카를 융은 이러한 초역사적·심리학적 접근을 보다 확장시켜 '집단무의식collective unconscious' 이론을 주장했고 신화에 암시되어 있는 집단무의식과 원형들을 연구하였다. 독일의 신학자 루돌프 오토와 종교사가인 미르케아 엘리아데와 같은 학자들은 종교는 종교적인 현상으로만 이해해야 하며 비종교적인 범주로 환원할 수 없다고 주장했다. 신화는 진리와 지식의 보고寶庫로 여겨지므로 우주를 지배하고 인간의 활동을 유용하게 만드는 데 도움을 준다. 신화는 거짓말이나 허구를 말하는 것이 아니라 합리적이며 비판적인 성찰로는 담아 낼 수 없는 우리 삶의 또 다른 진실을 말하고 있는 것이다. 사실 신화 속에서는 모든 것이 하나다. 사람과 신, 사람과 우주, 사람과 사회 등은 뗄려야 뗄 수 없는 관계에 놓여 있는 것이다. 신화가 이렇게 사람과 사람을 둘러싸고 있는 모든 것 사이의 연계성 또는 전체성을 말하는 것은 사람의 삶에서 이런 연계성이 깨어질 때 사람의 삶은 무의미성에 노출되어 질식할 수밖에 없기 때문에 다시 그 본래적인 상태로 돌아가라고 촉구하기 위해서이다. 신화가 이야기되는 모든 곳에서는 분열되었던 것이 통합되고 치유의 역사가 일어날 수 있는 것이다. 셋째, 신화는 사람으로 하여금 신화적인 사건에 참여하고 행동을 촉구하는 특성이 있다. 신화는 사람에게 거룩한 실재에 관해서 가르치기만 하려고 하는 것이 아니라, 거룩한 실재에 직접 참여하게 하려는 것이다. 미셸 멜랑은 신화가 항상 어떤 특정한 시간과 장소에서 일어난 사건을 말하려는 것도 사람들도 하여금 실제로 그 속에 들어가서 그처럼 행하게 하려는 의도에서라고 지적하였다. 즉 신화는 항상 어떤 상황을 만들어 내고 사람들에게 행동을 촉구한다는 것이다. 사실 신화는 지난날 사건에 관해 이야기한다. 융 심리학에서는 인간의 집단적 무의식 속에 깃들어 있는 원형을 드러내는 것이다. 그래서 신화가 아무리 과거에 관해 이야기하고 있을지라도 신화는 우리를 과거로 이끌어 가는 것이 아니라 미래로 나아가게 한다. 또한 신화가 이야기하는 것은 언제나 힘이 있고 의미가 있으며 살아 움직이는 실재들이다. 따라서 신화가 이야기되는 것을 느끼게 된다. 신화가 우리를 살아 있는 자연과 하나가 되게 하여 행동을 촉구하고 있다.

조셉 캠벨은 신화에 대하여 다음 네 가지로 설명하였다. 첫째, 신화에는 신비적인 기능이 있다. 신화는 사람을 존재의 신비 앞에서 서게 하며, 그 신비 앞에서 외경심을 자아내게 하는 것이다. 신화는 신이나 반신적인 존재들의 행적에 관해 이야기함으로써 사람에게 신비의 차원을 보여주고 인간 존재의 신비를 깨닫게 해준다. 둘째, 신화에는 우주론적 기능이 있다. 신화가 말하는 이야기는 그것이 우주창생의 이야기가 되었는지 영웅신의 투쟁 이야기가 되었든지 간에 우주적인 차원에서 일어나는 일들을 이야기하고 있다. 그래서 사람은 신화를 들음으로써 그 전까지 자기중심적이고 좁은 안목으로 살던 삶에서 벗어나 자기 자신을 우주와 연결시킬 수 있는 것이다. 신화는 사람의 의식을 일깨워 주며 그전에 아무 목적도 없이 그저 살았던 삶을 반성하게 해 주는 것이다. 신화를 통해 새로운 우주관과 세계관을 얻어서 좀 더 높은 단계의 삶을 살 수 있게 되는 것이다. 셋째, 신화에는 사회적인 기능이 있다. 이 기능은 종교사회학자들과 레비스트로스 등 구조주의적 인류학자들이 가장 주목했던 기능이다. 신화에는 한 사람을 그와 같은 신화를 공유하는 집단과 연계시키고 한 사회의 질서를 형성시키며 그 질서를 정당화하는 기능이 있다. 결국 신화는 한 사회의 존속을 보장해 줄 수 있게 되는 것이다. 또한 사람들이 같은 제의를 행하고 같은 규범을 따를 때 그것을 같이 수행하는 사람들은 서로 동일시할 수 있게 되어서 사회의 결속이 유지될 수 있게 되었다. 그래서 융은 "어느 종족의 신화는 그 종족의 살아 있는 종교이다. 그러므로 그 신화가 사라져 버리면 어느 곳에서나 심지어 현대 사회에서도 도덕적 혼란이 야기된다."라고 하였다. 마지막으로, 신화에는 교육적 기능이 있다. 이 기능은 신화가 가지고 있는 심리학적 기능으로서 신화학자인 켐벨이 가장 중요하게 생각했지만 현대 사회가 가장 많이 잃어버린 기능이다. 사람은 문화적인 상대성 속에서 삶의 의미와 목적을 읽고서 거대한 사회구조 속에 하나의 미립자로 녹아 들어간다. 그런데 신화는 사람들에게 그가 누구이며, 이 세계와 어떤 관계를 맺어야 할 것인가를 가르쳐 준다. 또한, 성서에서 소개되는 어린이 역시 이중성을 지니고 있다. 겉은 어른이면서 어린이처럼 철없이 군다거나 어리석은 행동을 일삼는 사람이 있다. 아담과 하와의 경우가 그렇다. 즉 하와로부터 선악과를 건네받은 아담은 하나님께 이렇게 말한다. "하나님이 주셔서 나와 함께하게 하신 여자, 그가 그 나무실과를 내게 주었으므로 먹었나이다^{창4: 12}". 결국 아담의 죄는 하와를 아내로 준 하나님의 잘못 때문이라는 것이다. 신체적으로는 장성해서 결혼까지 했던 아담은 자신의 행동에 책임지지 못하며 정신적으로 여전히 어린이 수준에 머물러 있다. 아담 안의 어린이는 아담으로 하여금 '영원한 어린이'로 남게 함으로써 성인이 되는 길을 가로막고 있다. 부모의 뜻대로 모든 것을 해결해 온 아동은 자신의 행동이 부모에게 책임이 있다는 생각이 강하다. 신앙인 역시 자신의 행동을 하나님의 탓으로 돌려 버릴 때 그는 항상 유아기 상태에 머무르게 된다. 하나님의 형상으로 지음 받은 아담이라고 할지라도 발달단계마다 적절한 성장을 하지 못할 때 미성숙한 내면의 어린이가 자아를 지배한다. 이와 반대로 어린이 원형은 아기예수의 모습으로 나타난다. 즉 '어린이 영웅' 혹은 '하나님 어린이'로서 자기^{self}를 대변하는 어린이 원형은 우리가 세상 속에서 죄로 물들어 갈 때 하나님의 음성을 듣게 함으로써 성숙의 길을 가게 한다. "어린아이의 마음을 가질 때 천국에 이른다^{마 18:3}."는 예수의 말씀은 거룩한 어린이 원형이 자기의 헌신임을 말해 준다. 우리가 우리 안의 어린이를 건강하게 만날 때 개성화를 경험할 것이다^{박종수. 2004a}. 융은 어린이다움을 통해 현대인이 잃어버린 그리움에 대해 눈을 뜨게 된다고 하였다.

> "어린이다움이란 그것이 지닌 순진성과 무의식성 덕분에 상당히 완벽한 자기(self)의 상, 꾸밈없는 자기의 개성을 갖춘 전체 인간의 상을 그리고 있다. 따라서 어린이나 원시인의 시각이 문명화된 성인 안에서 어떤 그리움을 불러일으킨다. 이와 같은 그리움은 충족되지 않는 욕구와 익숙한 페르소나를 선호함으로써 전체 그림으로부터 사멸된 부분 인격들의 요구와 관련된다(MDR, 272-273)."

:: 모래상자치료와 창조신화

창조신화는 아담과 하와이야기가 가장 대표적이다. 아담과 하와는 최초의 인간이다. 하나님이 자신의 형상대로 아담을 지은 뒤 아담의 갈비뼈로 하와를 만들었다. 탈무드의 설화에서는 하와를 릴리트가 추방당한 후 아담의 갈비뼈로 만든 아담의 두번째 부인이라 하였다. 아담은 히브리어로 전체 '사람'을 뜻한다. 그리고 창세기 1장 27절은 하나님이 남자와 여자를 동시에 창조하였다고 하였다. 창세기 2장 7절은 '땅'이라는 의미의 아다마adamah와 아담adam을 붙여놓음으로써 인간의 근본이 흙이라고 하였다. 즉 창조는 두 번째 이야기에서 최초의 인간 중 한 명인 아담이 외롭지 않도록 그의 갈비뼈에서 반려자가 된다. 하와는 '살다'라는 뜻의 히브리어 동사의 한 형태로 창세기의 천지창조에 관한 이야기이며, 두 번째는 하와라는 이름은 아담이 타락한 후, 하나님이 아담에게 반려자를 주기 위해 아담의 갈비뼈 하나로 여인에게 지어주었는데 그것은 모든 살아 있는 어머니였기 때문이다창세기 3장 20절.

즉 살아 있는 모든 피조물의 으뜸인 아담은 하와와 더불어 에덴동산에서 살았는데, 사탄의 유혹으로 아내의 권유로 인해 불순종하게 된다. 결국, 두 사람은 선악을 알게 하는 나무의 열매를 먹어 금기사항을 위반했고 두 사람을 에덴동산에서 추방하였다. 그로 인해 아담과 하와는 노동과 고통, 죽음을 맛보게 된다.

누가복음 저자 누가는 예수 그리스도의 계보는 아담까지 거슬러 올라간다^{눅 3장 38절}. 바울은 죄를 지은 인간 아담과 새로운 아담인 예수 사이의 대조 되는 인물로 나타내고 있으며, 전자^{아담}는 하나님과 분리되어 죄와 죽음을 가져온 반면에 후자^{예수}는 부활과 생명을 설명하고 있다.

에덴동산이야기   창조신화의 대표적인 아담과 하와가 등장한 에덴동산을 꾸민 모래상자치료사례는 11세 여아가 모래상자에 표현한 신화이다.

〈에덴동산이야기〉

어떤 한 사람이 혼자 산책하고 있다. 혼자 산책을 하고 있어서 심심할까봐 다른 한명을 더 만들어서 넣어주면 심심하지 않을 것이다. 이 둘은 넓은 정원을 구석구석 구경하면서 놀고 반대편을 가고 싶을 때 다리를 사용하여 연결하려고 한

에덴동산

다. 정원이 너무 넓어서 숲속같아 보이고 숲 여기저기에 가는 길이 많다. 경계가 분명하기를 원해서 울타리랑 돌멩이와 돌다리를 조화롭게 만들어서 숲속길을 만들고 있다. 누구에게나 이곳을 정원을 구경시켜

주고 싶고 소개해 주고 싶은 곳이다. 이곳은 누구에게나 처음 장소이고 신기해하고 부러워할만한 곳이다. 둘은 단짝이다. 서로 너무나도 잘 통하고 비슷한 점도 많다. 성격도 비슷하다. 산책을 하면 할수록 좋기도 한데 다리가 아프기도 하다. 이곳은 매우 넓어서 많이 걸어야 하고 많이 움직여야 한다. 이곳에는 큰 나무, 작은 소나무, 꽃, 풀, 가시나무, 빨간나무, 핑크나무, 노란 풀, 큰 꽃나무, 돌멩이들, 곤충, 큰 동물과 작은 동물들, 매우 유혹적인 색깔과 꽃들, 위험한 장소도 있어서 아름다운 곳이지만 위험한 곳도 있다.

아담과 하와 그리고 에덴동산　　　에덴은 평안의 땅일 뿐만 아니라 인간에게는 잊혀지지 않는 곳이다. 고향의 추억과 함께 고통스러운 기억이 함께 있다. 「창세기」에서 아담에게 에덴동산을 일구고 지킬 것을 명령했다. 그리고 동산에서 모든 나무에서 열리는 열매를 따먹을 수 있지만 동산 한 가운데 있는 '선악의 나무'에서 나는 선악과 열매만은 절대로 먹지도 말라고 명령했다. 여호와는 모든 짐승들과 새들을 만들어 에덴동산에 놓았다. 성경에 나와 있는 '선악의 나무'란 정확하게는 '선악을 알게 하는 지혜의 나무'라는 뜻이며 일반적으로는 '지혜의 나무'라고 불린다. 이 나무는 초기 기독교 시대부터 무화과나무로 표현되었다. 뱀의 꾐에 빠져 선악과를 먹었다고 하자 여호와는 벌을 내렸다. 뱀은 앞으로 모든 동물들 중에서 가장 혐오스러운 존재가 될 것이고, 하와는 출산의 고통을 크게 치러야 하며 남편을 따라야 할 것이고, 아담은 앞으로 일생 동안 배고픔에 시달리며 땀을 흘려 먹을 것을 얻어야 할 뿐더러 끝내는 죽어서 흙으로 돌아가야 한다는 것이었다.

3. 모래상자치료에서의 전설

:: 전설

전설legend은 예로부터 구전되어 오는 이야기로서, 지리적인 자연물이나 역사적 사건 등의 증거물과 관련 짓는 이야기이다. 신화는 신의 이야기인데 전설은 대체로 인간의 활동을 이야기하고 있다. 전설은 전승 범위가 특정 지역에 한정되어 자연이 향토성을 띠게 되므로 전설은 전해지는 그 지역 사람들에게 유대감을 주고 향토애를 고취시키며, 그 지역 사람들의 정서적, 정신적 구심점 역할을 한다. 또 전설은 특정적이고 개별적인 증거물들이 등장하며 바위, 고개, 연못, 산봉우리, 큰 나무, 특이한 지형 등과 관련을 맺고 있다. 전설은 전승 장소, 발생 목적, 대상에 따라 분류할 수 있다.

첫째, 장소에서는 지역적 전설과 이주적 전설이 있다. 지역적 전설은 특정 지역의 지리적 특징, 명칭의 유래, 습관의 기원 등에 관한 전설이다. 이주적 전설은 특정 지역에 고착되어 있다고는 하지만 비슷한 줄거리를 가진 이야기가 전국, 세계도처에서 발견되는 전설장자못 전설. 오뉘 힘내기 전설 등이다.

둘째, 목적에 따라 설명적 전설과 역사적 전설 및 신앙적 전설이 있다. 설명적 전설은 자연과 사물이 어떻게 이루어지고 만들어지게 되었는지를 설명할 목적으로 만들어진 전설이다. 그러므로 설명적 전설은 지리상의 특징, 자연현상, 특수한 관습, 어느 지역의 동식물의 특수한 형상, 산이나 바위의 특이한 생김새 등을 설명하게 된다.

역사적 전설은 어떤 역사적 사실로부터 성립하고 성장한 전설로서 대부분의 전설이 여기에 포함된다. 여기에는 지방적, 국가적 영웅이 많이 등장하게 된다. 물론 지방적 영웅은 우리 모두가 아는 유명인물은 아니다. 야담이나 야사 및 패사稗史 등은 모두 역사적 전설이다. 신앙적 전설은 정도령의 재래再來를 믿는다든지, 금기를 교시해준다든지 하는 종류의 전설로서 소박한 민간 신앙을 기초로 하고 있는 전설이다.

전설의 특징으로는 전설의 배경이 특정한 역사적 시간과 구체적인 지리적 공간이 제시된다. 전설의 내용은 주로 비장미슬픔과 함께 숭고함이 더불어 있는 아름다움가 두드러지며 주인공의 출생과정은 생략되는 경우가 많으나 주인공의 죽음을 자세히 나타내고 있다. 전설과 민화의 차이에서 민담은 언제 어디서나 인간이 사는 곳이면 일어날 수 있는 것을 이야기한다. 전설은 인간과 그 행위를 주제로 이야기한 것으로 말하는 화자와 듣는 청자가 그 이야기의 사실을 믿으며 이야기를 뒷받침하는 기념물이나 증거물이 있으며, 역사와 깊은 관련이 있어서 역사에서 전설화하였든가, 혹은 역사화의 가능성이 있는 독특한 형식을 가지고 있다. 전설의 구조인 편집방식에서 전설이 전개될 때, '하루는 어느 날'이 제시된다. '하루는'이 제시되기 전에는 막연히 시간과 공간과 인간을 제시했을 뿐 능동적인 힘운동이 가해진 것이 아니므로 이야기가 활동하지 않는 정적靜的인 상태로 발단부분이 되고, '하루는' 이후가 전개부분이 된다. 그 다음은 이야기 내용이 바뀔 때마다 '마침, 그때, 한편, 이때, 얼마 뒤' 등 구체적인 변화시간이 제시된다. 그러다가 과거 이야기 내용이 끝나면서 현재까지 순식간에 이어지려고 할 때는 "지금도 그 증거가 있다."는 '지금도'가 제시된다.

전설은 오랜 시간에 걸쳐 전해오는 통시간적通時間的인 존재이며, 이 시간에 따라 널리 전파되므로 넓은 공간에 파급된 문화형태로 전달하는 내용, 전달하는 사람, 전달방법, 이것을 수용하는 사람, 그리고 어떤 변화가 있다는 점은 언어나 문학·언론과 비슷하지만, 일정한 형식과 내용이 결합한 형태로 전하는 과정이며 대를 이어서 현재까지 이르렀다는 시간의 여과濾過와 사라질 것은 사라지고 살아남은 것만 전승하였다는 적자생존한 점이 다른 문화현상과 차이가 있다.

헤라클레스 영웅전설과 모래상자치료이야기

영웅전설의 대표적인 영웅신인 헤라클레스Hercules를 소개하면 다음과 같다.

전설의 영웅 '용기의 신: 헤라클레스'

헤라의 박해는 태어나면서부터 시작한다. 생후 8개월 때에 헤라는 요람 속에 있는 그를 살해하기 위해 뱀을 보냈다. 그러나 어린 영웅은 눈 하나 깜짝이지 않고 뱀을 맨손으로 잡아 목 졸라 죽였다. 그 후에도 수없이 많은 시련이 그를 찾아오게 된다. 그러나 헤라클레스의 고난은 그 자신의 성급함에서 비롯된 것들도 많았다. 음악 선생이 못한다고 꾸중하자 화가 나서 그를 류트(Lute, 현악기의 일종)로 때린 일이 있다. 너무 장사라서 음악 선생은 죽고 말았다. 이런 난폭한 행동에 대한 벌로

헤라클레스

헤라클레스는 산에서 가축을 돌보는 일을 맡았다.

그 곳에서 18세가 된 헤라클레스에게 아름다운 님프 둘이 찾아왔다. 하나는 '쾌락(Pleasure)'이었고 또 다른 한 명의 이름은 '미덕(Virtue)' 이었다. 그녀들은 헤라클레스에게 자신들의 이름 가운데서 인생의 목적을 선택하라고 말했다. 헤라클레스는 후자를 선택하여 당장에 고난을 맞이하게 되었다. 무시무시한 사자의 습격을 받은 것이다. 격투 끝에 사자를 때려눕혔으나 더욱 험난한 일이 그를 기다리고 있었다. 헤라클레스는 산을 내려가 테스피아의 테스피우스 왕을 찾아갔다. 왕의 유일한 소원은 50명이나 되는 자신의 딸 모두가 헤라클레스의 아이를 낳는 것이었다. 헤라클레스는 하룻밤 사이에 왕의 요구를 완수했다. … 〈중략〉 … 헤라클레스의 죽음은 매우 극적이다. 그것은 상체는 사람이고 하체는 말인 켄타우르스 족과의 악연에서 비롯되었다. 켄타우르스 족은 난폭하고 술과 여색을 즐긴다. 헤라클레스는 켄타우르스 족 중에서도 비교적 친절한 폴루스를 방문한 족이 있었다. 폴루스는 헤라클레스를 포도주로 접대했다. 켄타우르스 족은 1마일 밖에서도 포도주 냄새를 맡을 수 있는데 냄새를 맡고 떼지어서 몰려왔다. 폴루스의 포도주는 헤라클레스를 접대할 때만 내놓으라고 신들이 준 것인데 켄타우르스 족은 이를 잊고 술 한 모금 먹으려고 헤라클레스를 공격하였다. 헤라클레스는 새로 맞은 아내 데이아니라(Deianira)와 함께 에베누스 강을 건너게 되었다. 의식 때 입을 적당한 옷이 없는 것을 안 헤라클레스는 데이아니라에게 제복을 보내라고 연락했다. 질투에 불타는 그녀는 네수스의 속임수를 모르고 네수스의 옷을 보냈다. 옷을 입자 독이 온 몸에 퍼지고 살이 탔다. 최후가 온 것을 깨달은 헤라클레스는 장작을 쌓아 불을 지르고 그 위에 누웠다. 그의 육신 가운데 어머니에게 물려받은 것은 소멸되었으나 제우스에게 받은 부분은 타지 않았다. 제우스를 비롯한 신들은 헤라클레스의 위대한 행적을 머리에 떠올리고 그를 신의 반열에 올려놓기로 했다. 헤라클레스는 올림푸스 산으로 올라가 신이 된 것이다. 평생 그를 괴롭혔던 헤라도 그의 딸인 청춘의 여신과 헤라클레스를 결혼시켜 화해하였다.

헤라클레스 장수풍뎅이　　　다음은 곤충들 중에 전설로 손꼽는 헤라클레스 장수풍뎅이가 등장한 10세 남아의 사례이다.

〈헤라클레스 장수풍뎅이〉

헤라클레스 장수풍뎅이 전설은 모두 나다. 헬라클레스 장수풍뎅이는 가장 높은 곳에서 감시를 하고 있다. 보물지키기를 하고 있고 보물상자는 동굴 안에 있다. 나무와 나무사이에 괴물들이 보물을 탐내고 보물을 찾으려고 하고 있다. 적들도

헤라클레스 장수풍뎅이

쳐들어 오고 있다. 수갑채우기, 보물상자, 탱크, 곤충, 공룡, 장수풍뎅이, 해초괴물, 사슴벌레가 보물을 지키고 있다. 곤충이 보석을 찾고 있다. 우선 숨겨놓은 보물을 찾아놓고 또 다시 찾는다. 비밀집에는 보물이 있다. 곤충, 왕사슴벌레, 곤충들이 둘레에 있는 비밀집이 있다.

:: 히어로와
모래상자치료이야기

히어로는 남아의 모래상자에서 많이 등장한다. 히어로와 인간이라는 내용으로 11세 남아가 꾸민 모래상자치료이야기이다.

〈히어로와 인간〉

여기에 나타난 히어로를 설명하자면 죽지 않는 히어로이다. 인간은 이기적이고 욕심이 많아 세상을 정복하려고 하는데 이런 인간을 두고 볼 수가 없어서 히어로가 등장하게 된다. 히어로는 분신술을 써서 똑같은 히어로를 만들고 분신 히어

히어로와 인간

로가 죽으면 또 만들어 낸다. 히어로는 원래 1명이었는데 분신술을 써서 100명도 더 넘는다. 결국 히어로는 죽지 않는다.

히어로의 분신술은 마법에 의해 행해진다. 마법魔法이란 불가사의한 현상이나 일을 일으키는 힘이나 방법으로 마법이란 단어는 한국, 일본, 중국 등에서 여러 가지 형태를 포함하는 넓은 의미로 쓰인다. 서양에서는 보다 좁은 의미의 여러 단어가 쓰이는데, 영어의 경우 마법에 해당하는 단어는 magic, sorcery, wizardry, witchcraft 등이 있다. 마법을 부리는 사람을 마법사라고 하는데, 동서양 모두 마법사들에 대해 비슷한 인식을 지니고 있다. 동양의 주술사, 도사, 신선 등이나 서양의 마법사, 마녀, 요술사 등은 주문을 외우고 불가사의한 일들을 하며 지팡이나 막대와

같은 도구를 사용하기도 한다. 슈퍼히어로_{superhero}는 사람들을 보호하는
역할을 맡은 고정인물의 한 형태이다. 보통 초인적인 능력을 지니고 있
으며 악과 싸우는 주인공 역할을 담당한다.

∷ 버뮤다 전설과
모래상자치료이야기

버뮤다 삼각지대는 매우 흥미진진한 미스터
리한 전설이다. 10세 여아가 꾸민 모래상자치료이야기에서 미스터리한
버뮤다 전설을 다룬 사례이다.

〈버뮤다 전설〉

옛날에 마법사가 살았다. 후손
들에게 남기려고 보물상자를 간
직하였다. 보물상자를 꺼낼려
고 하니 너무 깊어 파고 파니
물이 되어 바다가 되고 산이
쌓여 더 높은 산이 되었다. 자
손이 4명이 있었는데 낳고 낳
고 낳아서 150명으로 늘어났

불가사이 버뮤다 삼각지대

다. 그 자손들 중에 신비한 능력을 가진 자손이 태어나고 그 자손은
요정(지니와 같은 착한 요정)이 되어서 주인의 소원을 들어준다. "주
인님 무엇을 도와드릴까요?" 예를 들면 이런 소원이다. 김연아가 피
겨여왕이 되는 것, 우리나라 김연아 선수를 보호하기 위해 다른 나라
선수가 도핑에 걸린다던가 이러한 경우는 매우 흔하다. 결국 주인님
의 소원을 들어주는 지니는 착한 요정이다.

버뮤다 전설은 버뮤다 삼각지대에서 발생한 미스터리 전설이다. 버뮤다 삼각지대는 미국 남부에 위치한 플로리다 해협과 버뮤다섬, 푸에르토리코혹은 아조레스 제도를 잇는 삼각형 범위 안의 해역을 가리킨다. 지난 500년간 이 지역에서 일어난 선박과 항공기 실종 사고는 수백 건에 이르지만, 그 원인이 명확히 밝혀지지 않아 미스터리 실종 사건으로 기록되어 왔다. '마의 삼각지대Devils Triangle'라고 불릴 정도로 세계의 불가사의 중 하나로 손꼽히는 이 해역은 수많은 사람들의 호기심을 자극했다. 미국의 유명한 한 예언가는 버뮤다 삼각지대가 전설처럼 내려오는 아틀란티스 대륙이 바닷속으로 가라앉은 자리이고, 당시 뛰어난 과학기술로 개발된 에너지 발생장치가 아직도 작동하고 있어 물체를 소멸시킨 것이라고 생각했다. 버뮤다 삼각지대는 자기장이 불안정한 지역이어서 자기적인 지진이 일어났을 때, 그 주위를 지나는 선박이나 항공기가 바닷속으로 빨려 들어간다는 것이다. 게다가 자기적인 지진은 일시적으로 일어났다가 사라지기 때문에 대비책을 세울 수도 없다. 어느 정도 그럴듯한 가설이었지만, 버뮤다 삼각지대의 미스터리는 여전히 남아 있었다.

희생양과 모래상자치료이야기

모래상자 치료과정에서 나타난 9세 남아가 꾸민 부라키오를 위한 희생양 모래상자치료이야기이다.

〈희생양〉

부라키오는 이 세상에서 가장 무거운 공룡이다. 부라키오가 움직이면이 세상은 전체가 흔들린다. 부라키오를 위하여 모두가 희생양이 되었다. 흰수염고래가 희생양이다. 북극곰이 대신하여 죽어야 한다. 코뿔소가 다음으로 죽었다. 그리고 또 다른 공룡들과 동물들이 차례차례 희생양이 되었다.

희생양

희생양이란 "다른 사람의 잘못을 대신 뒤집어쓴 사람"을 비유적으로 가리키는 말로 자주 사용된다. 희생양 덕분에 진짜 잘못을 저지른 사람은 쉽게 잊힐 수 있다. 이스라엘의 제사장은 매년 속죄일에 염소에 손을 얹었다. 백성들의 죄를 염소에게 전가한다는 상징이다. 그런 다음 염소를 황야로 내쫓고 다른 염소를 한 마리 더 잡았다. 희생양이라는 말은 1530년 성서를 영역한 윌리엄 틴들의 오역 때문에 생겼다. 속죄양의 개념은 개인이나 집단이 목표달성을 방해받을 때 자신들의 공격의 수준을 상승시킨다는 불만－공격이론과 연관되어 있다. 불만의 원인이 매우 강하고 알려지지 않고 복합적이라면, 공격은 다소 접근가능하고 공격할 수 있는 목표로 발산될 것이다. 따라서 소수집단은 다수집단에 의해 많은 사회문제, 즉 실업, 경제불황, 범죄 등에 대해 실제의 원인과 상관 없이 비난을 받고 책임을 지게 된다. 최근 유럽에서 유태인과 흑인은 경제, 정치, 사회문제에 대한 속죄양이 되어 왔다. 매우 극단적인 형태로, 유태인은 2차 세계대전 중 나치 정권에 의해 인종학살의 주요 대상이 되기도 하였다.

:: 모래상자치료와
   영웅신화

　　　　　　　융학파의 심리분석은 신화 속의 원형적 이
미지에 주목함으로써 내담자에게 새롭게 형성되는 신화를 경험하게 한
다. 삼손 설화는 영웅의 여정을 보여 준다. 그것은 우리가 실제적으로
경험하는 외부세계를 그리고 있기보다는 모든 사람이 경험하는 심리적
사건을 형상화한 것이다. 어머니로 대변하는 현실세계를 떠나separation, 내
적 영혼에 의해 변화transformation된 후에, 다시 원래의 자리로 돌아오는 것
return은 영웅 신화로 보여 주는 전형적인 주제이다. 이 과정에서 필연적
으로 동반되는 사건은 희생양 경험이다. 테베에 만연한 역병이 어머니
요카스타와 결혼한 자신의 죄로부터 기인한다는 사실을 알고 스스로 장
님이 된 오이디푸스는 희생양이 되어 결국 테베를 구한다. 자신을 희생
하여 다른 사람을 구원한다는 희생양 상image은 그리스도의 모습이기도
하다. 삼손의 죽음은 바로 무의식적으로 진행되는 개성화 과정에서 발생
하는 희생양 심리를 대변한다. 우리 자신이 누군가를 위해 혹은 다른 사
람 때문에 죽을 수밖에 없다는 희생양 심리는 원형적 정동이다. 희생양
은 자신에게는 죽음이지만 다른 이들에게는 생명을 준다. 하지만 삼손
설화에 나타난 희생양 원형은 외부세계를 향하기보다는 내적 성숙을 향
한 리비도의 상징이다. 감정이 고조된 콤플렉스가 파괴력을 잃고 다른
콤플렉스와 건전한 관계를 맺을 때 정신은 통합된다. 삼손 설화는 희생
양 원형이 삶의 여정에서 어떻게 드러나는가를 보여준다. 개성화 과정에
서 겪는 심리적 죽음과 부활을 통해 우리는 희생양 원형을 경험한다. 즉

희생양 원형이 통합된 정신구조에서 건강하게 발현될 때 개성화는 촉진
된다박종수, 2007a.

- 김경희 · 이희자(2005). 모래상자놀이치료. 양서원.
- 김미영(2011). 초등학생의 서사능력 신장을 위한 전래동화 지도 방안 연구. 호서대학교 석사학위논문.
- 김성민(2012). 분석심리학과 기독교. 학지사.
- 김정진(2008). 아동문학의 이해. 새미출판사.
- 김춘경 · 이수연 외(2017). 상담의 이론과 실제. 학지사.
- 김현희 · 박상희(2008). 유아문학. 학지사.
- 박종수(2010). 융심리학과 성서적 상담. 학지사.
- 송남예(2016). 한국동화에 나타난 음식의 기능과 변화 연구. 경기대학교 석사학위논문.
- 장미경(2017). 분석심리학적 모래놀이치료. 학지사.
- Sunderland, Margot, Using storytelling as a therapeutic tool with children(2007). 한국 심리치료연구소.
- http://blogs.yahoo.co.jp/hiroka_hera1007.
- https://ko.wikipedia.org/wiki.

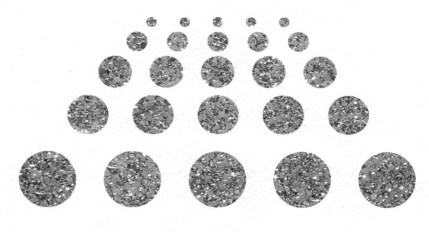

11

내담자 특성에 따른
모래상자치료의 사례

한국모래상자치료학회
Korea Sandtray Therapy Association

제11장

내담자 특성에 따른 모래상자치료의 사례

모래상자치료는 내담자의 내면으로부터 자기치유과정이 자연스럽게 일어난다. Jung은 인간정신에는 내적균형과 질서와 치료적 본성을 타고 났다고 하였다. 타고난 정신의 치유력은 판타지나, 꿈, 모래상자치료 등에서 인간의 창조적 이미지를 통해 표현하여 나타낸다김경희. 2005. 모래상자치료는 무언의 의사소통매체로 사용되는 특정한 모래상자와 상징물을 활용한다. 내담자의 내면세계를 표현하는 것으로 내담자가 안고 있는 문제들을 드러내고 처리하는 표현적인 양식이다. 이러한 모래상치료의 접근은 내담자 중심으로 훈련된 치료사에 의해 촉진되는 과정이다. 모래상자치료는 어린이뿐만 아니라 청소년과 성인에 이르기까지 다양한 대상들에게 적용할 수 있다. 모래상자치료를 적용하기 위해 전문 치료사는 치료의 목적을 확실히 하고 전문적이고 합리적인 치료계획을 세우는 것이 중요하다. 효율적이고 적절한 치료 매체를 적용하기 위해 전문 훈련과 함께 수련감독을 받으면서 임상경험을 갖도록 한다_{김유숙, 2005}.

　치료 받기를 원하는 내담자나 가족들은 전화 연락이 먼저 이루어진다. 치료를 위한 계획을 세우기 위해 초기 면접을 통하여 내담자 현재의 심리·정서적 적응 문제에 대한 정보를 얻게 된다. 치료사는 내담자의 발달단계에서 이루어져야 하는 주요 과업이 이루어졌는가? 또는 행동발달은 잘 수행하였는가? 등에 기초하여 정보를 얻게 된다. 이때 내담자에 대한 주호소문제와 기대 등을 알게 된다. 치료사는 내담자 정보를 통해 알게 된 내용을 토대로 치료 목표와 전략을 세우게 된다. 치료 목표는 내담자의 문제행동증상을 긍정적으로 변화시키기 위해 내담자가 가지고 있는 어려움을 최소화하고 잠재되어 있는 능력을 최대화 할 수 있는 의도와 목적을 가지고 치료 계획을 세운다.

　치료 목표는 치료과정에서 수정 보완이 가능하다. 하지만 초기 치료 계획에서 치료사는 명확한 사례개념을 형성하는 것은 무엇보다 중요하다. 위와 같이 내담자와 관계를 형성하기 위해 내담자와의 진정한 만남과 깊은 탐색은 필수적이다. 모래상자치료를 통해 어려움을 호소하는 내담자들과 귀한 만남이 욕구를 향상시키면서 내담자들이 겪고 있는 내면의 문제들을 안전하게 접근할 수 있도록 상호작용하게 된다. 치료사는 내담자에 대한 정보와 자료를 충분히 모아 이해하는 노력과 함께 모래상자치료의 여행을 떠나게 된다면 알찬 여행을 할 수 있을 것이다.

　본 장에서는 일상생활에서 다양한 어려움을 겪고 있었던 내담자들을 모래상자치료를 통해 건강한 삶의 회복을 돕고자 하였던 사례들이다. 여기에 제시된 사례들은 부적응 아동의 사례와 ADHD 아동의 사례, 성폭력 피해를 당하였던 여아의 사례, 우울한 성인의 사례와 불안이 심하였던 청소년의 사례를 제시하였다. 제시된 사례들은 내담자의 동의를 구하고 허락을 받은 사례들을 기재하였다.

1. 학교 부적응과 모래상자치료

∷ 부적응의 개념

　　　　　　　　부적응 행동maladaptive behavior은 적응을 개인과
환경의 원활한 상호작용이라고 보는 관점에서 환경적 요구에 적절히 대
응하지 못하여 여러 가지 문제를 일으키는 개인의 행동을 말한다권석만.
2013. 학령기에 있는 아동들은 주로 과거에는 가정에서 어머니와 지내는
시간이 많았다. 문화의 변화와 맞벌이 부모들이 증가하고 한 부모 자녀
들, 조손가정, 다문화가정들과 같은 가족구조가 많이 달라지고 있다. 환
경의 변화에 따라 아동들의 생활습관도 많이 변화되고 있다.

　　따라서 학교 적응은 발달 단계의 모든 시기가 중요하지만 초등학교
발달의 영향은 이후 중학교 사춘기까지도 삶의 질을 결정하게 된다. 이
에 아동 각자는 대인관계와 사회 규범과 같은 일상생활에 적응하기 위
해 조화로운 삶을 살아가는 기술을 습득하여야 한다. 이러한 기술을 잘
수용하고 습득하지 못할 경우 학교생활이나 개인의 생활에 어려움을 겪
게 되어 조화롭지 못한 삶을 갖고 살게 된다. 부적응은 초등학교 시기에
서부터 발생되며, 등교 거부나 또래관계의 상호소통에 어려움, 학습에
대한 흥미 감소, 또는 과잉행동, 충동적인 행동들과 같은 외적행동으로
표출되기도 한다김재옥. 2010. 이러한 행동들이 해결되지 않았을 경우 무기
력함이나 학습에 대한 자포자기, 부정적 자기감정 등은 아동의 행동에
영향을 준다. 즉 자기욕구가 합리적으로 해결되지 않을 경우 만족감이
저하된다고 볼 수 있다.

　　이러한 행동 결과는 정서적으로나 심리적으로 자신을 수용하지 못하
게 되어 자존감이 낮으며, 불안과 절망감, 소외감을 비롯하여 자신감이

부족하다. 정서적 결핍은 부적응적인 행동이 지속될 가능성이 높아진다. 부적응 아동들은 학교생활뿐 아니라 인생의 전반적인 영향을 주게 된다. 아동들에게 건강한 적응력을 키워 주고 만들어 주는 것은 사회뿐 아니라 부모 모두의 중요한 과제라고 볼 수 있으며 적응력을 키워 가야할 필요성이 요구된다.

:: 개입과
   치료 방향

치료사는 적응에 어려움이 있는 유아나 아동들에게 또래와 원만한 관계를 형성하고 유지하도록 치료계획을 세운다. 수업에 적극적이고 규범과 질서에 순응하고 자신의 역할을 잘 수행하도록 돕는다. 모래상자치료는 다양한 어려움을 경험하는 아동들에게 효과가 있다. 본인의 임상에 참여하였던 아동들이 적응력과 집중력이 향상되면서 학습에 대한 관심과 집중도가 함께 변화되어 학력수준이 향상되는 결과도 볼 수 있었다. 또한 아동들은 자신의 감정이나 사고를 언어로 표현하면서 통제력을 지니며 변화하였다. 또한 생활의 안정감을 가지면서 자존감과 긍정적 자아상을 키워주고 주변의 가족들의 긍정적 변화도 함께 경험하게 되는 모습들도 나타났다.

∷ 부적응 특성을 지닌 아동의
모래상자치료 사례

          내담 아동은 1남 1녀 중 첫째 아이로 친엄마의 사망 후 새엄마와 생활하면서 가족간의 어려움이 있고 학교생활 적응에 어려움이 있었던 초등학교 5학년 남학생의 사례이다. 학교생활과 일상생활의 부적응으로 인해 지역아동센터의 권고로 치료실을 찾게 되었다.

12-1

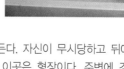

1. 주제: '사형장'
2. 주인공: 말탄 기사(남자아이)
3. 자신: 말탄 기사
4. 처음 선택한 피겨: 유령
5. 처음 치운 피겨: 유령
6. 놓은 순서: 유령, 말탄기사
7. 이야기: 자신은 축구를 정말 하고 싶다. 그런데 부모님이 허락해 주지 않고 모든 것을 반대한다. 치욕스럽고 처참한 느낌이 든다. 자신이 무시당하고 뒤에 서 마녀를 따라가는 모습이다. 주변에는 사람들이 많다. 이곳은 형장이다. 주변에 경찰과 군인들이 질식할 것이다.
8. 느낌: 모래상자를 표현하고 난 후 시원하다고 한다.

12-2

1. 주제: '축구'
2. 주인공: 공들고 있는 소년
3. 자신: 공들고 있는 소년
4. 처음 선택한 피겨: 왕자
5. 처음 치운 피겨: 소년

6. 놓은 순서: 가운데 왕자, 옆에 축구선수,
   좌측 왕비, 공을 높이든 소년
7. 이야기: 축구하는 모습이다. 좌측 왕비
   는 축구하고 싶어 끼어주라고 하는데 동
   생이다. 이야기를 마치고 젖병에 모래와
   뱀을 집어넣기도 하면서 넣었다 쏟아내
   는 놀이를 반복한다.
8. 느낌: 좋다. 지난 일주일간 선생님한테
   나 아빠한테 혼나지 않고 지냈다.

12-3

1. 주제: '감금'
2. 주인공: 엎드린 인형
3. 자신: 엎드린 인형
4. 처음 선택한 피겨: 엎드린 여자인형
5. 처음 치운 피겨: 원시인
6. 놓은 순서: 엎드린 여자인형, 원시인 2
   명, 모자 쓴 인형

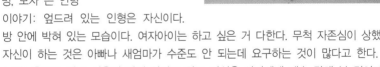

7. 이야기: 엎드려 있는 인형은 자신이다.
   방 안에 박혀 있는 모습이다. 여자아이는 하고 싶은 거 다한다. 무척 자존심이 상했다.
   자신이 하는 것은 아빠나 새엄마가 수준도 안 되는데 요구하는 것이 많다고 한다.
8. 느낌: 축구를 하고 싶은데 하지 말라고 하고 자신은 아빠에게 계속 말해 볼 것이다라
   고 하며 축구하는 모습을 보여줄 것이다라고 자신감을 보인다.

12-4

1. 주제: '비는 천사'
2. 주인공: 천사
3. 자신: 천사
4. 처음 선택한 피겨: 천사
5. 처음 치운 피겨:
6. 놓은 순서: 천사, 포대인, 신사
7. 이야기: 축구하고 싶으니까 축구할 수 있도록 해주라고 빌고 있는 모습이다. 축구하고
   싶은데 안 된다. 학원에서 늦게 와서 핸드폰을 새엄마한테 빼앗겼다. 무조건 엄마 말을

따라야 한다.

8. 느낌: 인형을 모래 속으로 거꾸로 박아 놓으면서 감정을 발산시키는 모습이다. 거꾸로 인형을 박으면서 나중에 자신을 공부를 안하고 스포츠 센터를 만들어서 체육 일을 할 것이다라고 표현한다. 아빠도 잘 안 때렸는데 새엄마 만나고 자신을 때린다라고 아빠에 대한 불만스런 감정을 드러낸다.

12-5

1. 주제: '마녀'
2. 주인공: 작은 인형
3. 자신: 작은 인형
4. 처음 선택한 피겨: 아래 작은 인형
5. 처음 치운 피겨: 모두 한꺼번에 집어 정리한다.
6. 놓은 순서: 작은 인형, 포세이돈, 마녀

7. 이야기: 아래 작은 인형은 축구를 좋아하는데 맞았다. 마녀가 때렸다. 부모인데 축구를 하지 말라고 때린다. 포세이돈은 아빠인데 마녀말만 듣고 따른다. 더 맞으면 집을 나갈 것이다. 하루에 한 번은 우는 것 같다.
8. 느낌: 화가 난다. 컴퓨터도 고장 났는데 고쳐주지도 않고 축구도 못하게 한다.

12-6

1. 주제: '축구'
2. 주인공: 축구공 가진 아동
3. 자신: 노란셔츠 입은 소년
4. 처음 선택한 피겨: 학생
5. 처음 치운 피겨: 학생
6. 놓은 순서: 학생, 아래 위에 놓인 공 갖고 있는 아이, 태권도 선수

7. 이야기: 아래는 13세 된 소년이다. 축구

를 좋아하는데 못해서 자는데 꿈에서 축구를 했다라고 한다. 꿈에서 깨어나서 소년에게 해주고 싶은 말은 '축구를 꼭 할 수 있도록 용기를 내어라. 잘 한다'.

8. 느낌: 꿈꾸고 나서 좋았다. 약간 안쓰럽다. 이 꿈이 현실이 되었으면 좋겠다. 집에서는 컴퓨터 게임한다. 자신은 축구가 너무 좋다.

---

2. ADHD와 모래상자치료

:: ADHD의 개념

DSM−V−TR에서 주의력결핍과잉행동장애 Attention Deficit Hyperactivity Disorder: ADHD는 유아기, 아동기, 청소년기에 주로 진단될 수 있는 장애들 중 하나에 해당된다. 역사적으로 ADHD는 DSM−V−TR에서 비로소 주의집중과 과잉행동의 문제를 반항장애, 품행장애와 같은 분열성의 행동장애와 구별하기 시작했다. ADHD는 주의집중의 어려움, 과잉행동−충동성, 또는 두 가지가 복합된 증상으로 두드러지게 나타난다. 하위 type으로 주요한 특징이 주의집중결핍을 나타내는 type으로AD/HD−PI, 주요 특징이 과잉행동 충동을 나타내는AD/HD−PHI, 복합된 타입AD/HD−C 등 각 type별로 두드러지는 특징이 구체적으로 분명이 나타나고 있다권석만, 2013.

ADHD 아동의 뇌를 연구한 결과 주의집중과 행동을 억제하는 기능부분에 이상이 있음이 드러났다. 세포들 사이에서 정보를 전달하는 도파민이나 세로토닌 같은 신경전달물질이 제대로 작동하지 않는 결과이다. 과잉행동을 인스턴트식품, 식품첨가물인공염료, 인공향신료, 방부제과 살리실산염의 영향에 따른 반작용으로 말할 수 있다고 보았다. Paternite와 Loney[1980]는 환경적 요인으로 과잉행동을 보이는 94명을 대상으로 이들의 증상과 가정환경을 비교하여 과잉행동과 가정환경과의 관련성을 제시하였다. 사회환경은 사회적 지위가 높은 과잉행동집단은 사회경제적 지위환경이 낮은 과잉행동집단에 비해 2차적인 증상의 심각성이 낮았다는 보고와 사회경제적 지위가 낮은 부모들은 높은 부모들보다 더 적대적이었고 일관성이 결여되었다는 보고도 있다. 유전적인 요인도 영향이 있다는 연구결과이다. 최근 다양한 원인이 복합적으로 작용하여 발병과 증상이 심각성에 영향을 준다는 정설이다[송종용. 2000].

치료사는 초기 아동의 면접을 통해 특징들을 알아낼 수 없다. 치료사는 아동에게 주의를 집중하면서 아동의 행동관찰을 통해 정보를 얻어낼 수 있다. 예를 들면 게임을 즐길 때 강하게 집중하지만 왜 학습시간과 사회적 환경에서 정상적으로 기능할 수 없는지 도저히 이해하지 못한다. 치료사는 내담자가 처한 환경에 따라 내담자의 심각정도를 보호자의 정보를 통해 알아낼 수 있다. 예를 들면 다음과 같은 내용으로 관찰해 볼 수 있다.

첫째, 충동성의 경우 결과에 대해 상관없이 행동한다. 자극적인 상황을 좋아한다. 과잉행동 경우 원래 자극수준 이상으로 과잉반응을 보이는 것으로 마치 자극이 혼자에게만 주어진 것처럼 예민하게 고집스럽게 반응하게 된다.

둘째, 불복종의 특성으로는 규율이나 지시, 요청을 따르는 것을 거부하는 것처럼 저항의 태도가 나타난다.

셋째, 자기관리가 어려워 공부하던 책이나 벗어 놓은 옷 정리들을 소홀히 하거나 못하는 것으로 자기관리나 주변 환경관리를 하지 않는 것처럼 보인다.

넷째, 학업능력에서는 학습능력이 저하되는 요인이 되는 것으로 학습에 관심도가 부족해 학업성취와 학교에서의 적응에 어려움을 보인다. 사회적 기술부족으로 또래 수용이 어렵고 자기보호능력이 부족해 보인다. 사회적 상황에서 말해야 할 것과 말하지 않아도 될 것을 적절하게 비교하는 능력이 부족해 보인다.

다섯째, 자아 존중감에 문제를 보이는 것으로 자기 자신은 무엇이든지 못한다고 생각하여 시작하기 어려워한다. 그러므로, 치료사는 ADHD의 특성에 대해 알고 있어야 하며 식별할 줄 알아야 한다. 치료사는 다차원적인 평가방법에 활용될 수 있는 방법과 기술, 검사에 대한 정보를 가지고 있어야 할 것으로 다음과 같은 문항을 활용하여 검토해 보는 것이 도움이 될 것으로 여겨진다Barkly, 2005.

∷ 개입과
치료 방향

치료사는 평가점수에 따라 치료재활 방향을 계획할 수 있다. 필수적으로 아동의 삶에 영향을 끼칠 수 있는 것이기 때문에 개입이나 치료가 필요하다. 다차원적으로 여러 분야와 연관 지어 치료되어야 한다. 여러 임상결과 개별적인 프로그램들이 수행되었을 때 오랜 기간이 지난 후에도 잠재적으로 뚜렷한 변화를 유지할 수 있는 것으로 나타났다Erk, 1999, 2000.

적합한 치료방법과 선택은 상담자로부터 비롯된다. 개입방법에는 부모훈련과 상담을 제공할 수 있고, 교사교육을 실시할 수 있다. 개인 상담이나 집단 상담을 제공할 수 있다. 또한 자아존중교육, 사회적 기술교육, 가족상담과 같은 프로그램을 실시할 수 있다. 상담자는 다차원적인 치료접근 방식을 알고 다양한 개입방법을 제시하여 다중적인 접근 방식으로 적응력을 증대시키는 것이 중요하다.

심리치료 상담자는 ADHD가 일어나는 다른 발생 비율의 심각성을 인식하고 상담자의 전문적인 수련을 통해 적절히 개입하여 건강한 삶을 영위하도록 도와야 할 것이다.

:: ADHD 아동의
모래상자치료 사례

다음의 사례는 몹시 충동적인 성향이 있는 초등학교 1학년 아동의 사례이다. 사례아동은 수업시간에 집중하지 못하고 산만한 행동으로 인해 학교 담임 선생님의 권유로 모래상자치료를 받게 되었다.

12-7

1. 주제: '스머프 마을'
2. 주인공: 제우스신
3. 자신: 없음
4. 처음 선택한 피겨: 동물들
5. 처음 치운 피겨: 스머프
6. 놓은 순서: 동물, 좌·우 스머프, 박쥐, 등대, 군인들
7. 이야기: 스머프들이 도망갔다. 악어 떼가 스머프들에게 도전한다. 도적 떼가 먹어 스머프들에게 도전해서 마법 부려서 무너트린 것이다. 자기들끼리 싸운다. 도전을 받고 나중에 스머프 처럼 되고 싶다. 스머프

는 지고 나면 모양이 다 작아진다.
8. 느낌: 모습이 좋다. 스머프는 살다가 오래 되어서 지옥 아니면 천국으로 갈 것 같다. 작으니까 작은 굴에 들어가서 개미랑 놀고 그러고 싶다.

12-8

1. 주제: '전쟁터'
2. 주인공: 근육맨
3. 자신: 수류탄
4. 처음 선택한 피겨: 초록통
5. 처음 치운 피겨: 근육맨
6. 놓은 순서: 큰 통, 모래담기, 근육맨, 작은 크기의 군인들 넣었다를 모래를 끌어 모아 놓고 흩트려 놓는다. 군인들이 계속 싸움하는 장면을 연출한다.
7. 이야기: 전쟁이 시작되었다. 수류탄이 자신이다. 솜은 악당들이 떨어트린 것이다. 이것들이 마시고 쓰러지라고 했다. 왼쪽 아래 사람은 진짜 위험할 때 나와서 도와준다.
8. 느낌: 진짜 전쟁이 일어난 것 같다. 깃발을 들고 이기라고 응원하고 있다.

12-9

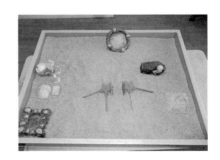

1. 주제: '전쟁터의 마지막 싸움'
2. 주인공: 바람개비
3. 자신: 파란 바람개비
4. 처음 선택한 피겨: 초록바람개비
5. 처음치운 피겨: 해골관
6. 놓은 순서: 바람개비, 비석, 해골, 해골관, 해골 속에 지속적으로 모래를 채워 넣는 모습이다.
7. 이야기: 아주 오랜 옛날의 전쟁이다. 빨간 바람개비는 동생, 파란 것은 형이다. 동생별은 거꾸로 되어있다고 한다. 좌측 아래도 모두 몰아 모래로 덮어놓고 이젠 전쟁이 다 끝났다. 모래는 높이 들어 흘러내린다. 바람 때문에 모래가 밖에 날라 간다고 계속 불평한다. 자신의 잘못이 아니라고 한다.
8. 느낌: 재미있다.

12-10

1. 주제: '동물원'
2. 주인공: 자신
3. 자신: 위에 서 있는 관리인
4. 처음 선택한 피겨: 펭귄
5. 처음 치운 피겨: 펭귄
6. 놓은 순서: 우측 펭귄 두 마리, 꽃게, 좌측 위 말, 애기 펭귄, 울타리 설치, 자판기, 심슨가족과 위에 서 있는 남자, 아래 거북이
7. 이야기: 위에 서 있는 사람은 입장료를 받고 관리하는 사람이다. 물은 동물들이 목마를 때 먹을 것이고 애기 펭귄과 아빠와 할아버지 펭귄이 같이 살고 있다. 동생은 형이 같이 돌봐주고 있다.
8. 느낌: 이것 보니 동물원 가고 싶다. 전에 동물원 가 본 기억이 난다. 바다에도 살고 그러니까 꽃게를 우측 아래에 놓은 것이라고 한다.

12-11

1. 주제: '친구가족과 여행'
2. 주인공: 비행기
3. 자신: 비행기 타려고 옆에 서 있는 사람
4. 처음 선택한 피겨: 비행기 두 대, 우측 아래 미니차, 4명의 친구들, 비행기 옆 사람들
5. 처음 치운 피겨: 비행기
6. 놓은 순서: 비행기 두 대, 우측 아래 미니차, 인형들 4명
7. 이야기: 엄마끼리 친구사이라고 한다. 지금 친구가 4명 있다라고 하면서 자랑스러워한다. 다른 비행기를 더 놓으면서 이륙하려고 하는 것이라고 한다. 우측의 가족들은 비행기를 타러온 사람들이라고 한다. 나이순으로 세워 놓았다. 가운데 사람은 비행기 조종사라고 한다.
8. 느낌: 치료사는 학교 친구를 놀러가서 만났다고 아주 좋아하는 모습을 보이며, '친구가 많았으면 좋겠다'라고 표현한다.

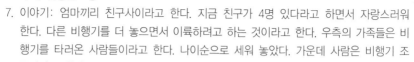

12-12

1. 주제: '경주장'
2. 주인공: '안전모 쓴 사람'
3. 자신: '안전모 쓴 사람'
4. 처음 선택한 피겨: 트랙을 그림
5. 처음 치운 피겨: 사람
6. 놓은 순서: 트랙을 그림, 경주용 자동차 여러 대, 깃발, 인디언, 교통표지(천천히), 사람, 아래 노란차
7. 이야기: 자동차 경주장이며 사람들은 관중이라고 한다. 아래 노란차가 자신이 탄 차이다. 깃발 든 사람은 준비신호와 끝나는 신호를 알리는 사람이라고 한다.
8. 느낌: 커서 경주차를 사서 타고 싶다고 한다. 돈을 많이 벌어야 될 것 같다라고 한다. 자신의 꿈이 과학자이니까 과학자가 되어서 돈을 벌어 살 계획이다라고 한다.

3. 성폭력과 모래상자치료

:: 성폭력의 개념

성폭력은 성sexuality과 폭력violence의 결합어로 다양하게 규정되고 성폭력의 유형이나 범위에 있어 다소 견해 차이는 있다. 성폭력의 규정은 개인의 성적 자기 결정권의 침해를 가져오는 강제성이 들어가는 행위라고 할 수 있다한국성폭력상담소, 2003.

성폭력은 강간, 윤간뿐 아니라 성추행, 언어적 희롱, 음란전화, 성기 노출, 어린이 성추행, 아내강간 등 상대방의 의사에 반反하여 가하는 성적 모든 신체적, 언어적, 정신적 폭력을 포괄하는 광범위한 개념으로 보

고 있다_{한국여성개발원, 1997}. 성을 매개로 상대방의 동의 없이 인간에게 가해지는 모든 신체적, 언어적, 정신적 폭력을 포괄하는 개념으로서 강간, 강간 미수, 성추행, 성희롱, 성기노출, 음란전화 등을 말한다_{전남성폭력 상담소}. 여성학에서는 상대방의 동의 없이 강제적으로 성적인 행위를 하거나, 성적인 행위를 하도록 강요하는 폭력행위로 정의하고 있다_{도미향 외, 2002}.

여기에서 강간, 성추행, 성희롱, 성기노출, 음란통신, 윤간, 아내구타, 임신매매, 강제 매춘, 포르노_{음란영화, 비디오, 만화, 음란통신, 컴퓨터게임 등} 제작 및 판매, 어린이 강간, 부부강간 등 성을 매개로 인간에게 가해지는 모든 신체적, 언어적, 정신적 폭력들이 포함된다. 심지어는 성폭력에 대한 불안감이나 그것으로 인한 행동의 제약도 간접적인 성폭력에 해당된다. 즉 언어희롱이나 성기노출, 가벼운 성적 접촉에서부터 강간에 이르기까지 성을 매개로 상대에게 신체적, 정신적 불쾌감이나 불안감, 공포를 주는 모든 행위를 성폭력으로 규정하고 있다_{김원홍 외, 2000}. 성폭력으로 인해 심리적·사회적 어려움을 가장 많이 호소하는 문제는 심리적인 불안과 두려움을 비롯한 정서적 문제가 가장 크다고 볼 수 있다. 신체적 고통이 완화된 후에도 지속적으로 남아 있는 문제이다. 신체적 피해뿐 아니라 정신적 피해가 큰 것으로 이와 같은 현상을 성폭력으로 인한 외상 후 스트레스 증후군으로 표현된다. 이는 과거 경험이 생생하게 재현되어 무기력해지고 고통에서 헤어나지 못하는 것을 말한다. 이를 이상심리학이나 정신 병리학에서 심리적, 정신적 의미의 상처를 말하는 것이다.

성폭력 피해 후유증은 다양하다. 내적으로 상당한 혼란과 동요를 경험하게 되고 주의집중을 하지 못하고 사소한 것이라도 의사결정을 하는 데에 어려움을 느낀다. 즉 예를 들어 일상적인 단순한 일도 잘 못하고 사소한 의사결정도 힘들어 한다. 또한 남성에 대한 불신과 혐오감으로 남성을 경계하게 되고 결혼 후 부부생활도 거부하게 된다. 학교나 직장에 가기 싫어하게 되면서 대인관계를 기피하기도 한다. 지속적인 불안감은 무력감, 두려움과 우울감을 갖게 된다. 이러한 증상들이 지속되어 성인이 된 후에도 지속 반복되는 악몽, 불면, 신체적 질병, 생리적 재반응, 친척과 친구와 단절, 외출거부, 정상적인 일상생활을 파괴하는 특성들이 나타난다. 피해자들은 특히 자신의 잘못이라는 인식으로 죄의식과 자신에 대한 분노감들은 자신에게 해하는 공격적인 행동들이 나타날 수 있다_{김순진·김환, 2000}.

:: 개입과
치료 방향

성폭력 문제가 위기적인 상황인지 지속적인 상황인지 살펴보아야 한다. 문제가 단기 상담으로 정보제공만 할 것인가 아니면 장기 상담으로 진행하기 위한 환경조성과 단기 계획을 세워야 한다. 내담자의 핵심감정을 파악하고 세밀하게 관찰하며 성폭행의 시점이 언제인지 구체적으로 살펴보아야 한다. 내담자의 내적 자원은 어디에 있는가를 보고 자신의 강점을 찾도록 격려하며 어떤 대응책을 갖고 있는가를 확인하고 적합한 계획을 스스로 설정하도록 돕는다. 우선 목표를 설정하고 상담 목표에 합의한 후 구체적 목표를 세워 놓고 상담사의 상담 방향을 정하여 지지적으로 진행하도록 한다_{전요섭·황동현 역, 2002}.

상담자는 전문성과 상담자로서의 인성을 갖추고 있어야 한다. 전문 조직에 소속되어 있고 상담자로서의 윤리를 준수하고 지속적으로 상담 능력 개발을 위한 훈련과 자기 성장의 기회에 참여하고 있는 사람이어야 한다. 전문성과 인간성에 신뢰감을 형성하고 내담자가 제지당하지 않고 개방적으로 표현할 수 있도록 잘 들어 주도록 한다. 내담자에게 주변

상황에 대한 핵심을 객관적으로 이해하도록 돕고 머물면서 탐색하도록 돕는다. 그리고 내담자 스스로 자기 방향을 설정할 수 있도록 지지하며 계획을 수정 보완해 가도록 한다. 상담자로서 중립적이고 확고한 태도를 잃지 않도록 주의하며 내담자 탓이 아님을 주지 시켜 줄 필요성이 있다.

:: 성폭력 피해 아동의
   모래상자치료 사례

　　　　다음의 사례는 할머니와 함께 생활하고 있었던 친부로부터 성폭행 당한 중등학교 3학년 아동의 성폭행 피해 아동의 사례이다.

12-13

1. 주제: '바닷가'
2. 주인공: 연인
3. 자신: 여자
4. 처음 선택한 피겨: 남녀인형
5. 처음 치운 피겨: 인형

6. 놓은 순서: 모래만 만지다가 모래를 위로 밀친 뒤 남녀인형, 좌측 위 풍차, 배, 집, 자동차
7. 이야기: 이런 곳에 친구와 같이 가고 싶다. 다른 사람들은 집에 있고 배는 잠깐 근처에 오고가는 배이며, 두 사람은 연인사이이다.
8. 느낌: 고요하다. 조용하다. 편하다. 쉬고 싶다. 행복하다. 시원하다. 잔잔하다. 화목하다. 떠나고 싶다. 전체적으로 행복하다라고 한다.

12-14

1. 주제: '자신의 얼굴'
2. 주인공: 자신
3. 자신: 얼굴자신
4. 처음 선택한 피겨: 모래그림
5. 처음 치운 피겨: 없음
6. 그린 순서: 모래를 한참동안 만지다가 모래 그림을 그린다. 사람의 얼굴을 그린다. 눈과 코 입을 크게 만들어 놓으면서 자신의 얼굴이라고 말한다.
7. 이야기: 누가 생각나고 누구를 닮았다고 생각하는가? 아빠를 닮았다. 아빠와 자신이 많이 닮았다고 하면서 아빠가 생각이 나고 친구들이 생각난다. 아빠랑 웃는 모습도 비슷하다고 한다. 친구들이랑 있을 때 친구들이 많이 웃겨서 자신이 많이 웃는다. 재미있는 이야기를 하는 학교친구들이 있다. 시내에서 자주 만나기도 한다.
8. 느낌: 잘 모르겠다.

12-15

1. 주제: '전쟁터'
2. 주인공: 없음
3. 자신: 없음
4. 처음 선택한 피겨: 물
5. 처음 치운 피겨: 없음
6. 그린 순서: 물을 섞어 반죽, 모래를 만지며 노는 모습. 양손가락 세워 손가락 자국을 만든다. 상자둘레 따라 네모난 선을 그림. 끝날 때까지 조용히 모래자국을 만듦
7. 이야기: 전쟁터이며 폭탄이 떨어진 자국을 표현하였다고 한다. 이곳은 사람이 많이 살지 않았던 곳이다.
8. 느낌: 이것을 보니 슬프다. 전쟁이 안 일어났으면 좋겠다라고 표현한다.

12-16

1. 주제: '특이한 식물이 있는 곳'
2. 주인공: 헬기
3. 자신: 모름
4. 처음 선택한 피겨: 하트모양의 물
5. 처음 치운 피겨: 잔디
6. 놓은 순서: 하트모양의 물, 우측 위에 잔디, 좌측에 소방헬기, 위로 꽃 잔디, 구석에 잔디, 물 위에 헬기, 모래를 뿌린다.

7. 이야기: 헬기는 물 위에서 공중 촬영하는 것이다. 아무도 안 살고 풀이 특이한 것들이 있는 곳이다. 바다 가운데 예쁜 것이 많아 가보고 싶다. 아는 사람들과 가보고 싶다. 주변 잔디는 이름을 모르는 특이한 식물들인데 깊은 산속에 있다.
8. 느낌: 예쁘고 시원해 보인다. 이런 곳에 가보고 싶은 마음이다.

12-17

1. 주제: '사막'
2. 주인공: 왕과 왕비
3. 자신: 왕비
4. 처음 선택한 피겨: 언덕 만들기
5. 처음 치운 피겨: 왕과 왕비
6. 놓은 순서: 언덕을 만든다. 양쪽에 산, 모래 뿌리기, 좌측 위 야자나무, 옆에 물을 만듦, 흰돌, 왕비

7. 이야기: 오아시스를 찾고 기뻐서 가고 있는 것 같다. 길을 잃었다. 나중에 길을 잘 찾아간다.
8. 느낌: '기쁘다' 물을 만나서 기쁘다. 다행이다라고 말한다.

12-18

1. 주제: '수영장'
2. 주인공: 아이들
3. 자신: 물속에 있는 사람이 자신이고 싶다.
4. 처음 선택한 피겨: 다양한 그릇

11 | 내담자 특성에 따른 모래상자치료의 사례

5. 처음 치운 피겨: 인형
6. 놓은 순서: 다양한 그릇, 우측 위 작은
   아기의자, 짱구와 인형들, 옆에 서 있는
   사람들
7. 이야기: 옆에 서 있는 사람들은 곧 물속
   에 들어갈 사람들이라고 한다. 어른들은
   좌측 아래 구석에서 지켜 바라보고 있는
   것이고 아이들은 4~5세 됐다. 이곳은
   중학생들이 주로 이용하는 곳이다.

8. 느낌: 자신도 물속에 들어가고 싶다. 친구들과 함께 수영장가고 싶은 마음이다.

---

4. 우울과 모래상자치료

:: 우울의 개념

　　　　　　　　발달단계에 따라서 우울의 특성들은 약간씩
다르게 표현된다. 영아기 우울은 발달단계에 적절한 활동에 대한 흥미와
즐거움이 감소하고 우울이나 불안정한 기분이 나타난다. 저항하는 능력
의 감소와 지나친 징징거림이 있을 수 있다. 성장하면서 사회적 상호작
용이 감소하는 행동들이 나타나게 된다(이경은, 2007).

　아동기에 경험하게 되는 우울은 또래와의 갈등, 교사와 관계, 부모의
이혼, 사망, 외상 후 스트레스와 같은 부정적인 정서와 환경을 경험함으
로써 아동은 무기력함으로 인해 우울을 경험할 수 있다. 소아정신과에
찾아오는 아동들의 경우 소아 우울아동들이 종종 방문하게 된다.

　아동 우울은 DSM-Ⅲ에서 처음으로 공식적인 진단명으로 분류하였

으며 소아청소년의학회 통계를 보면 청소년의 10명 중 4명은 스트레스와 우울을 경험하고 있는 것으로 나타났다. 실제로 공격적 행동을 보이는 아동에 비해서 조용하고 조심성 있는 착한 학생으로서 표현되어 위축된 소극적 행동이나 기술에 문제가 있다고 본다. 그동안 아동의 우울증에 관해서 계속 논의가 되어져 왔고, 1975년이 되어서야 미국의 국립정신건강협회에서 성인기 이전, 곧 아동과 청소년의 우울증은 건강의 주제라는 것이 인정되었다원호택, 1988.

아동기 우울증은 생각보다 빈번하여 지속적인 슬픈 감정, 사회적 위축, 무기력, 희망상실, 심리운동 협응 손상, 학업 및 사회적 실패감, 초조감, 불면증, 식용감퇴, 자살에 대한 생각 등 다양한 증상들이 나타난다. 우울증은 감정적으로 불안정하며 신경질적이고 사소한 일에 짜증을 내기도 하지만 학교에 가기 싫어하거나 툭하면 싸움질이나 하는 아동은 문제아로 치부해 버리기도 한다. 학교에 지각하고 성적이 떨어지는 아이로 낙인찍히게 된다. 이런 아동들은 외로움이나 활력이 저하되고 정서적문제가 동반되게 마련이다. 우울의 증상은 다음과 같은 9가지 증상으로나타나는데 우울한 기분과 즐거움의 상실, 체중과 식욕의 변화, 수면장애, 운동성에 대한 흥분과 지체, 피로감과 활력상실, 자신에 대한 무가치함, 죄책감을 생각하거나 정신 집중과 결정을 내리기가 어려우며 죽음과 자살에 대한 생각 등이 있으며, 이러한 행동 중 5가지 이상의 증상을보이고 최근 2주 동안 지속될 때 우울증 진단이 된다원호택, 2017고 하였다.

우울의 원인에 대한 정신분석학적, 행동주의적, 인지주의적 이론적 관점과 정신분석학적 입장에서 Freud는 우울을 일으키는 잠재성은 구강기에 이미 형성된다고 하였다. 구강기에 고착된 사람은 이후의 심리적인발달과정에서 본능적으로 구강을 통하여 만족을 얻고자 한다. 지나치게타인에게 의존하는 성격으로 발전한다고 한다. 이러한 의존적인 사람이 애정의 대상을 상실하여 대상에게 가지고 있던 양가감정과 죄의식이 지나치게 자신에게 향하여 되어 우울을 경험하게 된다. 부정적인 분노의 감정이 결국 자신에게 향하게 되어 우울을 일으킨다고 한다. 우울의 발생에 대한 원인은 자신의 애착대상의 상실, 자신의 역할에 대한 상실, 존재 의미의 상실 등과 같은 다양한 원인으로부터 상실 및 부정적인 인지 및 생물학적 요인으로 구분할 수 있다민병근·이길홍·김헌수. 1979.

이러한 정신분석학적 관점으로 본 아동 우울은 부모가 아동의 감정, 행동에 무관심하거나, 애정표현이 적고 대화가 잘 통하지 않고 독립하고 싶은 욕구가 잘 받아들여지지 않으면 우울이 생긴다고 본다. 이와 같이 개인의 성장배경과 정서적인 영향이 우울에 영향을 준다고 보는 것이다.

:: 개입과
   치료 방향

발달기에 고착되어 정서적인 부족함은 발달에 영향을 주어 적응에 문제가 발생되어 우울을 감소시키고자 하는 것이다. 우울을 떨쳐버리고 해결하여 자신의 모습을 바라 볼 수 있는 통찰력을 키워주고자 한다. 일상생활 적응력을 향상시키고 문제행동을 감소시켜 가족간의 원만한 사랑의 교류와 대인관계의 상호작용을 향상시키고 즐거운 삶을 살아가도록 힘을 실어 줄 필요성이 있다. 이와 같이 가족의 역할만으로는 행동의 변화가 어려우므로 이를 해결하기 위한 전문적인 치료 프로그램이 필요하다고 하겠다. 다양한 치료적 개입방법이 있지만 모래상자치료를 적용하여 우울을 감소하고자 하였다.

:: 우울이 있는 성인 여성의
모래상자치료 사례

　　　　　　　다음의 사례는 우울감이 심한 상태에서 직
장생활을 오래 견지지 못하고 잦은 이직을 경험하고 있는 미혼 성인 여
성의 사례이다.

12-19
1. 주제: '아마존'
2. 주인공: 치타
3. 자신: 없음
4. 처음 선택한 피겨: 물 만들기, 호랑이
5. 처음 치운 피겨: 치타
6. 놓은 순서: 아래 잔디, 꽃 잔디, 물, 나무, 치타, 붉은 잔디
7. 이야기: 호랑이가 숲이랑 초원이 있는데
물 마시러 나왔다. 호랑이가 사냥도 익숙해 지고 너무 많이 나이가 들지 않을 때 하고 싶다. 햇볕이 잘 드는 곳이기 때문에 나와서 볕을 쬐고 있다. 물을 엄청 좋아한다. 낮잠 자기 좋은 곳이다. 엄마가 다 컸다고 버렸다. 이제 혼자 살아가기 위해 나와 돌아다닌다. 여기서 사는 것이 엄청 마음에 들고 벌을 엄청 무서워한다. 숲속에 있는데 예전에 공격 받은 경험이 있다. 치타는 어른이 되면서 혼자 됐다.
8. 느낌: 현재의 느낌은 빈약하고 평화롭고 고요해 보인다. 붉은 잔디는 예쁘다라고 하며 특이한 풀이다. 나무가 많은 숲이다. 자연스럽게 혼자 살아가고 있는 모습 같다.

12-20
1. 주제: '알'
2. 주인공: 아래 목회자
3. 자신: 새
4. 처음 선택한 피겨: 물
5. 처음 치운 피겨: 조개

6. 놓은 순서: 물, 새 그림, 전복껍질, 목회
   자, 남자 신사, 유니폼 입은 여자, 소년,
   연주자

7. 이야기: 가운데는 새인데 이제 막 태어
   난 새이다. 너무 성급하게 알을 깨트렸
   다. 살아날 낌새가 없어서 엄마가 버리
   고 갔다. 지금 곧 죽을 것이고 새는 순수
   한 영혼이며 머리 상처는 쪼아서 난 자
   국이다. 어미 새는 미련이 없고 어미 새
   가 쪼으니까 더 편해 보인다. 이 사건이 일어난 장소는 조용하고 습기가 많고 서늘한
   곳이다. 원 밖은 시끄럽고 정신이 없다. 악기 연주하는 사람은 초자연적이기 때문에 지
   구 밖으로 갈 것이다.
8. 느낌: 자연스럽게 일어나는 일상의 생활 같다. 시끄러운 곳에서 벗어나고 싶다. 독립적
   이고 싶다. 삶에 집착 없이 느긋하게 살면 좋겠다라고 한다. 좀 신기한 느낌이 든다. 감
   정은 답답하다.

12-21

1. 주제: '초원'
2. 주인공: 아프리카 여인
3. 자신: 흙
4. 처음 선택한 피겨: 모래 모으기
5. 처음 치운 피겨: 나무

6. 놓은 순서: 모래 모으기, 모래 속에 생쥐,
   벌, 개구리, 뱀, 지네를 넣고 모래로 덮
   음. 집, 소나무, 작은 사람들
7. 이야기: 가운데는 원래 평평한 초원이었다. 얘들이 나타나서 땅이 삼킬려고 했는데 너
   무 세서 나무가 와서 뿌리로 움켜잡으려 한다. 우측 위 여인은 아프리카 여인인데 무
   당 같은 사람이다. 늑대를 부르고 있고 늑대가 가운데 악을 잡아먹게 한다. 우측에 있
   는 사람들은 늑대가 무섭고 여자는 자연과 가까운 사람이어서 악이 숨어 있고 땅이 고
   통 받고 있는 것을 알고 있어서 도우려 한다.
8. 느낌: 자신의 생각은 여인의 말을 들었으면 좋겠다. 답답한 생각이 든다. 사람들의 생각
   이 열려 있으면 좋겠다. 자신은 땅속에 묻혀져 있는 것 같다. 자신은 흙이다. 땅이 괴로
   워서 전부 불태워 버렸으면 좋겠다라고 한다. 땅은 마을과 나무를 다 태워 버렸으면 좋
   겠다고 생각한다.

12-22

1. 주제: '비행기 추락'
2. 주인공: 눈
3. 자신: 없음
4. 처음 선택한 피겨: 물 만들기
5. 처음 치운 피겨: 배
6. 놓은 순서: 물, 배 2척, 조개, 구슬 2개, 배 안에 인형, 그물, 아래에 사람, 비행기, 붉은 잔디

7. 이야기: 좌측 아래 남자는 비행기 탔던 사람인데 추락해서 죽어가고 있다. 점점 감각은 없어져 가지만 의식은 계속 남아있었다. 이 사람이 조개 속으로 들어갔는데 어부들이 다가와 건져낸다. 나중에는 박물관에 전시될 것 같다. 사람들이 잘 안 사려고 한다. 이 말을 죽은 사람이 듣고 있었다. 건져내니까 햇빛에 비춰 더 빛이 나서 이상하게 생겨서 더 빨리 팔고 싶어 한다. 점원이 집에 있어서 아름다운 여인인데 같이 자러 가는데 일어나 보니 부인이 사라졌다.
8. 느낌: 눈알만 남은 것이 끔찍하다. 죽은 사람의 부인이 이곳에 와서 남편이 어떻게 죽었는지 소식을 궁금해 하다가 눈알을 보는 순간 알아보고 너무 힘들어서 기절해 자살했을 것 같다.

12-23

1. 주제: '마을'
2. 주인공: 의사
3. 자신: 여행자
4. 처음 선택한 피겨: 모래언덕 만들기
5. 처음 치운 피겨: 커다란 소나무
6. 놓은 순서: 모래언덕 만들기, 파란 바닥을 듬성듬성 만듦, 사람, 나무, 풀, 보석, 집

7. 이야기: 사람과 같은 수렵 생활을 하고 사람의 아이를 잡아먹으면 마을에 숨어서 살 수 있다. 이들은 사람이 되고 싶고 사람이 됐으면 하는 바람이 있다. 여자아이는 성격이 다정하고 사람들을 잡아먹지 않고 잘 지낸다. 남자는 거칠고 사람을 엄청 싫어하고 5세까지 성장한다. 엄청 아팠을 때 의사에게 도움 받았다. 사냥꾼은 숲에서 일하다가 덫을 치우고 소년은 사냥꾼을 잡으려 한다. 사냥꾼도 소년을 덫을 설치해 잡으려 가다가 먼저 죽는다. 자신은 지나가다가 이

동네 이야기를 듣게 된다.

8. 느낌: 이런 신기한 것이 일어났을 것 같은 마을이다. 전설 같은 마을이고 이런 전설이 있을 것 같은 믿을 만한 시골사람들이다. 우측 아래 산속에 보석이 3개 있는데 별이 사고 나서 떨어져서 보석으로 변하여 다시 별로 변화될 것이라고 한다.

12-24

1. 주제: '세 마음'
2. 주인공: 세 사람
3. 자신: 그림자신이 본인
4. 처음 선택한 피겨: 그림그리기
5. 처음 치운 피겨: 모래메꾸기
6. 그린 순서: 그림그리기
7. 이야기: 3명의 사람인데 모두 여자이다. 맨 속에 있는 사람의 10세 때 모습이고 가운데는 17세 때 모습이다. 겉의 모습은 점점 어른이 됐을 때 모습이다. 23세쯤 된 것이다. 안쪽에 있는 사람을 제대로 이해 못하고 점점 다른 사람이 되어 지는 느낌이 든다. 그래서 속 3 사람이 자기 이해하지 못한다고 슬퍼하고 있다. 3 이 사람이 거울을 보고 있다. 거울보고 있으면 안에 있는 사람이 보인다. 옛날로 되돌아 갈 수 없어서 바꿔지지 않고 없다는 것에 안심을 해서 안에 있는 사람이 괴로워한다.
8. 느낌: 이 모습들은 자기의 살았던 모습을 지켜보고 슬퍼하고 있다라고 한다. 안쪽에 있는 사람이 답답해 보인다. 자기가 일상에서 겪었던 모든 일 전부 다를 겉에 사람이 속에 있었던 일에 대해 무디게 느끼고 있다. 외로워 보인다. 남들이 이 사람을 이해 못해 주는 것에 대해 3이 제일 심하게 느끼고 있다. 그런 상황 느낌을 피하려고 한다. 멀리 멀리 떨어져 있다. 도움도 못 받고 현실도 제대로 보았으면 좋겠다라고 느껴진다.

12-25

1. 주제: '수족관'
2. 주인공: 물고기
3. 자신: 물고기
4. 처음 선택한 피겨: 모래그림
5. 처음 치운 피겨: 모래메꾸기
6. 그린 순서: 모래그림그리기, 비늘그림, 물결모양, 우측 수초그림

7. 이야기: 물고기가 자는 집이다. 모래 땅속에 지은 집이다. 이 물고기는 크다. 엄청 센 물살에서 산다. 지금도 물살이 센곳에 사는 것이다. 원래 살던 환경이 있는데 지금 환경에 맞춰 주고 있다. 지금 환경이 옛날과 같지는 않지만 적응하려고 애쓰고 있다. 원래 집에서도 안 나오고 싶었는데 먹이 먹으려면 나와야 되니까 계속 돌아다녀야 되는 것이고 수족관에 자기 혼자 있어서 심심하고 괴롭다. 수족관도 너무 좁다.

8. 느낌: 답답하다. 좁아서 잘 적응해서 사는 것 같다. 어찌 됐건 간에 물고기는 여기서 죽을 것 같다. 가족이 보고 싶건 안보고 싶건 간에 이 안에서 살 것이다. 15년 쯤 살 것인데 지금 나이는 2~3년 된 고기이다. 이 안에 다른 물고기를 넣어주어도 친해지지 않는다. 환경이 달라서 적응이 힘들다. 적은 것은 잡아먹힐 수 있다. 같은 종은 구하기 힘들다. 주인이 여행에서 얻었다. 아는 사람한테서 구했다. 자신 마음의 변화는 더 큰 수족관과 자기 고향으로 돌아갔으면 좋겠다.

12-26

1. 주제: '꽃'
2. 주인공: 꽃
3. 자신: 꽃
4. 처음 선택한 피겨: 모래헤치기
5. 처음 치운 피겨: 보석알
6. 놓은 순서: 모래헤치기, 꽃잎을 그림, 보석알

7. 이야기: 보석 알은 꽃에 붙어있는 무늬이고 상쾌한 꽃이며 하늘색이다. 엄청 신선한 향기가 난다. 아침에 피고 사람들이 이 꽃을 너무 좋아해서 함부로 꽂지 않는다. 많은 사람들이 이 꽃을 가꾼다. 키우기 쉬운 꽃이다. 무늬는 다양하고 한 여름에 피는 꽃이다. 엄청 더울 때 6시에 피는 꽃이다. 잠깐 피었다 지고 오래된 품종은 아니고 새로운 품종이다.

8. 느낌: 새 향수의 원료로 인기가 있을 것 같다. 이 식물을 키우고 싶다.

---

5. 불안과 모래상자치료

:: 불안의 개념

불안은 여러 가지 특정한 두려움이 있다든가 과도한 분리 불안이 있을 수 있다. 우리가 의식하지 못하는 충동들이 계기가 되어 의식되려고 할 때 자아가 느끼는 정서를 말한다. 우리는 무엇으로부터 위협을 받는다고 느낄 때 불안을 체험하게 된다. 환경에서 오는 위협이 어디에서 발생되는지 알지 못할 때 더욱 불안을 경험하게 되면서 자꾸 확인하게 되는 행동특성이 나타난다. 불안이 심해지면 교감신경계의 활동증가로 땀이 나고 심장박동이 빨라지며 숨이 차는 등 신체 생리적 증상이 나타나고 더불어 근심, 걱정, 두려움이 수반된다고 하였다. 심한 경우 자신으로부터 멀어질 수 있고 심지어는 죽음이나 정신이 이상해지면 어쩔까하는 불안을 갖게 된다홍숙기, 2010.

현실적 불안은 전쟁이나 사고, 질병, 상실 등과 같은 실제로 존재하는 위험요소에 근거 있는 불안이다. 갑자기 부모님들이 이혼을 하게 되어 엄마나 아빠와 분리될 때에도 생기게 된다. 반면 오히려 때로는 현실적 불안은 우리를 보호해 주는 역할이기도 한다. 어떠한 일이 생기기 전 불안이 있음으로 해서 약간의 긴장을 경험하게 되고 자신을 보호하게 되기 때문이다.

부모들은 자녀들이 성장하는데 있어서 환경에서 오는 부정적인 요인이 작용하여 지나치게 부정적으로 지각하여 염려하고 불안해하는 경향들이 있다. 특히 자녀의 안정, 행동, 장래에 대한 관심과 불안이 커서 지나치게 자녀들을 통제하는 경우에 생기기도 한다. 부모의 예민한 과잉행동은 자녀들에게 영향을 주게 되는데 이런 환경에서 자라나는 아동들은 불안과 관련된 증상을 쉽게 보인다. 부모 자신의 불안감이 자녀에게 그대로 영향을 주는 예를 들 수 있겠다. 부모와 자녀가 긴장상태에 있고 불안한 증상들은 다음과 같은 행동 유형으로 표출되어 나타날 수 있다.

특정 공포증의 다양한 종류로서 고소공포대상이 있고 개인이 각자 부정적으로 지각하고 있는 다양한 통증과 같은 여러 종류 대상들에 대해 공포증이 유발되기도 한다. 광장공포증은 공황발작과 함께 나타나는 경우가 많다. 어지러움, 흉부통증, 질식할 것 같은, 토할 것 같은 증상과 죽거나 미칠 것 같은 신체적, 심리적 증상을 수반한다. 어린 시절부터 양육자에 대한 분리불안을 지녔을 경우 광장공포증이 애정결핍과 관련되어 있다고 주장하기도 한다.

분리불안은 주요 애착대상과 떨어질 때 심한 불안과 고통을 느끼며 대상을 잃거나 그들에게 질병, 부상, 재난 혹은 사망과 같은 해로운 일이 일어나지 않을까 지속적이고 과도하게 걱정한다. 분리에 대한 불안으로 밖을 나가지 않고 집을 떠나거나 학교나 직장 가는 것을 꺼려한다. 혼자 있게 되거나 잠을 잘 때 과도한 공포를 느끼게 된다. 유병률은 아동과 청소년 집단에서 4%를 차지한다. 남아들 보다 여아들에게 더 흔히 발생된다. 연령이 증가하면서 유병률이 낮아지지만 이러한 경험은 고통을 동반하게 된다.

불안해하고 무엇인가 두려워한다. 불안정하여 긴장상태에 있고 잘 놀라는 편이다. 아이가 위축되어 있고 긴장감이 있으며 서로의 눈치를 본다. 얼굴표정에서 불안감이 나타나고 무엇인가 경계하며 회피적인 태도를 보인다. 지나치게 요구가 많으며 부모에게 매달리는 행동이 나타나고 과잉보호를 요구하는 태도들이 엿보인다. 신경증적 불안은 현실요소와 상관없이 자신이 무엇으로 인하여 불안을 경험하는지 근원을 알 수 없는 상태를 말한다. 막연한 불안감은 일상생활 전반에 영향을 끼쳐 작은 반응에도 초조해 하며 긴장하고 대인관계나 사회적 적응에 영향을 끼친다. 예를 들어 성인의 경우 생활공간만 바뀌어도 심한 불안을 경험하게 되어 차타고 이동하기도 힘들어 한다. 가파른 절벽이 발밑에 있는데 전혀 불안을 느끼지 못한다면 위험한 상황에 처할 것이다. 대부분 일반적으로 절벽에서 떨어질까 불안을 갖게 되고 조심함으로 위험에서 자신의 몸을 보호하려 한다. 즉 불안은 위험하거나 위협적인 상황에서 우리 자신을 보호하기 위해 경계태세를 행하는 적응 반응으로 우리에게 불쾌하게 느껴지지만 도움이 되는 감정이기도 하다권석만, 2013.

:: 개입과
　치료 방향

　　　　　최근 치료방법들이 제시되고 있다. 그 중 약물치료가 가장 흔히 처방되고 있다고 한다. 다른 처방으로는 인지행동적 치료방법이 개발되어 적용되고 있다. 그 외 다른 치료방법들로 복식호흡법이나 긴장이완, 심상법, 명상법 등을 사용하기도 한다. 아동들일 경우 모래상자치료, 미술치료, 놀이치료나 인지행동치료, 체계적 둔감법, 감정적 심상법, 모델링, 행동강화법과 같은 행동치료와 약물치료와 함께 병행하는 방법들을 시도하고 있다.

∷ 불안감이 심한 아동의
모래상자치료 사례

　　　　　　다음의 사례는 아빠의 폭력으로 분리되어 생활하고 있는 중학교 2학년 남자 청소년의 모래상자치료 사례이다. 아동은 스스로 강박이 많이 있는 것 같다고 호소하였으며 자존감을 높이고 싶다고 하였다.

12-27

1. 주제: '안전한 곳'
2. 주인공: 양
3. 자신: 없음
4. 처음 선택한 피겨: 모래 치우기, 나무
5. 처음 치운 피겨: 나무
6. 놓은 순서: 우측 모래를 치움. 좌측 나무, 나무 사이 공룡, 바위
7. 이야기: 아빠로부터 괴롭힘 당하였던 것이 생각난다. 아빠가 찾아올까봐 두렵다. 아빠 생각하면 경기가 난다. 숨고 싶다.
8. 느낌: 꼼꼼하고 안정되어 보이고 정리가 잘된 것 같고 안전해 보이고 안전한 곳 같다.

12-28

1. 주제: '악어와 군인 싸움'
2. 주인공: 경찰과 군인
3. 자신 : 우측 아래에 놓인 육식공룡
4. 처음 선택한 피겨: 나무
5. 처음 치운 피겨: 나무
6. 놓은 순서: 모래를 치움. 나무, 나무아래 군인들, 고래, 상어, 악어
7. 이야기: 악어는 자기를 해칠까봐 군인을 공격한다. 우측에 위험한 동물은 악어이다. 강에서 떠밀려 왔다. 군인들이 위험해서 힘들 것 같다. 어쩔 수 없는 것이 상어도 자기를

위협하니까 공격하고 있다. 군인들이 많이 다친다. 죽지는 않는다. 잡았다. 살려 준다. 좌측 위에 대장이 있다.

8. 느낌: 위험하고 겁이 나며 힘들 것 같다.

12-29

1. 주제: '악어와 공룡의 싸움'
2. 주인공: 물 마시러온 악어
3. 자신: 우측 아래에 놓인 육식공룡
4. 처음 선택한 피겨: 육식공룡
5. 처음 치운 피겨: 공룡
6. 놓은 순서: 육식공룡, 모래분리, 작은 공룡, 악어
7. 이야기: 가운데 악어가 작은 공룡을 공격하고 육식공룡은 먹잇감을 보고 있으며 무리 지어 공격하려 한다. 오른쪽 아래 육식공룡은 애기이다. 아기 공룡을 초식과 육식이 합동으로 공격하고 악어가 덮치려 한다. 원래는 물을 마시러 왔다. 악어는 물속에 숨어서 사냥법이 있는데 공룡이 전략을 세우고 있다.
8. 느낌: 초식공룡이 위험해 보인다.

12-30

1. 주제: '여행하는 사람들'
2. 주인공: 숙소 집안에 있다
3. 자신: 지금 막 도착한 비행기 안에 있다.
4. 처음 선택한 피겨: 집
5. 처음 치운 피겨: 기차길
6. 놓은 순서: 집, 물, 다리, 집을 더 놓고, 비행기, 구석 사다리차, 작은 트럭, 기차길
7. 이야기: 우측 위 집은 여행하는 사람들 숙소이다. 다리를 지나야 숙소가 나온다. 자신은 숙소에서 혼자 2~3일간 있을 것이다. 비행기는 자신이 막 타고 도착한 비행기이다. 좌측 아래는 짐칸을 옮기는 차이다.
8. 느낌: 주변은 소방차와 경찰차, 기차소리가 시끄럽지만 경찰과 소방차들이 있어서 안심이 되고 평안하다.

12-31

1. 주제: '싸움'
2. 주인공: 회색상어
3. 자신: 회색상어
4. 처음 선택한 피겨: 소라껍질
5. 처음 치운 피겨: 오징어
6. 놓은 순서: 소라껍질, 경찰 2명, 군인, 악어, 오징어
7. 이야기: 바다 동물과 인간이 싸운다. 악어를 공격하고 오징어가 들어간다. 바다 생물들에게 인간들이 들어오고 해상 동물의 승리다. 환경오염 때문에 죽이는 것은 아니다. 인간에게 복수하고 공격하고 일방적으로 당하고 있다. 소라랑 전복은 장식품이다.
8. 느낌: 사람들을 도와주는 것이 그저 그렇다.

12-32

1. 주제: '전쟁'
2. 주인공: 도마뱀
3. 자신: 도마뱀
4. 처음 선택한 피겨: 다리
5. 처음 치운 피겨: 작은 공룡
6. 놓은 순서: 모래 밀치기, 다리, 경찰차, 경찰헬기, 군인, 공룡
7. 이야기: 인간과 공룡과의 싸움이며 자기를 지키려는데 인간들이 괴롭힌다. 자신은 누구의 편도 안한다. 경찰들은 가운데 다리를 못 지나가게 막고 있으며 지키고 있는 것이다. 인간들이 먼저 싸움을 걸었다. 도마뱀은 위장하고 있으며 인간 있는 곳에 몰래 들어 왔다. 공룡이 힘이 더 센 것 같다. 가죽이 방탄 역할을 하니까 죽을 것 같지는 않다.
8. 느낌: 정리된 느낌이며 어지럽지 않고 깔끔한 느낌이 든다.

11 | 내담자 특성에 따른 모래상자치료의 사례

- 권석만(2013). 현대 이상심리학. 학지사.
- 권석만(2000). 우울증. 학지사.
- 김광웅(2010). 현대인의 정신건강. 시그마프레스.
- 김경희(2005). 상징과 판타지. 양서원.
- 김원홍·이인숙·권희완(2000). 오늘의 여성학. 건국대학교 출판부.
- 김유숙(2005). 모래놀이치료의 본질. 학지사.
- 김재옥(2010). 모래상자치료가 초등학교 아동의 학교적응력과 문제행동에 미치는 효과에 관한 연구.
- 김순진·김환(2000). 외상후 스트레스장애. 학지사.
- 노성덕·김호정·이윤희·윤은희 공역(2010). DSM-Ⅳ-TR 진단에 따른 아동·청소년 상담 심리치료(제2판). 시그마 프레스.
- 도미향 외(2002). 성폭력 전문상담. 시그마 프레스.
- 민병근·이길홍·김현수(1979). 한국청소년 학생의 자살충동 및 자살 기도율에 관한 사회정신의학적 연구. 한국의 과학Ⅱ. 2, 35-42.
- 배지은(2007). 분리불안장애 아동의 특성과 부모-자녀 놀이치료 프로그램의 효과. 한양대학교 박사학위 청구논문.
- 송종용(2000). 학습장애. 학지사.
- 원호택 공저(1995). 심리학 개론. 박영사.
- 원호택 외 공역(2017). 우울증의 인지치료. 학지사.
- 전요섭·황동연(2002). 위기상담학. 쿰란출판사.
- 차유림(2001). 아동 학교적응에 관한 연구. 연세대학교 대학원.
- 한국성폭력 상담소(2003). 성폭력에 대해 알아야 할 몇 가지 것들-예방과 대처.
- 한국여성개발원(1997). 성폭력 상담의 실제. 한학문화사.
- 홍숙기(2010). 젊은이의 정신건강. 박영사.

- Abraham(1949). *Notes on the o–analytical investingation and treatment.*
- Barkley, R. A.(1995). *Taking charge of ADHD: The complete authoritarian guide for parents.* New York–Guilford Press.
- Barkley, R. A.(2005). *Attention –deficit hyperactivity disorder. A handbook for diagnosis and treatment*(3rd ed). New York: Guilford Press.
- DSM–Ⅴ–TR(정신질환 진단 및 통계 편람:Diagnostic and Statistical Manual of Mental Disorders).
- Erk, R. R.(1995). A diagnosis of Attention–Deficit Disorder: What dose it mean for the school counselor. *The school counselor,* 42, 292–299.
- Roberts, R. E. Roberts, C. R. & Chen, Y. R.(1998). Suiccidal think–*Journal of the American Academy of Child and Adolesescent Psychiatry,* 37, 1294–1300.
- Paternite & Loney(1995). External validity of Oppositional Defiant Disorder and Attention–Deficit Disorder with hyperactivity. *Journal of Abnormal Child Psychology,* 23, 453–469.

저자 소개

김경희

숙명여자대학교 아동상담전공 이학박사, Jung Institute in Kusnacht, Swiss 졸업

현	국립목포대학교 아동학과 교수, 한국모래상자치료학회 명예회장
자격	융학파 아동·성인 정신분석가, 한국모래상자치료학회 모래상자상담전문가·교육분석가, 한국상담심리학회 상담심리전문가, 한국아동학회 아동상담전문가·아동상담지도감독자
논문·저서	한국민담 "머슴의 꿈과 신비한 금척"의 분석심리학적 해석 외 다수

김수경

목포대학교대학원 아동상담전공 이학박사

현	둥근마음아동청소년상담센터 소장
자격	한국모래상자치료학회 모래상자상담전문가, 한국청소년상담학회 상담전문가
논문·저서	Fairbairn의 관점에서 위축아동의 모래상자치료 사례분석 연구 외 다수

김재옥

국립목포대학교 아동상담전공 이학박사, 동방문화대학원대학교 상담심리학박사

현	발달심리지원센터장, 송원대학교 상담심리학과 외래교수
자격	한국모래상자치료학회 모래상자상담전문가·교육분석가, 한국아동학회 아동상담전문가·아동상담지도감독자, AP한국본부 이혼·별거 가정의 부모역할강사, 전남지방경찰청 성폭력피해자전문분석가, 발달진단평가전문가
논문·저서	모래상자치료를 통한 우울아동의 개성화과정에 관한 연구 외 다수

송 순

동국대학교 사범대학 가정학박사

현	원광대학교 사회과학대학 가정아동복지학과 교수
자격	한국모래상자치료학회 모래상자상담전문가
논문·저서	곤충의 상징 외 다수

오지아

국립목포대학교 아동상담전공 이학박사

현	마음소리상담센터장, 전남서부권아동보호전문기관 객원심리치료사
자격	한국모래상자치료학회 모래상자상담전문가, 한국아동학회 아동상담전문가, 한국청소년상담학회 상담전문가·정신건강증진상담사 1급
논문·저서	노숙아동의 모래상자치료분석 및 뱀의 상징에 관한 연구 외 다수

윤행란

국립목포대학교 아동상담전공 이학박사

현	예토아동청소년상담센터 소장, 서영대학교 외래교수
자격	한국모래상자치료학회 모래상자상담사 1급, 한국상담학회 전문상담사 2급
논문·저서	ADHD 아동의 아동중심놀이치료과정에 나타난 놀이주제 분석 외 다수

이미나

국립목포대학교 아동상담전공 이학박사
- 현   마인드코칭센터 대표, 광신대학교 상담대학원 통합예술치료전공 겸임교수
- 자격   한국모래상자치료학회 모래상자상담전문가, 한국아동학회 아동상담전문가, 한국독서치료학회 독서치료전문가
- 논문·저서   영유아발달, 영유아 교사론 외 다수

이복순

국립목포대학교 아동상담전공 이학박사
- 현   길벗심리상담연구소 소장, 광주대학교 겸임교수
- 자격   한국모래상자치료학회 모래상자상담전문가·교육분석가, 한국상담학회 초월·영성상담수련감독자, 한국아동학회 아동상담전문가·아동상담지도감독자
- 논문·저서   중년 여성의 모래상자에 나타나는 뱀의 상징적 의미 외 다수

정경숙

명지대학교 아동가족치료전공 아동학박사
- 현   원광디지털대학교 상담심리전공 초청교수
- 자격   한국모래상자치료학회 모래상자상담전문가·교육분석가, 한국상담심리학회 상담심리전문가, 부부가족치료전문가
- 논문·저서   모래상자치료 임상지침서 공역 외

조미영

국립목포대학교 아동상담전공 이학박사
- 현   그레이트심리상담연구소 소장, 송원대학교 외래교수
- 자격   한국모래상자치료학회 모래상자상담전문가, 한국아동학회 아동상담전문가
- 논문·저서   모래상자치료 사례에 나타난 영웅의 여정 외 다수

주현주

국립목포대학교 아동상담전공 이학박사
- 현   마음놀이코칭상담센터장, 목포과학대학교 유아교육과 겸임교수
- 자격   한국모래상자치료학회 모래상자상담전문가, 한국아동학회 아동상담전문가, 한국청소년상담학회 상담전문가·정신건강증진상담사 1급
- 논문·저서   도벽증상을 나타내는 시설아동의 모래상자치료 사례 연구 외 다수

감수 이희자

동국대학교 가정학박사
- 현   명지대학교 아동학과 명예교수, 한국아동학회, 한국모래상자치료학회 고문
- 자격   한국모래상자치료학회 모래상자상담전문가·교육분석가, 한국아동학회 아동상담전문가·발달전문가
- 논문·저서   모래상자놀이치료 외 다수

모래상자치료입문

초판발행	2018년 8월 20일
공저자	김경희·김수경·김재옥·송 순·오지아·윤행란·이미나·이복순·정경숙·조미영·주현주
펴낸이	안상준
편 집	김효선
기획/마케팅	이영조
표지디자인	김연서
제 작	우인도·고철민
펴낸곳	㈜피와이메이트 서울특별시 마포구 월드컵북로 400, 5층 2호(상암동, 문화콘텐츠센터) 등록 2014. 2. 12. 제2015-000165호
전 화	02)733-6771
f a x	02)736-4818
e-mail	pys@pybook.co.kr
homepage	www.pybook.co.kr
ISBN	979-11-89005-18-4 93370

정 가   19,000원

박영스토리는 박영사와 함께 하는 브랜드입니다.